Les Silencieux

Du même auteur

Les Ingouvernables. De l'extrême gauche utopiste à l'ultragauche violente : plongée dans une France méconnue, Grasset, 2019.
L'Histoire de la guerre pour les nuls, First, 2018.
Le Harcèlement communautariste. Défense du roman national, Uppr éditions, 2017.
Le Bluff sécuritaire, Éditions du Cerf, 2017.
Les Super-Héros pour les nuls, First, 2016.
Patriotisme économique : un social-libéralisme ?, Uppr éditions, 2016.
Idéologie sécuritaire et société de surveillance. Le storytelling du XXIe siècle, Vuibert, 2016.
L'Intelligence économique pour les nuls, First, 2015.
L'Insécurité, un scandale français, Éditions de l'Œuvre, 2012.
L'Influence ou les guerres secrètes. De la propagande à la manipulation, Vuibert, 2011.
La Métamorphose du pouvoir. La chance des civilisations, Vuibert, 2009.
Quel patriotisme économique ?, PUF, 2008.
L'Intelligence économique : une nouvelle culture pour un nouveau monde, PUF, 2006.
L'Europe puissance ou le Rêve français. Chroniques de la guerre des mondes, Syrtes, 2006.
Les Chants de guerre. Par-delà droite et gauche ou Prométhée délivré..., Éditions du Rocher, 2005.

Coauteur

Quelle stratégie contre le djihadisme ? Repenser la lutte contre la violence radicale (avec Christian Chocquet), VA Éditions, 2019.
Intelligence économique. La grammaire de la stratégie au XXIe siècle (avec François Rimet), Uppr éditions, 2019.
L'Impuissance française : une idéologie ? Plaidoyer pour la résistance et la renaissance (avec Christian Harbulot), Uppr éditions, 2017.
Introduction à la sécurité économique (avec Frédéric Giqueaux) – tome 1, 2017.
Management de crise (avec Jean-Annet de Saint-Rapt), Vuibert, 2016.
Le Spectacle de la peur (avec Laurent Combalbert), Jacques Marie Laffont Éditeur, 2015.
Intelligence économique (avec Jean-Renaud Fayol), Vuibert, 2012.
La Gestion de crise (avec Laurent Combalbert), PUF, 2012.

(Suite en fin d'ouvrage)

Éric Delbecque

Les Silencieux

Ne nous trompons pas,
les salafistes menacent la république

PLON
www.plon.fr

92, avenue de France
75013 Paris
Tél. : 01 44 16 09 00
Fax : 01 44 16 09 01
www.plon.fr
www.lisez.com

Dépôt légal : août 2020
ISBN : 978-2-259-27684-9
Mise en pages : Graphic Hainaut

À mes parents et à Cendrillon.
À mon jumeau Xavier Bascher.
À mon complice Laurent Gauge.
À Grégoire et Augustin Mathez,
avec toute mon affection.
À Karen Jouve et Nathalie Gourdin,
femmes d'énergie et de bienveillance.

« Prenez invariablement la position la plus élevée,
c'est généralement la moins encombrée. »

Charles de Gaulle[1].

« La critique du langage ne peut éluder ce fait que nos paroles
nous engagent et que nous devons leur être fidèles.
Mal nommer un objet, c'est ajouter au malheur de ce monde. »

Albert Camus[2].

« Dieu dit : J'aime ceux qui cherchent, qui se questionnent
au risque de se tromper, de Me tromper.
Je n'aime pas ceux qui devant Moi montent la garde,
Me tiennent prisonnier en pensant Me révérer,
et en savent plus sur Moi que Moi-même... »

Jacqueline Kelen[3].

« Le contraire de la connaissance,
ce n'est pas l'ignorance, mais les certitudes. »

Rachid Benzine[4].

« Ne faites pas sortir de votre imagination un Dieu aussi petit,
aussi mesquin, aussi tatillon, aussi injuste, aussi borné,
aussi bourgeois, aussi grotesque, aussi bête que vous
et vous n'aurez rien à redouter. »

Maurice Maeterlinck[5].

---

1. Charles de Gaulle, *in* Henri Amouroux, *Le Peuple réveillé*, Robert Laffont, 1979.

2. Albert Camus, *Sur une philosophie de l'expression*, in *Œuvres complètes*, Gallimard, 2006.

3. Jacqueline Kelen, *Impatience de l'Absolu. Face au genre inhumain*, La Table Ronde, 2012.

4. Rachid Benzine, *Lettres à Nour*, Éditions du Seuil, 2016.

5. Cité dans le *Dictionnaire inattendu de Dieu*, Albin Michel, 1998.

« Garder un secret, rester discret sur soi, c'est une spécialité de guerrier : à se confier, on perd de son énergie ou on la dégrade. »

Jacqueline Kelen[1].

« Quoique beaucoup nous ait été retiré,
beaucoup nous reste ; et quoique
Nous ne soyons plus cette force qui jadis
Remuait la terre et les cieux, nous sommes ce que nous sommes :
Des cœurs héroïques et d'une même trempe,
Affaiblis par le temps et le sort, mais forts par la volonté
De lutter, de chercher, de trouver et de ne pas plier. »

Alfred Tennyson[2].

« Dans les ténèbres qui m'enserrent,
Noires comme un puits où l'on se noie,
Je rends grâce à Dieu quel qu'il soit,
Pour mon âme invincible.

Dans de cruelles circonstances,
Je n'ai ni gémi ni pleuré,
Sous les coups du hasard,
Ma tête saigne mais reste droite.

En ce lieu de colère et de pleurs,
Se profile l'ombre de la mort,
Et bien que les années menacent,
Je suis et je resterai sans peur.

Aussi étroit soit le chemin,
Nombreux les châtiments infâmes,
Je suis le maître de mon destin,
Je suis le capitaine de mon âme. »

William Ernest Henley[3].

1. Jacqueline Kelen, *L'Éternel masculin. Traité de chevalerie à l'usage des hommes d'aujourd'hui*, Robert Laffont, 1994.

2. Extrait du poème « *Ulysse* » (1833), in *Poems*, 1842.

3. Poème intitulé « *Invictus* », qui donne son titre au film de Clint Eastwood sur Nelson Mandela.

Prologue

Nos ancêtres, les historiens, les romanciers et les blockbusters hollywoodiens nous enseignent que les guerres de conquête se mènent au son du canon, drapeaux déployés, l'acier scintillant sous le soleil du champ de bataille où s'égorgent des armées. Il existe néanmoins d'autres moyens pour établir sa domination sur une nation. Les salafistes l'ont parfaitement compris. L'Occident concentre son attention sur le djihadisme, en répétant la même erreur que les Troyens : ouvrir ses portes aux forces adverses sous l'effet de la bêtise et de l'arrogance, laissant ainsi à l'ennemi le délicieux loisir de se déployer dans les rues de la cité, puis de recevoir des renforts afin de la dévaster. Simple métaphore à ne pas prendre au pied de la lettre, cela va de soi, mais réelle mise en garde : j'affirme que nous hiérarchisons mal les menaces. Le salafisme fabrique le djihadisme. Combattre efficacement le second impose de s'attaquer méthodiquement au premier, de façon tout aussi dépassionnée que structurée. « Vaste programme », car on redoute légitimement de blesser la liberté de conscience (notons cependant que les salafistes propagent certaines idées ou écrits que le code pénal sanctionne). Il faudra néanmoins inventer une solution satisfaisante, qui marie le respect de nos valeurs et les impératifs de la sécurité nationale. Les hommes et les femmes de bonne volonté tâtonnent, mais sentent bien que le vrai sujet est là : donner un coup d'arrêt à la progression d'une vision fondamentaliste de l'islam, qui engendre – même lorsqu'elle se prétend «quiétiste» – des conséquences politiques et socioculturelles minant la république et ce que j'appelle la civilisation française, caractérisée par le «gai savoir», le plaisir de vivre, l'esprit critique, voire de dissidence, de provocation, et le penchant gaulois à la «râlerie» (l'inverse de l'«idéologie française», concept malheureux mis en scène par Bernard-Henri Lévy). À mille lieues de n'importe quelle forme de crispation nationaliste ou raciste, cette formule signifie que l'on respire en France (de plus en plus difficilement, certes, car le politiquement correct sature l'atmosphère intellectuelle de toxines idéologiques) un parfum de liberté qu'un discours religieux intégriste – et les pratiques qui en découlent – s'acharne à dénoncer dans le dessein clairement assumé d'éradiquer à plus ou moins long terme les paroles et modes de vie concurrents.

Pour être parfaitement clair, j'estime que nous faisons fausse route en essayant d'abord de donner corps, substance, autonomie, à la notion de «terrorisme», ainsi qu'à celle – symétrique – de «guerre au terrorisme», puis en faisant d'elles les fondations de nos grilles de lecture et de nos décisions opérationnelles. Bien que les Européens déclarent avoir rompu avec les errements conceptuels de l'administration Bush fils, les faits, têtus, démontrent le contraire. En France particulièrement, on parvient difficilement à exposer les errements de notre pensée stratégique, sans passer pour un non-conformiste dangereux ou un dilettante ridicule. Pourtant, c'est bien de cela qu'il s'agit : nous disons «blanc», alors que nous agissons plus ou moins inconsciemment comme si nous pensions «noir». Si notre pays refuse catégoriquement – à raison – de justifier les mesures liberticides adoptées par les États-Unis au lendemain du 11 septembre 2001, si certains décideurs évoquent avec mépris le vote du Patriot Act et si l'on regrette amèrement l'invasion de l'Irak de Saddam Hussein en 2003, nous n'en tirons pas pour autant des conséquences logiques en matière de lutte antiterroriste. Si elle souhaite repenser profondément cette dernière, et faire école en Europe, la France devrait remettre en cause l'intégralité de sa matrice d'analyse de la fabrique du djihadisme.

Ce qui impliquerait, en premier lieu, de reconstruire l'ensemble de la réflexion en s'appuyant sur deux idées-forces.

La première consiste à affirmer que le terrorisme constitue un mode d'action, pas une idéologie en soi : il compte au nombre des ressources d'un riche arsenal, dont nous évaluons mal la portée de chacune des armes et l'efficacité de leur combinaison. En s'en tenant à la classification la plus simple, le terrorisme forme la troisième pointe du trident des affrontements collectifs possibles, dont les deux autres sont la guerre clausewitzienne et la guérilla. C'est l'ensemble de la puissance d'influence salafiste qu'il convient de penser et de traiter, pas exclusivement ou obsessionnellement sa filiation violente, en se contentant de s'opposer mollement au reste de l'offensive. À force de se focaliser sur l'action criminelle spectaculaire, c'est-à-dire médiatisée, nous oublions de prendre en compte les progrès de l'adversaire sur des champs de bataille où il accumule des victoires beaucoup plus inquiétantes, du point de vue de l'intégrité institutionnelle et intellectuelle de la République. Je vais être encore plus transparent. L'Europe, et la France tout spécialement, perd la plupart des combats contre le salafisme en tant qu'idéologie, mode de vie et maillage de réseaux dans l'espace social. Le salafisme tout à la fois facilite le basculement dans la violence et encourage l'engagement dans un militantisme «pacifique» visant à abattre l'architecture républicaine française. Il affronte durement les valeurs de l'humanisme individualiste, le roman national hexagonal et l'organisation politique démocratique, libérale et laïque de la France, tandis que nous échouons à réagir habilement (avec profondeur stratégique, coordination des forces, ruse, pertinence et agilité tactique) à cette agression permanente contre l'identité séculaire de la nation.

Pourquoi ? Parce que nous ne saisissons pas, collectivement, le danger qui nous menace. Avant même d'être les victimes de la manipulation délétère qui porte le nom d'«islamophobie» (finement et récemment décortiquée par Philippe d'Iribarne[1]), les citoyens français – ses élites en tête – manquent l'essentiel de la problématique : notre ennemi, c'est l'islam politique et l'islam idéologique, pour reprendre l'expression d'Amélie M. Chelly[2], en priorité sur le territoire national. À l'étranger, nous devons évaluer avec discernement où et comment le combattre. Si nous éprouvons quelque réticence à le voir prospérer ailleurs, il convient de ne pas piétiner la souveraineté des nations. L'ethnocentrisme commence lorsque l'on se croit légitime à décider du destin des autres peuples. En revanche, ne pas vouloir vivre sous la férule d'un régime totalitaire salafiste entre Brest et Marseille, Strasbourg et Toulouse, relève du droit le plus élémentaire du peuple français.

La deuxième idée-force consiste à réinsérer toute réflexion sur l'islam, l'idéologie islamiste et l'islam politique dans une forte perspective historique. Chaque religion, doctrine, philosophie politique ou *Weltanschauung*[3] s'inscrit dans une séquence temporelle irriguée par un passé,

1. *Islamophobie. Intoxication idéologique*, Albin Michel, 2019.
2. Cf. son excellent livre *En attendant le paradis*, Éditions du Cerf, 2019.
3. «Conception du monde».

innervée par un présent, et se façonnant selon une représentation particulière du futur. En l'occurrence, *Le Désenchantement du monde*[1] de Marcel Gauchet, maître ouvrage de cette figure centrale de la scène intellectuelle contemporaine, fournit le centre de gravité indispensable à l'urgent besoin de maturation de l'analyse du salafisme djihadiste et de la «question islamiste», dans le cadre du débat démocratique (pas dans celui des experts, qui mériterait toutefois davantage d'interdisciplinarité). Cela nous autoriserait enfin à dépolitiser sainement, élargir et approfondir le débat sur la relation entre l'islam, la modernité, la démocratie et la république, ainsi qu'à s'émanciper des poncifs habituels ou des équations insuffisamment complexes. Pour résumer avant de développer plus loin, il convient de prendre la dimension religieuse de l'espace social au sérieux, de ne pas le caricaturer ou le sous-estimer en s'enlisant dans une interprétation marxiste approximative (mais authentiquement dévalorisante et erronée), de se rappeler que la religion a organisé les communautés humaines sur une impressionnante profondeur de temps, et d'identifier précisément le duel que se livrent, au sein même de l'islam, les alliés de l'humanisme individualiste et ses irréductibles ennemis[2].

Ce raisonnement et les conclusions auxquelles il me conduit m'amènent à poser d'emblée quelques principes élémentaires, non pas des axiomes, mais bel et bien des théorèmes dont j'assurerai dans ces pages la démonstration.

Je soutiens tout d'abord que les «agents secrets» accomplissent correctement leur mission… Le réflexe paresseux consistant à chercher un bouc émissaire après chaque

1. Gallimard, 1985.
2. Cf. le travail de Gilles Kepel et Jean Birnbaum.

attentat, en sachant d'avance, de surcroît, que l'on finira par tomber à bras raccourcis sur les services de renseignement, touche désormais le fond du plus navrant simplisme. Évidemment, ces derniers peuvent commettre des erreurs – à l'instar de n'importe quelle autre organisation bureaucratique composée d'êtres humains et connaissant les dysfonctionnements du genre, que le sociologue Michel Crozier a patiemment analysés. Oui, ils peuvent échouer à évaluer correctement un danger, ou intervenir de façon décalée, inopportune politiquement ou médiatiquement, rater un enjeu opérationnel dans un contexte mal maîtrisé ou saturé par les attentes contradictoires, voire complètement floues, des décideurs. Néanmoins, dans l'immense majorité des cas, ils fonctionnent avec efficacité et discernement dans un climat médiatico-culturel souvent défavorable, les présentant tantôt comme des barbouzes aux méthodes brutales et déshonorantes, tantôt comme des incompétents inaptes à débusquer les terroristes ou les espions (de préférence chinois ou russes)... Entre James Bond, Triple X, Kingsman, Malotru, Johnny English et OSS 117, le cœur des journalistes et des intellectuels balance... Il serait temps de désembourber l'imaginaire poussiéreux des cénacles parisiens, académiques, cathodiques et digitaux, afin qu'ils puissent accéder à une réalité bien plus prosaïque et soucieuse d'hygiène démocratique et libérale qu'ils ne le pensent. En tout état de cause, notre problème ne se situe pas au niveau des Services en matière de lutte contre le terrorisme islamiste, tant au niveau de l'anticipation que du pilotage de crise.

J'assume ensuite un constat déplaisant à verbaliser, car il ravive la douleur de ceux qui ont perdu des proches au cours des différents attentats que la France a vécus. Aussi terrible qu'apparaisse cette phrase, il faut néanmoins la prononcer et l'écrire : le terrorisme en Occident ne menace pas la stabilité des États et ne constitue pas le premier enjeu de l'ordre public. L'appareil de sécurité nationale parvient à déjouer un nombre insigne de projets d'attentats (une soixantaine) et lorsque le drame, hélas, survient malgré ses efforts, qu'une bombe explose, qu'un lâche assassine, kalachnikov au poing, en brandissant un couteau ou en fendant mortellement la foule avec un poids lourd ou une voiture, nos unités d'intervention, de police et de gendarmerie, savent le traquer avec professionnalisme, à savoir avec méthode, intelligence, courage et honneur. Atroce en effet de devoir penser et verbaliser ce diagnostic, alors que 263 personnes en France[1] ont trouvé la mort dans les attentats revendiqués par le djihadisme salafiste depuis Merah, mais parole pourtant nécessaire.

Notre problème obsédant, c'est le « bas du spectre », des milliers d'individus radicalisés à bas bruit, contaminés au quotidien par une lancinante musique chantant imperturbablement l'intolérance, et face à laquelle nous semblons encore largement démunis. Le salafisme en bruit de fond, voilà l'épée de Damoclès menaçant la France. L'imprégnation salafiste, comme on disait l'« imprégnation fasciste » pour décrire l'ambiance politique et intellectuelle des années 1930, c'est le risque cardinal que notre pays doit absolument maîtriser, sous peine de ne plus pouvoir réagir dans quelques années, tant le prix à payer sera lourd pour revenir en arrière, et croire encore à une démocratie ne sacrifiant aucun de ses mots symboles : liberté, égalité, fraternité.

Nous ne comprenons pas réellement ce qu'est l'adversaire, ce qu'il représente. Difficile par conséquent de le combattre efficacement. Ce qui s'offre à notre vue, pour peu que l'on fasse l'effort de veiller les données clefs, puis

1. https://www.lefigaro.fr/international/depuis-2012-263-personnes-sont-mortes-dans-des-attentats-islamistes-en-france-20191007

de réfléchir, en mêlant en profondeur les approches et les disciplines (autrement dit en métissant les démarches analytique et synthétique), c'est le spectre du totalitarisme à essence religieuse, à carburant métaphysique. Produit neuf (les totalitarismes du XXe siècle s'enracinant dans l'athéisme), le projet de théocratie totalitaire renouvelle le genre et lui redonne crédibilité dans une partie du monde qui rejette fortement le modèle occidental et ses productions idéologiques exportées (nationalisme, socialisme et capitalisme financier), après les avoir testées sans succès durant les Trente Glorieuses. Le nationalisme arabe a échoué avec Nasser, le socialisme ne s'est jamais acclimaté ni au Maghreb, ni au Machrek, ni dans la péninsule Arabique, et le capitalisme ne survit qu'en se subordonnant au climat local, en grande partie articulé par les contraintes religieuses. La corruption et l'autoritarisme des régimes moyen-orientaux, étroitement associés à l'Occident dans l'esprit de beaucoup de musulmans, favorisent grandement la diffusion de l'idéologie salafiste (à commencer par le wahhabisme) et du projet des Frères musulmans – tous deux insécablement imbriqués –, c'est-à-dire l'ambition de proposer l'islam politique comme idéal de gouvernance de la région (puis de l'intégralité du globe).

Dessein qui conduit fatalement au totalitarisme religieux, puisque l'islam politique (forcément radical) fusionne le recours au divin traditionnel et le concept de religion séculière (qui en fait l'économie, se construisant même contre lui, dans sa version fasciste et communiste). Il se définit comme l'ennemi héréditaire de la laïcité et des sociétés ouvertes. Antidémocratique par nature (bien qu'il instrumentalise avec virtuosité la mécanique de la démocratie), sa conception du spirituel se révèle finalement radicalement politique. Boualem Sansal capture avec talent l'intention évidente de l'islam politique à travers sa fiction *2084*, laquelle met en scène une théocratie totalitaire imaginaire : « Le Système ne veut pas que les gens croient ! Le but intime est là, car quand on croit à une idée, on peut croire à une autre, son opposée par exemple, et en faire un cheval de bataille pour combattre la première illusion. » Il faut juste s'interdire de douter et s'abandonner totalement au Système... La liberté ne doit jamais apparaître. Se soumettre est le chemin et le but... Dans l'Abistan que décrit le romancier, « toutes les pistes buissonnières ont été comptées et effacées, les esprits sont strictement réglés sur le canon officiel et régulièrement ajustés. Sous l'empire de la Pensée unique, mécroire est donc impensable[1] ».

La conclusion pour la France et l'Europe s'en déduit aisément : l'islam politique, la doctrine salafiste jouent la montre, s'arment de patience et privilégient les interstices nombreux (où le coût de l'action de résistance paraît lourd) entre les parties du corps de notre volonté politique, dans des sociétés devenues vulnérables à la stratégie de la victimisation permanente. Avancer patiemment ses pions en se revendiquant des principes de l'adversaire : créer des précédents, user l'endurance de l'idéologie républicaine née en 1789, traquer la modernité en misant sur la « postmodernité » qui voit des « dominés » partout, voilà le dessein diablement intelligent, qui requiert des ressources mentales et opérationnelles astucieuses afin de le contre-attaquer avec pertinence. L'islam politique peut difficilement gagner en Occident, Mohamed Sifaoui a probablement raison, mais faut-il vraiment tenter le diable ? La France léopard reste une menace préoccupante[2]...

Cette stratégie et les tactiques afférentes font des salafistes dits « quiétistes » et « politiques » des Silencieux, ces

1. Boualem Sansal, *2084. La Fin du monde*, Gallimard, 2015.
2. Cf. Éric Delbecque, *Les Ingouvernables*, Grasset, 2019.

petits cylindres également qualifiés de « modérateurs de son » que l'on visse sur le canon d'une arme pour atténuer le bruit et le flash lumineux lors d'un tir, afin de gagner en discrétion. Ils nous endorment, émoussent notre vigilance, démonétisent l'idée que c'est bien une nouvelle forme de totalitarisme qui tente de s'installer et de s'épanouir au pays de Voltaire, de Victor Hugo et de Charles de Gaulle. Bien plus inquiétants pour l'avenir de nos enfants que les djihadistes, qui finissent toujours en vaincus, ils ne suscitent en réalité qu'une réaction de basse intensité. Les articles, enquêtes ou reportages qui mettent un temps en lumière leurs comportements, leurs idées et leurs projets, ne passionnent guère ou retiennent l'attention de façon pour le moins éphémère. Au mieux on déplore, puis on passe rapidement à autre chose…

Les étudier attentivement, évaluer leur potentiel de contagion, anticiper l'accroissement de puissance de leurs communautés, prédicateurs et réseaux, afin d'affûter un contre-discours et une dynamique de confinement, voire de refoulement, tout cela nécessite une volonté politique, une mobilisation collective, une prise de conscience de l'intelligentsia parisienne qui exigent une réforme intellectuelle et morale, dont Ernest Renan lui-même hésiterait à en faire l'objet d'un essai… En attendant, les Silencieux franchissent les uns après les autres les remparts censés défendre la démocratie, les libertés individuelles fondamentales et l'héritage républicain.

En dérive nécessairement l'idée que le travail de riposte doit mobiliser la nation, la société civile et chaque citoyen, les entreprises également, car l'État ne peut suffire à la tâche. C'est une idéologie que nous affrontons, pas un État ou des criminels. Les victoires dans l'espace intellectuel et social conditionnent – à moyenne et longue échéance – les victoires décisives dans l'antiterrorisme. Renverser le rapport de force, dissoudre (ce qui prendra des années, voire des décennies) le djihadisme salafiste sur notre sol impose une logique d'unité nationale, d'implication de toutes les forces vives de l'Hexagone, afin de défendre un mode de vie fondé sur le pluralisme, la liberté de conscience, et le rejet de la contrainte politique et communautariste.

Peut-on, ici encore, mieux dire que Boualem Sansal? « La gestion de l'islamisme a été entourée de beaucoup de secrets, on en a fait une affaire de spécialistes et de services de sécurité alors qu'il s'agit d'une affaire politique, publique donc, qui devrait se traiter en pleine lumière et mobiliser la société[1]. » L'horizon de métissage des points de vue et des spécialités vers lequel il pointe le doigt constitue le seul chemin vers un avenir prometteur. Travailler ensemble, créer une mobilisation nationale, un enjeu de responsabilité civique individuelle et collective, de la même manière que l'on convoque aujourd'hui régulièrement la responsabilité sociale des entreprises… C'est un sujet d'intérêt général, qui le mérite.

Le même état d'esprit m'a guidé dans la rédaction de ce livre. Il manifeste l'une des étapes d'une méditation de longue haleine sur les radicalités politiques, les extrémismes violents, les idéologies totalitaires, l'histoire de la guerre et des stratégies de sécurité nationale. Elle se construit depuis une vingtaine d'années en tentant d'échapper en permanence au dualisme théorie/pratique. Ni arabisant ni islamologue, je baigne en revanche dans les différentes expertises du milieu de la sûreté depuis deux décennies. Ces longues années de pratique professionnelle dans le périmètre de la sécurité nationale et de l'intelligence économique, ainsi que ma mission de directeur délégué à la

1. Boualem Sansal, *Gouverner au nom d'Allah. Islamisation et soif de pouvoir dans le monde arabe*, Gallimard, 2013.

sûreté de *Charlie Hebdo*, après l'attentat de janvier 2015, m'offrent la possibilité de composer une analyse de la problématique de l'islam politique se nourrissant d'un métier et d'une culture opérationnelle, rarement sollicitée par l'analyse académique au sens strict.

La singularité de ma démarche s'exprime en peu de mots : prendre de la distance par rapport à l'objet d'étude, injecter le raisonnement universitaire dans celui de la sûreté des organisations et des nations, croiser les différentes disciplines et les faire ensuite dialoguer avec l'expérience et la vision opérationnelle de l'appareil de sécurité hexagonal. Non pas pour cristalliser un énième discours d'épistémologie ou armer une médiocre querelle politicienne, mais, tout au contraire, pour offrir au public le plus large possible une proposition d'interprétation globale du phénomène islamiste et djihadiste. Cette dernière doit à la fois parer les tentatives de simplification intéressée de la violence terroriste, transcender l'émotion justifiée, tout en contribuant à l'anticipation et à la lutte contre une illustration de la barbarie ordinaire, participer enfin à l'imagination des voies d'une restauration de la cohésion sociale.

Au cours de ma carrière, j'ai eu la chance de travailler avec d'immenses figures du renseignement, de la gendarmerie nationale, de la police, des armées et de la sphère préfectorale « à l'ancienne »; parmi elles, j'en ai croisé ou côtoyé quelques-unes quasiment légendaires. L'observation patiente et ruminante de l'amiral Philippe de Gaulle, du général Alain de Boissieu, du colonel Fred Moore, du préfet Rémy Pautrat, de l'inspecteur général de l'Administration Jean-Marc Berlioz (ancien chef de l'Inspection générale de la police nationale), de l'ancien directeur adjoint de la surveillance du territoire Raymond Nart, des préfets Pierre Mutz, Pierre Monzani, Stéphane Bouillon, Patrice Latron ou des généraux Richard Lizurey et

Christian Rodriguez, du général puis préfet Christian Chocquet et des généraux Guy Parayre ou Roland Gilles, pour n'en citer que quelques-uns, a forgé une profonde conviction sur laquelle je ne reviendrai pas. L'engagement et la qualité humaine d'hommes et de femmes comme Cédric Lewandowski, Floran Vadillo, Annick Rimlinger, Pierre-Marie Bourniquel, Olivier de Mazières, Jean-Michel Fauvergue, Jean-Louis Fiamenghi, Frédéric Péchenard, Ange Mancini, Émile Perez, Marie-Emmanuelle Assidon, Éric Morvan, Richard Caminade, Jean-Marc Cesari, Pierre Sauvegrain, Olivier Kim, Vincent Cœurderoy, Dominique Norois, Jean-Claude Goyeau, Pierre Poty et quelques autres encore, m'ont démontré régulièrement pourquoi je persévère dans cette opinion[1].

Nos forces de l'ordre, nos services de sécurité, nos armées disposent de trésors d'intelligence, d'audace, de fermeté d'âme, de calme résolution et de courage, qui nous préservent le plus souvent de grands périls. L'erreur est humaine, toujours possible et parfois avérée, mais l'ensemble se révèle sain, compétent et performant dans l'action, énergique mais proportionné dans les phases de sanction et d'intervention, bref à la hauteur de notre pays, de son histoire et de ses valeurs. Pour peu qu'il fasse sa place au non-conformisme, à la pensée décalée, au devoir d'autonomie et d'indépendance intellectuelle, lorsque les circonstances l'exigent, et qu'il intègre davantage les expertises de la société civile, de la galaxie universitaire et du secteur privé, notre complexe (au sens architectural) de sécurité nationale peut relever la majorité des travaux d'Hercule qui lui reviennent.

1. Et je m'en voudrais d'oublier ceux avec qui je dialogue quasi quotidiennement : mon père Raymond Delbecque, mes amis Laurent Combalbert, Stéphane Fauvelet, Frédéric Labrunye, Pascal Estève, Éric Chuberre, David Ribeiro, Olivier Libotte et Jacques Merino.

Notre faiblesse se situe donc ailleurs, je le répète et j'arrive ainsi à une ferme certitude. Repousser les assauts du djihadisme et neutraliser le lent poison salafiste appelle une prise de conscience beaucoup plus vaste – au-delà de celle des femmes et des hommes chargés de nous protéger. La seule question qui vaille, à laquelle chaque citoyen doit répondre, est simple : croyons-nous à la société dans laquelle nous vivons ? Notre capacité à localiser les « unités » de l'armée furtive salafiste, à comprendre ces Silencieux et à les empêcher de saper les bases de notre République dépend de notre réponse. Ce sont des séparatistes, Emmanuel Macron a raison. N'ayons plus peur des mots, ne travestissons plus les réalités. Les salafistes renouvellent le genre « totalitaire »...

Première partie

Le salafisme, ennemi de la république

1

Le salafisme fabrique le djihadisme

Regardons les choses en face : les salafistes donnent tôt ou tard naissance à des djihadistes, non à des légions innombrables, mais à quelques escadrons de la mort suffisants pour répandre le sang et appeler les larmes. Pas forcément, pas toujours volontairement, mais mécaniquement. Gilles Kepel, Bernard Rougier[1], Hugo Micheron[2] et Mohamed Sifaoui[3] l'ont démontré encore récemment. Entendons-nous d'abord sur la définition du terme. Le salafisme s'enracine dans l'une des quatre écoles de jurisprudence de l'islam sunnite : le hanbalisme (tradition initiée par Ahmad Ibn Hanbal au IXe siècle). Particulièrement rigoriste, la filiation hanbaliste s'épanouit largement dans le wahhabisme[4] (doctrine officielle de l'Arabie Saoudite) à partir du XVIIIe siècle. Quel est le credo du salafisme ? Le retour aux « pieux ancêtres » (*salaf al-salih*, formule d'où le salafisme tire son nom), c'est-à-dire aux sources primitives, exemplaires de certitude et de rigueur, de l'islam. Qui sont

1. Bernard Rougier (dir.) *Les Territoires conquis de l'islamisme*, PUF, 2020.

2. *Le Jihadisme français. Quartiers, Syrie, prisons*, Gallimard, 2020.

3. *Taqiyya ! Comment les Frères musulmans veulent infiltrer la France*, Éditions de l'Observatoire, 2019.

4. Fondé sur les enseignements du théologien Muhammad Ibn 'Abd al-Wahhâb.

ces anciens dignes de vénération ? Ceux qui accompagnèrent la naissance et le déploiement de la religion du Prophète, sur les trois premières générations. Ces illustres prédécesseurs représentent, aux yeux des salafistes, l'étalon de référence de la compréhension et de la pratique de l'islam. Leur piété absolue constitue le modèle à tenter d'égaler. Leurs conquêtes militaires, qui conduisirent à l'érection d'un empire reliant l'Espagne à l'Inde, accroissent bien évidemment leur prestige et alimentent la fascination éprouvée par tous les adeptes du salafisme. Ces derniers interprètent, d'ailleurs, les succès militaires et politiques comme une preuve (une récompense ou un soutien céleste) de leur foi ardente et pure.

Par conséquent, le salafisme se définit d'abord comme un fondamentalisme, un radicalisme[1]. Il entend revenir à la racine, à la source, à la croyance fondamentale à l'origine de la foi musulmane. Le salafiste, par essence, est un fondamentaliste et un réactionnaire (il veut en effet « réagir » à ce qu'il considère comme une dégradation, un déclin, une altération de l'islam à travers les siècles) ; au sens propre, son but consiste à revenir en arrière. Si l'on parle d'ailleurs d'intégriste ou de réactionnaire, le nom d'Abdelkader Bouziane s'impose. Avec un petit effort de mémoire, on se rappelle facilement cet ex-imam de Vénissieux[2] qui affirmait dans un magazine que le Coran autorisait à battre sa femme, et qui fut finalement expulsé vers l'Algérie (son

1. En résumé, le credo salafiste s'est cristallisé en sédimentant principalement les apports de trois théologiens (Ahmad Ibn Hanbal, Ahmad Ibn Taymiyya et Muhammad Ibn 'Abd al-Wahhâb), convergeant vers l'opposition aux innovations religieuses, considérées comme de dangereuses déviations humaines dénaturant la parole de Dieu dictée à Mahomet. Seul un respect intégriste du dogme, un amour fanatique pour la tradition de l'« âge d'or » des trois premières générations de l'islam peuvent satisfaire Allah. Ibn 'Abd al-Wahhâb en particulier a affirmé l'importance du djihad (à la fois combat intérieur et lutte contre les mécréants) dans le culte des pieux prédécesseurs.

2. Entré en France en 1980, il avait regagné la région Rhône-Alpes, après ses études à Médine en 1996.

pays d'origine) en 2004. Littéraliste, le salafiste rejette toute interprétation du Coran et de la Sunna (la Voix, ou somme des *hadiths* : attitudes, gestes et paroles du Prophète), donc tout intermédiaire humain entre le texte et lui, entre Muhammad (Mahomet) et son comportement quotidien. Chaque question doit se résoudre en s'inspirant de la révélation et de celui qui la répandit, en excluant fermement l'exercice de la raison individuelle. L'imitation, la reproduction des premiers temps de l'islam se situent au cœur du salafisme. Se vêtir, dormir ou manger comme le Prophète apparaît essentiel au salafiste et s'inscrit au tableau d'honneur des pratiques vertueuses ; l'imiter autant que possible rapproche de la foi la plus pure, tant les rites, le respect des codes et des précédents normatifs forment l'essence de l'islam. La nouveauté constitue le mal absolu.

La pyramide salafiste

Classiquement, on distingue trois formes de salafisme.

La première est le salafisme « quiétiste » (*a priori* majoritaire en France, pour lequel Rabi al-Madkhali et cheikh al-Din al-Albani constituent les figures de référence, ainsi que cheikh Abdel Salam al-Bourjis et cheikh Muhammad Bazmoul). Ses adeptes se disent investis d'une mission morale d'insufflation d'une authentique conscience islamique et rejettent théoriquement tout engagement politique[1]. L'éducation et la prédication seraient leurs priorités. Le salafisme quiétiste se propage essentiellement *via* les anciens étudiants des trois grandes universités islamiques saoudiennes, fondées en 1965 (Ibn Saoud à Riyad,

1. Martine de Sauto, « En France, le port de la burqa est lié au développement du mouvement salafiste », *La Croix*, 19 juin 2009. Citant Samir Amghar, chercheur à l'EHESS.

al-Munawwarah à Médine et al-Mukarramah à La Mecque). Ces dernières sont venues concurrencer celles de l'Égypte (al-Azhar), du Maroc (la Qarawiyyin) et de la Tunisie (la Zitouna), s'affirmant ainsi rapidement comme un formidable instrument d'influence au service de la monarchie régnante d'Arabie Saoudite. Un système de bourses permet d'attirer de nombreux étudiants venus du monde entier. À l'université de Médine (la seule à former des ressortissants étrangers), cent soixante nationalités se mélangent. Une fois diplômés, les étudiants rentrent dans leur pays d'origine et deviennent d'ardents propagateurs de l'islam salafiste saoudien, vite haussés au rang de figures locales de leur communauté. En France, on compte plusieurs dizaines de lieux de culte diffusant le salafisme quiétiste d'obédience saoudienne. Les services de sécurité répertorient en effet 90 lieux de culte salafistes (sur les 2 500 lieux de culte musulmans recensés en 2015), soit deux fois plus qu'en 2010 et environ cinq fois plus qu'en 2005. Selon la Direction générale de la sécurité intérieure (DGSI), le nombre de fidèles de la nébuleuse salafiste aurait triplé entre 2010 et 2015, passant de 5 000 à 15 000 (ils habitent globalement dans les grands centres urbains : région parisienne, Rhône-Alpes et Provence-Alpes-Côte d'Azur). Deux tendances se partagent les rangs des quiétistes : les « exclusivistes » et les « non-exclusivistes ». Samir Amghar définit ainsi les « exclusivistes » : « Cette critique de l'islam militant s'accompagne d'une mise en garde, voire d'une excommunication systématique, des prédicateurs et des théologiens qui s'inscriraient dans une filiation religieuse différente de celle des théologiens saoudiens. Porteuse d'un jugement très fort à l'égard de l'Occident, cette tendance demande aux fidèles musulmans de quitter l'Europe et l'Amérique du Nord pour des terres musulmanes[1] ».

1. *Le Salafisme d'aujourd'hui. Mouvements sectaires en Occident*, Michalon, 2011.

Les « non-exclusivistes » se montrent moins intransigeants vis-à-vis des Frères musulmans ou du mouvement fondamentaliste Tabligh, tout en s'affirmant seuls détenteurs de la Vérité. Ils invitent à l'investissement dans la prédication religieuse en Occident, à la construction de mosquées, à la constitution d'associations et d'écoles privées. N'incitant pas à la *hijra* (le départ pour une terre d'islam), ils estiment que vivre sa foi en Occident est possible et tendent à préconiser le respect de la légalité républicaine (par exemple, ôter le voile intégral dans l'espace public, puisque la loi l'interdit depuis 2010).

Le salafisme « politique » constitue le deuxième courant de l'idéologie salafiste. Il prône la conquête du pouvoir, la création d'un État islamique : l'organisation des Frères musulmans l'incarne le mieux. Pour atteindre cet objectif, il encourage les musulmans à bâtir des partis, des syndicats et des associations, autant d'outils de pression et de formalisation d'une influence ambitionnant, à terme, de refaçonner la société et les institutions. Les salafistes « politiques » se divisent en deux courants : le salafisme dit « gestionnaire », prosaoudien, incarné par la Ligue islamique mondiale, créée en 1962 (fortement influencée par l'idéologie des Frères musulmans, bien que sous le contrôle de l'Arabie Saoudite[1]) ; le salafisme dit « protestataire » – en opposition forte aux régimes arabes actuels et aux sociétés occidentales – appelle à la fois à la réislamisation des sociétés musulmanes, à l'instauration d'un État islamique dans les pays du Maghreb et du Moyen-Orient, et à la mobilisation des musulmans, en Europe et aux États-Unis, dans le but de mener des actions de lobbying confessionnel, de s'inscrire dans le paysage politique, social, culturel *via* des

1. Héritage de l'époque où les Saoudiens accueillaient les Frères musulmans, par antinassérisme.

actions légalistes, et éventuellement d'accéder au pouvoir. De façon plus générale encore, les « protestataires » militent pour « la politisation du fait religieux, l'islam étant présenté comme un système englobant, capable de résoudre les problèmes politiques, sociaux et économiques des musulmans[1] ».

Le salafisme politique « protestataire » conteste la légitimité des régimes arabes et ne cache pas son hostilité envers les sociétés occidentales, où il juge les musulmans discriminés (il les exhorte donc à la mobilisation, afin de se défendre et d'être représentés). Certains séparent clairement cette tendance salafiste des islamistes des Frères musulmans, et voient d'abord les subtilités doctrinales qui permettent de décomposer l'islam politique en de multiples chapelles. Ces nuances existent sans doute, mais risquent rapidement de sombrer dans des querelles byzantines aboutissant à laisser l'arbre de la spécificité cacher la forêt de la ressemblance…

À cet égard, Michaël Prazan, l'auteur du passionnant *Frères musulmans. Enquête sur la dernière idéologie totalitaire*, fournit toutes les clefs de compréhension nécessaires à la cartographie du territoire mental de l'islam radical. Écoutons-le progresser dans sa réflexion en partant d'une question simple et cardinale : « Hormis des différences de stratégie, je me demande encore ce qui distingue les Frères musulmans des salafistes. » En 2014, le numéro deux fériste, Khairat el-Shater, avait répondu ceci au journaliste-réalisateur : « Il n'y a pas de grande différence entre les doctrines. Nous, les Frères musulmans, avons toujours souhaité islamiser l'individu, mais aussi la famille, la société et le gouvernement. Le mouvement salafiste s'est longtemps contenté d'œuvrer au niveau de l'individu et de la famille, sans pousser jusqu'à la constitution d'un projet politique. »

1. Samir Amghar, *Le Salafisme d'aujourd'hui*, *op. cit.*

Autant dire qu'il ne faut pas chercher à approfondir les dissemblances, mais à comprendre ce qui rassemble. « Nos islamologues bon teint nous expliquent doctement depuis des années qu'il y aurait d'une part "les gentils", les démocrates, les modérés – les Frères musulmans –, et d'autre part, "les méchants", plus violent, plus radicaux – les salafistes djihadistes. [...] Les Frères musulmans sont des salafistes ou, pour reprendre les mots du chercheur associé au Collège de France Tewfik Aclimandos, "des partisans de la méthode salafiste", quand les salafistes revendiquent un même corpus doctrinal que celui de la Confrérie. [...] Après avoir retourné toutes ces questions dans ma tête, me vient une idée qui me semble acceptable, et peut-être même pertinente : ce qui sépare encore les Frères musulmans des salafistes, c'est la notion de temps[1]. » Nous y reviendrons.

Le troisième courant est le salafisme djihadiste, ou salafisme « révolutionnaire », qui juge l'action des autres courants vouée à l'échec et prône donc le djihad. Hostile à la prédication pacifique, il mise sur l'action armée tant dans les pays musulmans qu'en Occident. C'est la doctrine des Groupes islamiques armés (GIA) en Algérie (1992-2002), d'Al Qaida en Afghanistan et au Yémen (depuis 1988) et de Daech en Irak et en Syrie (2006 et 2014). Le djihadisme salafiste se trouve à l'origine de tous les attentats depuis Mohammed Merah, mais aussi à la racine de ceux de 1995-1996. Je vais creuser sa genèse, ses fondements et son fonctionnement dans les prochains chapitres.

D'une manière ou d'une autre, l'Arabie Saoudite est le promoteur et animateur axial du salafisme, sur toute la surface de la planète. Soit idéologiquement, car il influence la

1. Michaël Prazan, *Frères musulmans. Enquête sur la dernière idéologie totalitaire*, Grasset, 2014.

doctrine par l'intermédiaire de ses universités (et de leurs professeurs), de ses chaînes satellitaires et d'Internet, et de ses organisations (Ligue islamique mondiale), soit financièrement, en déversant des millions de pétrodollars pour financer des initiatives, un peu partout sur le globe, en faveur de l'islamisation ou de la réislamisation des populations arabes ou d'origine arabe. À cet égard, le royaume des Saoud témoigne d'un savoir-faire incomparable en matière d'élaboration et de conduite de stratégies d'influence…

Le problème est finalement simple à comprendre. Le salafisme se définit comme un fondamentalisme extrêmement rigide. Mécaniquement, le salafiste quiétiste prépare le terrain pour le salafiste djihadiste : il en favorise l'éclosion… Il illustre l'intégrisme le plus irréductible, le plus déterminé à revenir sur les fondamentaux de la modernité philosophique occidentale. Il milite pour l'annulation de l'Histoire après l'accession d'Ali au califat… Dès lors, il vise à créer au minimum une contre-société, mais idéalement à convertir l'ensemble de la planète. Ce danger d'une contre-société salafiste se voit régulièrement sous-estimé par les membres les plus variés de nos élites politiques, administratives et culturelles (dans le monde universitaire et médiatique). Pour quelle raison ? La peur de passer pour un « islamophobe ». Car toute réflexion ou parole sur une difficulté potentielle ou réelle touchant à la religion musulmane fait courir le risque à son initiateur de passer pour un ennemi de l'islam, donc d'être un infâme raciste, qui cherche à se dissimuler sous le masque d'un critique de la foi des « damnés de la terre ». Raccourci stupide, mais, hélas, répandu. Observer lucidement le salafisme, constater que sa propagation répond en partie à une stratégie de ses promoteurs, et qu'il constitue un terrain favorable à l'émergence des djihadistes ne traduit absolument pas un rejet de tous les courants de l'islam.

Les Frères musulmans, l'islam politique ou idéologique, le salafisme et le djihadisme

À la racine du djihadisme, on tombe fatalement sur les Frères musulmans… Il faut revenir au XXe siècle pour comprendre. En mars 1928, en Égypte, Hassan al-Banna crée la Confrérie des Frères musulmans. Enseignant de vingt-deux ans, il vient d'une famille de la petite-bourgeoisie provinciale. Son père, horloger, oscillant entre le soufisme et le salafisme, lui a donné une éducation religieuse très stricte. Al-Banna manifeste donc un attrait précoce pour le radicalisme salafiste, considérant le wahhabisme comme une réponse politique et sociale adaptée au monde musulman de l'entre-deux-guerres. En 1924, le califat a été aboli et le jeune étudiant n'aime pas l'Égypte occidentalisée qu'il voit émerger. Au Caire, où il fait ses études supérieures, il découvre le cosmopolitisme, de gracieuses silhouettes féminines ondulant sur des talons hauts, des Égyptiennes callipyges en jupe courte se dispensant de la compagnie – et surtout de la surveillance – d'un homme, la richesse des uns et la pauvreté des autres, les villas coloniales et les taudis autochtones, ou encore les soldats britanniques s'enivrant dans les bars. Cette vie exubérante et bien peu religieuse lui déplaît fortement, heurte son éducation et solidifie un peu plus encore ses convictions. Il s'investit dans des associations religieuses et des ligues de bonnes mœurs, de surveillance de la vertu.

Cependant, son islam semble d'emblée dominateur, voué à conquérir la planète, et pas seulement anticolonialiste et socialement conservateur. Tout au contraire, il s'affirme révolutionnaire et s'inspire du modèle totalitaire, des exemples fasciste, nazi et bolchevique. Admirateur des idéologies et des machines de propagande et de contrôle socioculturel de Mussolini, de Hitler et de Lénine, il conçoit les Frères musulmans comme un parti de masse – avec des dirigeants à la poigne d'acier –, discipliné, doté de rites et de symboles capables de mobiliser et d'orienter les foules, d'en faire une arme, tout en disposant d'une élite militarisée. « L'obéissance aveugle au chef, l'organisation de l'appareil clandestin et paramilitaire, certains rituels tels que le serment de fidélité, et bien d'autres aspects encore, sont, de l'aveu même de Hassan al-Banna, directement influencés par le fascisme[1]. » Quant à l'« Appareil secret » (ou « Organisation secrète ») qu'il construit entre 1938 et 1942 au sein des Frères, il ressemble à s'y méprendre à la milice mussolinienne (ou aux squadristes de 1919), aux SA du national-socialisme ou à la Cagoule en France. Garde prétorienne du « guide suprême » al-Banna ou troupe djihadiste ? Probablement un peu des deux. En tout état de cause, le parti nazi le subventionne dans les années 1930…

Au-delà du décorum, le message de la Confrérie rappelle bel et bien l'ambition totalitaire italienne, allemande et soviétique. Il suffit pour s'en convaincre de lire le manifeste en cinquante points de son fondateur[2] (publié en anglais en 2007 par les Frères musulmans[3]). L'intention du premier point donne le ton : « Mettre fin aux rivalités de partis et canaliser les forces politiques de la nation dans un front uni et dans une seule phalange. » C'est-à-dire, clairement, instaurer un régime à parti unique contrôlant l'État, la société, la famille et l'individu, diffusant un message de soumission à l'orthodoxie fériste, illustré par l'un des slogans du mouvement : « Action, obéissance et silence », qui fait bien sûr écho au « Croire, obéir, combattre » des

1. Michaël Prazan, *Frères musulmans*, *op. cit.*

2. https://www.lepoint.fr/societe/les-50-propositions-d-hassan-al-banna-fondateur-des-freres-musulmans-25-05-2013-1672212_23.php

3. https://pointdebasculecanada.ca/le-manifeste-en-cinquante-points-de-hassan-al-banna

fascistes italiens. Quant au contenu de la doctrine, il se résume facilement : « Modifier les lois afin qu'elles soient conformes à la charia [loi islamique] de tous les secteurs d'activité. » Ce qui conduit à superviser les programmes scolaires (particulièrement celui « offert aux jeunes filles »), bannir la mixité, encourager le mariage, fermer les boîtes de nuit et interdire la danse, surveiller la production culturelle, pratiquer la censure radiophonique et littéraire, mettre la presse sous tutelle, surveiller les lieux de vacances (notion dangereuse) et les cafés, fusionner les écoles élémentaires des villages avec les mosquées, rendre l'éducation religieuse obligatoire jusque dans les universités, encourager le patriotisme à base islamique, s'opposer aux influences étrangères et faire la chasse au port de « vêtements inconvenants » et aux « conduites relâchées »... Vaste programme, sans l'ombre d'un doute totalitaire, et trouvant sa pleine expression symbolique et opérationnelle dans la création d'une « police des mœurs » – jumelle de la *hisbah* de Daech – chargée de « punir ceux qui transgressent ou attaquent la doctrine islamique, tels ceux qui ne se conforment pas au jeûne du ramadan, ceux qui ne font pas leurs prières, ceux qui insultent la foi et ceux qui commettent d'autres méfaits similaires ».

On pense inévitablement ici au roman *2084* de Boualem Sansal, à la « note sociale » que représente le Livra, le Livret de la Valeur – carnet vert barré de mauve – que tout individu porte sur lui à chaque instant de son existence. Le romancier donne d'ailleurs un indice transparent dans son récit. Ce sont les « Frères messagers », une « clique d'aventuriers », qui ont perverti une religion ancienne, la transformant en un message simpliste cuirassé d'agressivité militariste (le *Gkabul*, à l'origine du régime totalitaire de l'Abistan, empire imaginaire né après 2084) ; ils ont alors levé une armée et se sont emparés du pouvoir comme des esprits...

Mais une proposition donne la pleine mesure du rêve totalitaire des Frères d'Hassan al-Banna, indiquant dans une clarté aveuglante le refus holiste de l'humanisme individualiste occidental prométhéen : « Envisager l'imposition d'un code vestimentaire uniforme pour toute la nation. »

Comme les fascistes dans la phase d'ascension au pouvoir (entre 1919 et 1933), la Confrérie manie simultanément la carotte et le bâton. Car la violence n'impressionne pas les Frères : ils savent parfaitement l'utiliser. Les exemples abondent. « Le 24 février 1945, écrit Michaël Prazan, parce qu'il a déclaré la guerre aux forces de l'Axe, les Frères, favorables aux nazis, font assassiner Ahmed Maher Pacha, qui a succédé à Nahhas Pacha au poste de Premier ministre. Sept mois plus tard, le 6 septembre 1945, ce dernier, de nouveau Premier ministre, échappe à un attentat à la grenade. Dans le même temps, les Frères lancent une manifestation qui se solde par une vingtaine de morts et des émeutes qui achèvent d'embraser le pays[1]. » Les Britanniques devront intervenir pour rétablir l'ordre au Caire. Constituant de véritables bataillons, les Frères musulmans participent activement au premier conflit israélo-arabe en 1948. En Égypte, les attentats se multiplient, exécutés par la mouvance fsériste (des bombes dans des cinémas, l'élimination d'un juge et du directeur de la police du Caire). Impossible de dire qui a donné les ordres : Saleh Achmaoui, le commandant de l'Appareil secret, la branche armée clandestine des Frères, ou Hassan al-Banna en personne ? En tout état de cause, l'origine de ces violences ne fait guère de doute. Point d'orgue, le 28 décembre 1948 : Abdel Meguid Ahmed Hassan, étudiant vétérinaire et membre des Frères musulmans, abat de deux coups de pistolet le Premier ministre Nokrachi Pacha. Ce dernier

1. Michaël Prazan, *Frères musulmans*, *op. cit.*

avait dissous la Confrérie le 8 décembre, quelques jours auparavant. Motif par lequel le meurtrier légitime son acte. Al-Banna condamne ce crime, mais on peine à croire à l'histoire de l'élément isolé et incontrôlé... Quoi qu'il en soit, le « guide suprême » en paie très certainement le prix, car il est assassiné, le 12 février 1949, par la police secrète du roi...

Soutenir un coup d'État ne fait pas davantage frémir les adeptes de la Confrérie : c'est exactement ce qui se passe le 23 juillet 1952, lorsqu'ils aident le colonel Gamal Abdel Nasser – lui-même Frère musulman – et ses Officiers libres à renverser la monarchie. Trop sûrs d'eux, les Frères tentent d'imposer leur volonté et la charia au raïs, provoquant en retour une terrible répression : ils peuplent bientôt les prisons égyptiennes, subissant les pires humiliations et tortures. Comment expliquer un tel retournement de situation ? L'Ikhwan al-Mouslimin (Organisation des Frères musulmans) a commis le péché d'orgueil. Trop certaine de sa force, de la faiblesse politique et populaire des Officiers libres et de leur chef, elle a en outre sous-estimé l'intelligence et l'intimité idéologique de Nasser, finalement bien peu convaincu par l'islam politique. Nationaliste (il fait partie de Jeune Égypte, mouvement fascisant), socialiste, laïque et héraut du panarabisme, le raïs s'appuie sur la puissance de la religion dans son pays (donc sur le potentiel d'influence et d'action fEriste), sans jamais croire véritablement au slogan de la Confrérie : « L'islam est la solution. » Le nouveau guide suprême Hassan al-Hudaybi et ses proches ont donc commis une erreur d'appréciation majeure en tentant de forcer la main au nouveau Pharaon... Dès lors, les Frères construisent leur pensée et leur stratégie sur l'objectif de la destruction du pouvoir nassérien. Après de vaines tentatives, ce sont leurs fils spirituels, Gamaa al-Islamiya et Al-Jihad, qui finissent par en venir à bout, en assassinant Sadate en 1981. Personne n'illustre mieux cette détestation de Nasser et de ce qu'il représente que Sayyid Qutb. Celui-ci a dénoncé ce qu'il interprétait comme l'usurpation de la souveraineté divine. Raisonnement qui l'a conduit à prôner le djihad, dont on comprend sans peine qu'il n'a rien de métaphorique, de symbolique : « Instaurer le règne de Dieu sur Terre, supprimer celui des hommes, enlever le pouvoir à ceux de Ses adorateurs qui l'ont usurpé pour le rendre à Dieu seul, donner autorité à la loi divine [*chari'at Allah*] seule et supprimer les lois créées par l'homme… tout cela ne se fait pas avec des prêches et des discours. Car ceux qui ont usurpé le pouvoir de Dieu sur Terre pour faire de Ses adorateurs leurs esclaves ne s'en dessaisissent pas par la grâce du seul Verbe, sans quoi la tâche de Ses Envoyés eût été bien aisée[1]. »

Le socle de la pensée de Sayyid Qutb, matérialisé dans son livre *Signes de pistes*, ne laisse planer aucune ambiguïté : l'humanisme individualiste occidental, voilà l'ennemi… Les passages sélectionnés par Gilles Kepel dans *Le Prophète et Pharaon*[2] le démontrent amplement : « Au bout du compte, idéologies de l'individu comme idéologies collectivistes se sont soldées par l'échec. C'est maintenant à l'islam, à l'*Umma*, de jouer leur rôle […] L'*Umma* musulmane est une collectivité (*jama'a*) de gens dont la vie tout entière, dans ses aspects intellectuels, sociaux, existentiels, politiques, moraux et pratiques, procède de l'éthique (*minhaj*) islamique. Cette *Umma*, ainsi caractérisée, a cessé d'exister depuis que l'on ne gouverne plus nulle part sur Terre selon la loi de Dieu […] De nos jours, le monde entier vit dans un état de *jahiliyya*[3]. » Le principe à la base de la *jahiliyya*,

1. Sayyid Qutb, cité par Gilles Kepel dans *Le Prophète et Pharaon. Les mouvements islamistes dans l'Égypte contemporaine*, Gallimard, 2012.
2. Sayyid Qutb, cité par Gilles Kepel dans *Le Prophète et Pharaon*, *op. cit.*
3. « Ignorance » de l'islam, situation des sociétés précédant son apparition, qui s'applique finalement à tous ceux qui ne sont pas musulmans.

« c'est l'opposition à la domination de Dieu sur la Terre et à la caractéristique principale du Divin, à savoir la souveraineté (*al hakimiyya*) : elle en investit les hommes, et elle fait de certains des dieux pour les autres. Cette opération ne se déroule pas à la manière primitive de la *jahiliyya* d'avant l'Hégire, mais en permettant à l'homme de s'arroger indûment le droit d'établir des systèmes, de prendre des positions, et cela sans considérer quelle est l'éthique divine, bien plutôt en se réglant sur ce qu'Il n'a point permis ! Or, s'opposer ainsi à la domination de Dieu, c'est être l'ennemi de ses fidèles ».

Dès lors que l'on a lu ces lignes et que l'on ne cherche pas à éluder les raisonnements aux conclusions dérangeantes, il devient impossible de nier ce qui crève les yeux. Si l'on ne peut pas poser un signe d'équivalence entre le terrorisme islamiste et la Confrérie, ou affirmer que la seconde soutient le premier, l'articulation idéologique apparaît en revanche incontestable entre la génération Al-Qaida et les idéologues égyptiens ; « les fondateurs d'Al-Qaida et les idées qui fondent son action proviennent en droite ligne de la Confrérie. Que les Frères musulmans aient engendré Al-Qaida ne fait aucun doute[1] ». La stratégie est différente, les hommes et les buts s'avèrent identiques.

Que certains, comme l'ancien guide suprême Mohammed Mehdi Akef (mort en 2017), évitent de condamner clairement le djihadisme ou ses célèbres représentants n'étonne donc guère, sans établir pour autant l'existence d'une complicité opérationnelle. Absence de connivence d'action qu'explique une raison structurelle : le modèle léniniste de l'élite combattante, animant le discours et la pratique djihadiste (façon Al-Qaida, qui tend à recruter des individus sérieusement sélectionnés et entraînés, ou façon Daech,

1. Michaël Prazan, *Frères musulmans*, *op. cit.*

qui n'hésite pas à susciter les « vocations » des plus incompétents, pourvu qu'ils soient prêts à se sacrifier), n'apparaît pas pertinent aux yeux des Frères. Ils placent tous leurs espoirs dans une stratégie de long terme, fondée sur la propagande au sein des populations, l'instrumentalisation des failles des sociétés occidentales et le soutien intéressé aux populations arabes et aux musulmans européens. Bref, ils croient à l'influence, aux idées et à la patiente implantation sur le terrain, en multipliant les associations à but socioculturel et, au besoin, les polémiques.

Au bout du compte, que peut-on dire du projet réel des Frères musulmans ? Remarquer qu'il semble en effet s'orienter selon les lignes dessinées par Gérard Dahan, lequel se fonde sur les propos de Youssef al-Qaradawi – personnalité emblématique des Frères musulmans et prédicateur sur Al Jazeera, qui dessine ainsi la stratégie islamiste : « Peser le plus possible en suscitant des polémiques pour influencer la législation ; étudier les forces politiques (ou syndicales) et favoriser celles qui sont le plus favorables à l'islam ; encourager les conversions et le retour à la pratique religieuse ; créer des structures musulmanes et s'emparer avec elles des positions de pouvoir[1]. » Lorsque l'on sait la place des Frères musulmans au sein de l'islam en Occident, et l'accroissement de la puissance salafiste depuis vingt ans dans les pays européens, on sent immédiatement le problème qui s'impose : comment débattre avec des intégristes pour qui « l'islam est la solution » ?

1. Gérard Dahan, *La Pression islamiste en France*, Tatamis, 2017, et Philippe Lobjois et Michel Olivier, *La Guerre secrète. L'islam radical dans le monde du travail*, Fayard, 2018.

2

Le procès en « islamophobie »

On imagine donc facilement le courage intellectuel nécessaire pour braver le politiquement correct et la chape de plomb idéologique qui étouffe n'importe quelle discussion sur le sujet brûlant de l'évolution du fondamentalisme musulman en France. Quand un membre du personnel politique ou un écrivain tente de s'atteler à la clarification des termes du sujet – ou même écrit un simple roman, rappelons-nous *Soumission*[1] de Michel Houellebecq –, il devient rapidement la cible d'un nombre impressionnant de batteries de défense de l'empire du bien déchiquetant l'« islamophobe »... Faisant fi des provocations et des attaques préventives des matamores, Philippe d'Iribarne a récemment défini le mot avec brio dans *Islamophobie. Intoxication idéologique* : « Islamophobie. Le terme revient sans cesse pour dénoncer l'accueil que les sociétés occidentales réservent à l'islam et aux musulmans. La thèse est radicale : ces sociétés ne voudraient connaitre qu'un islam imaginaire, objet de peur, de mépris, de haine, un fantôme n'ayant rien à voir avec l'islam réel. La réalité riche et complexe du monde musulman, porteur d'une spiritualité profonde et d'une grande civilisation, serait niée au profit

1. Michel Houellebecq, *Soumission*, Flammarion, 2015.

d'une essence fantasmée d'un islam monolithique et menaçant. L'individualité de chaque musulman disparaîtrait derrière l'image d'un musulman archétypique, identifié, dans un amalgame pervers, à des terroristes qui trahissent une religion d'amour et de paix[1]. » À raison, le directeur de recherche au CNRS[2] dénonce cette arme de guerre psychologique, idéologique et culturelle, au détriment des Occidentaux, diabolisés, et des musulmans, victimisés. Entre ce discours qui présente l'Occident comme un monstre d'hostilité envers l'islam et ce que révèlent les faits, il existe un gouffre d'une profondeur abyssale.

Les réactions sont en fait très nuancées, et font la différence entre tel ou tel aspect de l'islam, compatible ou non avec les valeurs occidentales. Les verbes des défenseurs de cette vision victimaire se conjuguent au pluriel : une sphère islamiste avec le Collectif contre l'islamophobie en France (CCIF) et les États musulmans ; un courant islamo-gauchiste uni par la haine d'un Occident dominateur et héritier d'une longue histoire, espérant que l'emprise de l'islam fera voler tout ça en éclats ; un courant « gentil », promoteur d'une laïcité « ouverte » en faveur d'une société « inclusive », post-culturelle, post-religieuse, post-nationale ; ou encore certains membres de l'Église de France pour laquelle les musulmans peuvent devenir des alliés de circonstances. Aucun de ces groupes ne pratique réellement l'analyse des mondes de l'islam : ils veulent seulement imposer dans les têtes l'idée que « le musulman » subit quotidiennement des avanies, des discriminations et des vexations. Ils taxent d'islamophobie toute tentative de porter un regard critique sur la religion du Prophète. Démarche toxique, car elle vise à répéter encore et encore à une catégorie confessionnelle

1. Philippe d'Iribarne, *Islamophobie*, *op. cit.*

2. Anne-Laure Debaecker, « La *fake news* de l'islamophobie », interview de Philippe d'Iribarne dans le dossier « Les escrocs de l'islamophobie », *Valeurs actuelles*, 9 mai 2019.

de nos concitoyens – dont certains lui prêtent l'oreille – que «l'Occident» les déteste à cause de leur religion, qu'ils ne peuvent pas s'intégrer, et donc qu'ils doivent se replier à l'intérieur d'une contre-société islamiste. Ce discours de victimisation empêche les musulmans de devenir pleinement membres de leur pays d'accueil ou de naissance.

L'«islamophobie[1]» est en réalité une arme destinée à neutraliser les ressources du débat public et à favoriser le recul de la doctrine républicaine. Le mot, apparu furtivement au début du XXe siècle[2], a ressuscité avec la révolution islamiste d'Iran (1979) et l'affaire Rushdie : ceux qui ont défendu l'écrivain victime d'une *fatwa* ont été accusés d'islamophobie. Tariq Ramadan s'en servit dans ses premières interventions, suivi par une grande partie de la gauche : critiquer le voile devient raciste, les musulmans sont tous dans le camp des opprimés et méritent d'être défendus inconditionnellement, même si les progressistes piétinent leurs propres principes. Le Collectif contre l'islamophobie en France, fondé en 2003 par Samy Debah (proche de Tariq Ramadan), a été installé dans le paysage médiatique par son directeur Marwan Muhammad, à base de «statistiques sur l'islamophobie en France», devenues quasi officielles. De manière intellectuellement malhonnête, ces statistiques intègrent certaines actions parfaitement légales (contrôles d'identité, expulsions d'imams appelant à la violence et fermetures de mosquées en infraction, mesures imposées aux fichés S) au tableau de l'islamophobie réelle. La France, par sa seule histoire, ses lois et ses mœurs, constituerait en fait une agression envers l'islam.

1. Cf. Mickaël Fonton, «Islamophobie, histoire d'un mot piégé», dans le dossier «Les escrocs de l'islamophobie», *Valeurs actuelles*, 9 mai 2019.

2. Voir l'excellent livre d'Isabelle Kersimon et Jean-Christophe Moreau, *Islamophobie. La contre-enquête*, Plein Jour, 2014.

Cette imposture fonctionne grâce à un terrain longtemps préparé.

Pascal Bruckner synthétise cette matrice de pensée-procès maccarthyste dans un texte limpide : *Un racisme imaginaire. Islamophobie et culpabilité*[1]. Après l'absurde procès qu'il avait subi, il a sans aucun doute éprouvé le besoin de passer au laser la novlangue qui a anesthésié le débat public sur la question de l'islamophobie. Que trouve-t-on au fond de la démonstration du prolifique essayiste? Le paradoxe qui tue lentement la cohésion sociale européenne : nous faisons l'apologie chez les autres de ce que nous rejetons dans notre propre Histoire. Nombreux sont les intellectuels qui fustigent à tout-va les tenants des sociétés fermées au XXe siècle. Ils ne manquent jamais (à juste titre) de blâmer violemment les zélateurs des modèles fascisants et les théoriciens du nationalisme ethnique, enraciné dans l'apologie du «sang», de la «terre» et des «morts». Ils dénoncent avec une même passion l'intégrisme catholique, qui a été le premier ennemi des Lumières, tout au long du XVIIIe et du XIXe siècle. Mais, face au fondamentalisme musulman, à l'islam radical, ils changent soudain de style, baissent le ton et prononcent rarement des paroles définitives pétries d'arrogance. La haine de soi qui dévore l'Europe atteint de tels niveaux que l'on absout d'avance les hommes et les femmes issus des nations des anciens «damnés de la Terre» (le tiers-monde), qui visent à anéantir le modèle démocratique libéral. La «classe intellectuelle» s'acharne finalement à justifier sa soumission. La question que pose Bruckner est bien sûr cardinale : «Comment une société en vient-elle à célébrer ceux qui veulent la détruire? Par la manipulation symbolique des hécatombes, par un syndrome de Stockholm reformulé en termes de subversion.» L'exemple qu'il

1. Grasset, 2017.

donne à l'appui de ce jugement fait froid dans le dos : en mai 2016, un collectif d'artistes danois a tenté d'organiser une exposition intitulée «Martyrs», à Copenhague, pour y mettre à l'honneur les frères El Bakraoui, kamikazes des attentats de Bruxelles… Ce que Pascal Bruckner dénonce dans ses pages, c'est un islamo-gauchisme ravageur, intellectuellement incohérent, qui offre une légitimité à la barbarie par haine de l'Occident et du capitalisme. Les auteurs des attentats seraient en fait des victimes de l'impérialisme brutal des Américains et des Européens… Cette indigente culture de l'excuse ne révèle qu'une autre forme de mépris pour des individus que l'on refuse de considérer comme des consciences libres et responsables. Il souligne par ailleurs à quel point le véritable racisme se cache désormais sous les mots de l'antiracisme, à commencer par un antisémitisme violent.

Au bout du compte, Bruckner va chercher, derrière le djihadisme, la véritable intolérance qui se dissimule sous la dénonciation spécieuse d'une islamophobie minoritaire dans notre pays. «La guerre contre le terrorisme, écrit-il, est à la fois une nécessité absolue et un leurre. Tandis que nous affrontons les djihadistes, salafistes, wahhabites, Frères musulmans poussent leurs pions, imposent leurs vues et leurs coutumes vestimentaires, multiplient les provocations, désagrègent l'islam du milieu, écartent les imams modérés. Ils remportent la bataille sémantique et la guerre des esprits.» Il faut donc être plus circonspect vis-à-vis de tout ce qui veut nous faire croire que l'identité de notre civilisation heurte l'Autre, y compris lorsqu'il prend la décision de vivre sur notre sol. De ce point de vue, l'une des conclusions de l'auteur du magistral essai intitulé *Le Sanglot de l'homme blanc* percute salutairement les esprits libres : «La France est aussi détestée par les intégristes non parce qu'elle opprime les musulmans mais parce qu'elle les libère.» Notre mémoire historique ne peut être sélective, et il paraît évident que nous portons en nous, comme nation, l'intégralité des épisodes qui nous ont précédés. Nous apprécions certaines périodes, et d'autres beaucoup moins. Chacun porte un regard spécifique sur ce passé, et l'évalue comme il l'entend. En tout état de cause, la culpabilisation permanente face au monde musulman est une impasse, et le multiculturalisme complaisant une imposture : « Le multiculturalisme, quand il est de pure provenance, n'est peut-être rien d'autre que cela : un apartheid choisi où l'on retrouve les accents attendris des riches expliquant aux pauvres que l'argent ne fait pas le bonheur : à nous les fardeaux de la liberté, de l'invention de soi, de l'égalité entre les hommes et les femmes, à vous les joies de la coutume, des mariages forcés, du voile, du burkini, de la polygamie, de l'excision. »

En conséquence de quoi, Pascal Bruckner réfute les thèses d'Olivier Roy sur l'« islamisation de la radicalité ».

Gilles Kepel insiste légitimement de son côté sur le fait que la motivation religieuse ne doit pas être balayée dans l'analyse de la violence politique à laquelle nous faisons face. Ce qu'il faut impérativement comprendre, c'est qu'un bourreau de l'État islamique, tel « Djihadi John », ne se définit pas exclusivement comme une brute assoiffée de sang (ce qu'il est indiscutablement). Il incarne aussi une idéologie totalitaire qui a puisé sa matière première dans la version salafiste de l'islam. Cela ne veut absolument pas dire que l'on peut réduire cette religion à son interprétation intégriste, mais qu'il faut comprendre comment le salafisme a progressé et comment le contrer. Il s'avère que ce dernier s'est très largement nourri de la haine de soi et de l'autoculpabilisation maladive que la France développe depuis plusieurs décennies… Lesquelles paralysent nos élites, car elles craignent à tout instant de prendre la moindre mesure qui les ferait passer pour un ramassis de racistes autoritaires « islamophobes » !

Mais que trouve-t-on au bout de la vulgate des chasseurs, assoiffés de pénal, d'islamophobes imaginaires? Il faut en avoir le cœur net, car il n'existe pas de grand profit intellectuel à creuser sans cesse les origines du terme «islamophobie» sans en mesurer la véritable portée. Une telle entreprise se révèle nécessaire d'un point de vue académique, mais masque le plus souvent les significations idéologiques. Il importe aujourd'hui d'en comprendre d'abord les bases, sources de la mécanique manipulatoire, *via* la menace accusatoire…

La dénonciation de l'islamophobie fonctionne comme une arme d'intimidation massive, utilisant les recettes éprouvées de l'antiracisme. Celui qui prétend désormais ouvrir un espace de dialogue sur l'islam, c'est-à-dire exercer son esprit critique, prend le risque de se voir qualifié d'ennemi des musulmans, de raciste rejetant à la fois une religion et tous ses adeptes. Au-delà, la «lutte contre l'islamophobie», telle que la mène en particulier le CCIF, tend à diffuser dans les esprits l'idée que la France se transforme de plus en plus rapidement en ennemi résolu de l'islam et que l'on peut même suivre à la trace une islamophobie d'État, se manifestant à travers des lois comme celles de 2004 (interdisant le port du voile à l'école) et de 2010 (prohibant la dissimulation du visage dans l'espace public). Les servants de cette machine de propagande analysent par ailleurs l'appareil de sécurité comme l'instrument de harcèlement permanent des Français musulmans sur le sol national. Il ne s'agit pas de nier que des actes ou violences antimusulmans existent : les ministères de l'Intérieur et de la Justice documentent cette réalité avec régularité. En revanche, il s'avère malhonnête d'en déduire une imprégnation islamophobe de la population hexagonale.

L'infoguerre indigéniste

On voit bien comment la guerre de l'information conduite par les inquisiteurs de l'orthodoxie anti-islamophobique renforce la légitimité des communautarismes et milite objectivement pour une conception totalitaire ou au moins antirépublicaine de l'identité religieuse. Pour les salafistes postés en embuscade derrière ce discours instrumental, ainsi que pour les tenants de l'islam politique ou idéologique – quelle que soit la chapelle considérée[1] –, la motivation paraît limpide : fragiliser la résistance des sociétés ouvertes au fondamentalisme religieux, afin de consolider des positions. Lutter contre l'ennemi avec ses propres armes (ici la tolérance, le respect des croyances, la liberté de conscience de chaque individu, le refus de la discrimination) relève d'une stratégie bien rodée, pratiquée de façon de plus en plus intensive depuis la Révolution française, avec une nette accélération durant la guerre froide.

Pour d'autres, elle exprime de façon paroxystique la maladie de la victimisation, le syndrome ou le complexe du dominé – lequel semble solidaire d'un désir plus ou moins contenu de violence (physique ou psychologique) – dont l'ouvrage écrit par Houria Bouteldja en 2016, intitulé *Les Blancs, les Juifs et nous*[2] (sous-titré *Vers une politique de l'amour révolutionnaire*), fournit le manifeste le plus emblématique. La dénonciation des rapports de domination incarnés dans la figure essentialisée du «Blanc», devenu mantra obsessionnel, tient lieu de système philosophique omni-explicatif à l'égérie des Indigènes de la République. Sa représentation des Occidentaux explique, selon elle, l'histoire du monde, de la philosophie et des idées politiques. Dans ce

1. En fait, ce sont idéologiquement les mêmes…

2. Houria Bouteldja, *Les Blancs, les Juifs et nous. Vers une politique de l'amour révolutionnaire*, La Fabrique Éditions, 2016.

livre écrit avec un redoutable talent, toute nuance est bannie avec un invincible systématisme. La vie des nations occidentales et des individus qui la peuplent subit un aplatissement absolu de la diversité des expériences, des convictions et des sensibilités. Caricaturés, les «Blancs» et les «Juifs» se voient réduits à des stéréotypes totalement négatifs, que contrebalance étrangement – ou plutôt logiquement – une forme d'admiration d'une supposée intelligence machiavélique «blanche» et d'une virtuosité unique dans l'art de la domination.

La cohérence n'est pas toujours au rendez-vous, mais on identifie parfaitement les piliers de la construction doctrinale de Bouteldja : la haine de l'humanisme individualiste, condensée en une formule compacte, d'une brutale clarté. La «créature dominée» (un Français musulman en tout premier lieu, indique-t-elle) sait ce qui échappe à la «Raison blanche», poursuit-elle avec assurance : «Elle n'accorde aucune confiance au mythe de la Modernité qui fait des promesses mais n'en tient aucune[1].» On croirait entendre les réactionnaires de la fin du XVIIIe siècle. L'humain qu'elle valorise annonce avec certitude «la fragilité du moderne et la solidité de l'archaïque». Il ne s'appuie jamais sur «une raison abstraitement universelle», mais sur celle «qui lui est propre et procède de son expérience et de sa condition». Joseph de Maistre n'aurait pas dit mieux… Bien qu'appelant à la convergence des bonnes volontés, des projets les plus variés de libération, des utopies religieuses comme agnostiques, des initiatives politiques et culturelles révolutionnaires, elle finit invariablement par mettre une claque à l'ambition prométhéenne et à l'insolence métaphysique européenne. En somme, il convient de remettre tous les hommes à leur place. «Une seule entité est autorisée à dominer : Dieu. Ce pouvoir n'est permis à aucune

1. Houria Bouteldja, *Les Blancs, les Juifs et nous*, *op. cit.*

autre, ni contre ses semblables, ni contre Dieu. » La soumission au Tout-Puissant s'impose. Peu question finalement d'amour dans l'ensemble de ce livre, qui le veut pourtant poursuivre comme une politique révolutionnaire. Rien dans son esprit (si l'on se fie à ce texte) qui ne se lise en dehors de rapports de domination. Aucun sanctuaire n'y est aménagé pour la géométrie variable des liens humains. Rien ne tient compte de la richesse infinie des affections et relations complexes, où l'explosion des couleurs, des vibrations, des représentations et des émotions, submerge le plus souvent les indigentes explications en noir et blanc.

On perçoit entre les lignes, qu'elle trace avec sa plume brillante et agressive, l'influence du célèbre Frantz Fanon, dont le livre *Les Damnés de la terre*[1], publié en 1961, continue d'inspirer l'ensemble de la mouvance « décoloniale ». Le « Blanc » a simplement pris la place du « colon », ce qui reflète une indiscutable honnêteté conceptuelle. On reconnaît chez Houria Bouteldja la même tonalité d'expression et de sentiment que, chez Fanon, il suffit de citer quelques lignes signées par ce dernier pour en faire la démonstration : « Présentée dans sa nudité, la décolonisation laisse deviner à travers tous ses pores des boulets rouges, des couteaux sanglants. Car si les derniers doivent être les premiers, ce ne peut être qu'à la suite d'un affrontement décisif et meurtrier des deux protagonistes. Cette volonté affirmée de faire remonter les derniers en tête de file, de les faire grimper [...] les fameux échelons qui définissent une société organisée, ne peut triompher que si on jette dans la balance tous les moyens, y compris, bien sûr, la violence. [...] Le colonisé qui décide de réaliser ce programme, de s'en faire le moteur, est préparé de tout temps à la violence. Dès sa naissance il est clair pour lui que ce monde rétréci,

1. La Découverte, 2002.

semé d'interdictions, ne peut être remis en question que par la violence absolue[1].» On ne saurait être plus clair. Bouteldja ne légitime pas aussi nettement la violence physique, c'est un fait indiscutable, mais elle ne la condamne pas clairement, et l'on peut penser que ses thèses et la manière de les formuler la favorisent. En tout état de cause, elle ne contribue pas à l'apaisement des consciences et au dialogue pacifié, rationnel et bienveillant, des subjectivités… Sur les deux protagonistes du décolonialisme, on sent l'ombre du Jean-Paul Sartre amoureux de la violence par radicalisme idéologique. Deux phrases de sa préface aux *Damnés de la terre* résonnent horriblement dans la tête des lecteurs passionnés du Sartre philosophe : «En le premier temps de la révolte, il faut tuer : abattre un Européen, c'est faire d'une pierre deux coups, supprimer en même temps un oppresseur et un opprimé : restent un homme mort et un homme libre[2].»

Elle partage également avec Fanon l'horreur de l'héritage philosophique occidental. Écoutons encore une fois l'essayiste rallié au FLN : «Toutes les valeurs méditerranéennes, triomphe de la personne humaine, de la clarté et du Beau, deviennent des bibelots sans vie et sans couleur. […] Et d'abord l'individualisme. L'intellectuel colonisé avait appris de ses maîtres que l'individu doit s'affirmer. La bourgeoisie colonialiste avait enfoncé à coups de pilon dans l'esprit du colonisé l'idée d'une société d'individus où chacun s'enferme dans sa subjectivité, où la richesse est celle de la pensée. Or le colonisé qui aura la chance de s'enfouir dans le peuple pendant la lutte de libération va découvrir la fausseté de cette théorie. […] cet intellectuel colonisé, atomisé par la culture colonialiste, découvrira également la consistance des assemblées de villages, la densité des

1. Frantz Fanon, *Les Damnés de la terre*, *op. cit.*
2. *Ibid.*

commissions du peuple, l'extraordinaire fécondité des réunions de quartier et de cellule. L'affaire de chacun ne cesse plus désormais d'être l'affaire de tous[1].» Bouteldja ne dit pas autre chose en dénonçant l'«individualisme forcené» des Européens, face auquel «l'immigré» conserve, défend et promeut la conscience collective «où chacun se sent responsable du groupe», qui se rebelle contre l'atomisation de la société et entend faire reculer le «je», forcément «libéral, consommateur, jouisseur». L'islam et le communautarisme s'imposent à ses yeux comme le rempart par excellence du «nous» contre un humanisme individualiste et républicain dissolvant, corrupteur et offrant les êtres à la «vie nue», au «chacun pour soi». La communauté garantit la sécurité, soustrait le moi à l'incertain, donc à la liberté et à la responsabilité. Le groupe rassurant : tout ce qui manque au «prolo blanc», privé de Dieu puis du communisme, c'est-à-dire d'une dynamique d'hétéronomie où la personne disparaît, où l'autonomie et l'indépendance s'anéantissent au profit de grands récits négateurs des singularités.

On comprend donc l'ampleur du danger pour l'homme ou la femme politique, pour l'intellectuel ou le leader d'opinion qui entreprend de contester la vulgate sur la réalité de l'«islamophobie» sur le territoire hexagonal. Il se voit rapidement affublé d'une bannière d'insultes classiquement jetées à la face des réactionnaires ou partisans de toutes les formes d'autoritarisme et de xénophobie. En bref, il devient *ipso facto* un «facho». Si c'est un haut responsable politique ou administratif, un élu ou un spécialiste de questions de sécurité nationale, il prend vite du galon et obtient ses étoiles d'officier général du haut état-major du régime de surveillance liberticide ou sécuritaire, au choix…

1. Frantz Fanon, *Les Damnés de la terre*, *op. cit.*

Dans le cas d'un ministre, sa vie devient aussitôt un enfer dès lors qu'il aborde un tel sujet.

Car, dès que les personnes précitées s'expriment sur la question du combat contre le djihadisme, on caricature de façon grotesque leurs déclarations et positions, par exemple concernant les dispositifs de prévention ou de répression. Pourtant, il s'agit là d'une problématique hautement complexe, qui ne peut pas se résumer à poser une alternative stupide et mériterait, dans chaque camp s'exprimant, un minimum de fair-play et d'honnêteté sur les enjeux de friction, en évitant toute instrumentalisation des positions adverses. La question n'est pas de devoir choisir entre l'État de droit et l'État d'exception. Bien entendu, il ne s'agit pas de renoncer aux libertés individuelles fondamentales, qui se situent au cœur de notre identité. La république n'a pas vocation à se transformer en régime policier ou en société de surveillance à la *Minority Report*, *Anon* ou *Black Mirror*. Le problème, c'est de trouver les chemins juridiques, judiciaires et opérationnels pour affronter une réalité très singulière et évolutive, en l'occurrence la menace terroriste islamiste. Il est bien clair que nous avons à faire face à une forme de confrontation diffuse et tous azimuts, ne respectant pas les grilles habituelles qui nous permettent de nous situer, par exemple, à l'intérieur du domaine de la sécurité ou de la défense. Notre ennemi est à la fois une force territorialisée (Daech en Syrie), un réseau avec des «agents» répandus sur toute la planète, et une machine idéologique, de propagande, qui permet de pousser à l'acte des personnes radicalisées, soit déjà impliquées dans le milieu délinquant et criminel, soit perturbées psychologiquement (voire les deux). Il faut donc combattre nos adversaires militairement (mais pas forcément directement), tout en développant une politique de sécurité intérieure très largement inédite, mêlant prévention et préparation des citoyens, anticipation, opérations de police régulières et adaptation permanente de la réponse judiciaire. Nous n'avons donc guère besoin de réformes constitutionnelles ou d'un jet continu de nouvelles lois, mais d'une adaptation mûrement réfléchie et non dogmatique des forces de l'État (qui ne concerne pas seulement le ministère de l'Intérieur et de la Défense), et d'une implication, encore à inventer, de la société civile et des entreprises sous l'angle de la vigilance. Il convient par ailleurs de faire preuve de courage politique et de refuser désormais qu'il puisse encore exister des « territoires perdus[1] » de la République, qui constituent un espace de macération pour le radicalisme islamiste et le djihadisme.

Assumer la république laïque

Appréhender correctement la problématique qui empoisonne aujourd'hui le débat sur l'islam dans la République ne relève pas d'un exercice de haute voltige intellectuelle. Il faut en revanche assumer d'exposer clairement ce qui se joue en ce moment même, à savoir un combat se livrant à l'intérieur même de l'islam entre les partisans de l'interprétation et les intégristes qui s'en tiennent à une lecture littérale d'un texte sacré. Ainsi que l'expliquait lumineusement Rachid Benzine dans *La Croix* en avril 2018[2], « l'urgence n'est pas d'expurger le Coran », idée d'une rare violence symbolique et qui ne résout de surcroît aucun problème, « mais d'en faire une lecture critique ». Le salafisme djihadiste se nourrit de la domination du camp des « durs » – sur le plan doctrinal – au sein du monde musulman. Car ce dernier n'est pas encore venu à

1. Cf. Emmanuel Brenner (dir.), *Les Territoires perdus de la République*, Fayard, « Pluriel », 2015.

2. https://www.la-croix.com/Religion/Islam/Rachid-Benzine-Lurgence-nest-pas-dexpurger-Coran-den-faire-lecture-critique-2018-04-23-1200933990

bout de sa confrontation intellectuelle avec le monde moderne (dialectique qui a duré au moins deux siècles au sein du catholicisme). Lire Marcel Gauchet suffit à éclairer la problématique. Il s'agit dès lors d'œuvrer au renforcement de l'aile «interprétative» par des moyens astucieux, et de garder un cap très ferme dans plusieurs domaines, notamment à l'école et sur l'observation des règles élémentaires de la laïcité (leur respect ne répondant cependant pas à un certain nombre de problématiques). Le harcèlement terroriste que pratiquent les djihadistes vis-à-vis de notre démocratie doit être coupé de ses sources énergétiques idéologiques.

Dans la suite de ce raisonnement, on ne doit donc pas se perdre dans des lois de circonstance, mais savoir si la laïcité apaisée que nous avons construite en France est adaptée à notre présent. Faut-il durcir le cadre juridique ou pas? Mais en aucun cas il ne faut «assouplir» notre refus d'une évolution sociétale régressive : ce serait un chemin suicidaire, sur lequel veulent précisément nous conduire les provocations les plus variées (par exemple, le burkini). La robustesse de notre mode de vie, c'est-à-dire l'énergie que nous mettons à le défendre, est précisément ce que testent les radicaux. Donner des signes de faiblesse renforce le terreau idéologique sur lequel pousse le djihadisme. De façon globale, la caractéristique première de ce discours est de cacher les problèmes sous le tapis, et de renoncer à en faire une généalogie vigoureuse et un diagnostic précis, qui seuls nous mèneraient à imaginer des réponses efficaces.

Or cette analyse approfondie de la situation devient de plus en plus difficile, parce que l'aveuglement antiraciste a fait de l'islamophobie le cheval de Troie de l'islam idéologique (autrement dit l'islam politique) en France[1]. Par peur

1. Solange Bied-Charreton, «La fabrique de l'islamisme», dans le dossier «Les escrocs de l'islamophobie», *Valeurs actuelles*, 9 mai 2019.

de se faire traiter d'intolérants et au nom de la tradition communautariste, les Britanniques laissent ainsi s'installer sur leur sol des tribunaux de la charia, qui fonctionnent dans la plus parfaite illégalité. En France, les polémiques régulières illustrent l'avancée de l'obscurantisme sous le drapeau du progressisme et de la tolérance à visée antiraciste la plus dévoyée. Les Français ne cherchent pas à faire d'amalgame, ce sont les islamistes qui contribuent à l'installer. Comme l'explique fort bien Philippe d'Iribarne, la pratique de la religion musulmane ne rencontre pas d'hostilité tant qu'elle reste une affaire privée n'ambitionnant pas de dominer d'autres expressions religieuses ou d'exterminer l'athéisme. C'est le lien entre spirituel, social et politique qui, en fondant un État dans l'État, pose un problème. Toute limite apportée au port d'une tenue islamique est présentée comme le refus du droit à pratiquer une religion ou à s'habiller comme on l'entend. N'oublions pas que les premières victimes de l'islamisme sont les musulmans. Les tenants de l'islamophobie jouent la carte du droit à la différence, de la minorité opprimée, en surfant analogiquement sur la vague #MeToo en particulier, alors même que l'islam radical s'attaque aux droits des femmes ou des LGBT. Le dénoncer devient « islamophobe ».

À cet égard, Jacques Julliard souligne à juste titre l'incohérence de la gauche, influencée par l'islamo-gauchisme, qui ne s'émeut guère du sort des chrétiens d'Orient, tout en prêchant la diversité ethnique et religieuse[1]. Pour de trop nombreux membres de l'intelligentsia, les musulmans sont d'éternels opprimés, victimes du racisme et du chômage, alors que La Manif pour tous est homophobe, la France raciste dans son écrasante majorité ou les Gilets

1. Charlotte d'Ornellas, « Au pays des vraies phobies » dans le dossier « Les escrocs de l'islamophobie », *Valeurs actuelles*, 9 mai 2019.

jaunes lepénistes. Barbara Lefebvre pointe l'autocensure qui, en public, règne en maître à gauche sur la question de l'islam ; autocensure qui se fonde sur « une ignorance crasse de ce qu'est la religion», qui refuse de réfléchir sur le monde musulman, mais accuse volontiers le catholicisme d'alimenter toutes les oppressions morales. Cette gauche se détourne du social pour faire du sociétal, laissant éclater sans la moindre gêne son mépris de la «France périphérique». L'antiracisme était une morale, c'est devenu une matraque, résume parfaitement Alain Finkielkraut. L'enfer est en effet pavé de bonnes intentions…

3

L'État occidental désemparé : comment combattre le totalitarisme salafiste ?

Nous devons donc faire face aux conséquences de l'équation suivante : le salafisme, qui prospère sur le rejet de l'Occident, de la modernité individualiste et d'un ressentiment global persistant anticolonialiste, favorise l'éclosion d'électrons djihadistes s'agrégeant pour finir en un courant international substantiel, lequel nourrit le rêve d'édifier par la violence un authentique totalitarisme théologique, une idéologie islamiste capable d'édifier un empire, le califat planétaire. Cette équation souligne donc le danger du terrorisme, mais laisse également percevoir la source du mal : une conception hautement intolérante de l'islam (qui ne le résume pas, loin de là), qui s'est considérablement renforcée ces trente dernières années, conduisant intelligemment une authentique stratégie d'influence. À force d'être obnubilé par les terroristes, l'Occident oublie le reste de l'éventail idéologique salafiste, ou plutôt s'acharne à ne pas le voir.

On analyse aisément les ressorts de cette obsession, les mécanismes psychologiques qui aimantent immanquablement l'intérêt des médias et haussent ainsi le terrorisme islamiste au premier rang des priorités politiques. Les actes terroristes qui ont endeuillé la France à partir de 2015 (et dont le massacre perpétré par Mohammed Merah avait constitué le sanglant prélude) ont autant sidéré par leur bilan humain (cela a été le cas pour le Bataclan et Nice) que par leur portée symbolique (celui de *Charlie Hebdo* s'est attaqué à la liberté de conscience même, ainsi qu'à celle d'exprimer librement ses idées). Nous étions soudainement confrontés à la dynamique mortelle du fanatisme, du « radicalisme » armé, étrangère au logiciel libéral. « L'adjectif "radical" est issu du latin tardif *radicalis* qui qualifie toute action visant un retour aux origines en faisant table rase de l'existant. Ainsi, la radicalisation désigne un processus à la fois intellectuel et actionnel refusant le compromis et la conciliation dans un souci de purification des individus et des sociétés de ce qui est perçu comme "mauvais" ou "corrupteur"[1]. » Ce qui était atteint à travers cette violence aveugle se situe au cœur même de notre mode de vie. Elle transcendait le seul acte criminel parce qu'elle visait à condamner une manière d'exister et à promouvoir des modes de penser que l'on jugeait – hâtivement – archaïques. L'objectif que poursuivent les intégristes, c'est l'abolition planétaire de l'esprit critique, le retour aux « sociétés fermées », reposant sur des normes strictes, où l'individu n'existe pas. Par conséquent, chaque attentat nous rappelle que les djihadistes ont adopté une posture d'opposition radicale, s'attaquant aux fondations mêmes des nations européennes, du système démocratique et libéral.

C'est l'omniprésence du risque véhiculé par ces antimodernes radicaux qui hante les esprits. L'horizon du danger est pourtant chargé, diront les plus distanciés[2] : on distingue

1. Mathieu Guidère, *Terreur. La nouvelle ère. Des Twin Towers à Charlie*, Autrement, 2015.

2. Qu'en est-il vraiment ? Vivons-nous dans un monde plus dangereux qu'il ne l'a jamais été ? Le paradoxe de Tocqueville, sorte de constante sociologique, veut que plus un phénomène diminue, plus ce qu'il en reste semble

d'autres malveillants que les barbus. C'est exact : la planète sur laquelle nous vivons n'est pas forcément ce que nous imaginions lorsque l'Union soviétique[1] s'est effondrée. En 1991, nous avons tous cru à la « mondialisation heureuse ».

---

intolérable aux yeux de la société et des individus qui la composent. La chose semble paradoxale, mais elle est finalement très compréhensible. En particulier lorsqu'il s'agit de la violence, de l'insécurité. Nous vivons, en Europe, dans des sociétés qui ont très largement fait reculer la violence depuis plusieurs siècles. Cela a été un incroyable défi et une belle réussite, hélas pulvérisée par la première moitié du XXe siècle, mais reconstruite avec patience dès les années 1950 et tout au long des Trente Glorieuses. Par conséquent, nos contemporains tolèrent chaque jour un peu plus difficilement la violence résiduelle, insidieuse – souvent concentrée dans des abcès en archipel –, qui défigure de l'intérieur notre collectivité, laquelle menace de se transformer de façon croissante en une société de méfiance de chacun à l'égard de tous. Précisons de surcroît que, si le crime de sang régresse, les nuisances journalières (notamment ce que l'on nomme pudiquement les incivilités) croissent et n'entrent guère dans les statistiques : d'où le « sentiment » d'insécurité, qui apparaît d'autant plus naturel que la violence actuelle se fabrique dans les abandons de la république, et qu'elle paraît donc scandaleuse au regard des progrès immenses accomplis tout au long de l'histoire européenne. On la perçoit comme symbole d'une barbarisation des rapports sociaux quotidiens (sur la croissance de la société de défiance, voir Éric Delbecque, *La Métamorphose du pouvoir*, Vuibert, 2009). Ce qui fait d'ailleurs grimper dans les sondages et dans les urnes tous les « populismes ». Que se mêlent l'intolérance à la frustration, l'impatience croissante de notre temps devant les invariants désagréables de l'existence, et une sphère médiatique amplifiant les phénomènes, jouant les caisses de résonance pour mobiliser les peurs du public (ce qui fait monter l'audimat et la présence en ligne), et l'on obtient le climat contemporain de sinistrose qui installe dans nos têtes la conviction que l'univers tout entier s'affirme plus hostile que jamais. Contrairement à ce que la sphère médiatique suggère (parce que l'audimat en profite), l'apocalypse ne nous guette pas… Le monde n'est pas plus dangereux qu'hier, il compte des menaces différentes. Il est en revanche moins facilement lisible, plus fragmenté. Et ne pas le comprendre accroît notre angoisse…

1. Une remontée de la violence dans les rapports sociaux saute incontestablement aux yeux, dans notre quotidien. Mais la société du spectacle excelle néanmoins à les altérer par la mise en scène permanente qu'elle fait subir aux thèmes et aux événements liés à la sécurité. Elle a réussi à monter un show de la peur, une usine à angoisse qui se nourrit de notre aveuglement en partie consenti aux mouvements du monde. Certes, les menaces existent. Certaines se révèlent très préoccupantes. Mais l'excitation de la peur et la résonance qu'on lui donne (pour des raisons médiatico-commerciales, politiques ou idéologiques) déforment notre perception du réel et finissent par brouiller notre lucidité, handicaper notre capacité d'analyse, désarmer notre volonté d'agir et paralyser nos intentions de remédier à nos maux…

Francis Fukuyama prophétisait «la fin de l'Histoire» et les démocraties occidentales croyaient toucher du bout des doigts le rêve de paix perpétuelle de Kant. Trente ans plus tard, nous constatons que la guerre persiste : elle s'est simplement métamorphosée.

Les «zones hostiles» pullulent, au Mali comme au Nigeria ou au Niger, en Afghanistan comme en Syrie, en Irak ou en Libye, au Pakistan comme au Mexique... Quand ce ne sont pas des groupes armés qui souhaitent démontrer leur capacité d'action en tout lieu et en tout temps, ce sont des organisations criminelles qui exercent leur business avec férocité. Le temps de Stefan Zweig est loin (le début du XXe siècle), où l'on passait toutes les frontières sans passeport et sans appréhension... Ce n'est plus l'affrontement traditionnel entre des États qui semble le plus probable (tout au moins dans les sociétés les plus développées). On craint davantage la dissémination nucléaire ou la cyberguerre que le choc entre les fantassins et les régiments de chars de deux armées de conscrits ou de professionnels ! En matière de sécurité intérieure, le diagnostic n'est pas plus rassurant. On peut raisonner de façon analogique pour les entreprises. Non seulement elles peuvent être impactées par les malveillances qui touchent la société civile ou les représentants des pouvoirs publics, mais, de surcroît, elles voient évoluer les instruments du combat concurrentiel. Ce dernier devient de plus en plus âpre, et les méthodes employées toujours plus agressives et sophistiquées. Entre l'espionnage industriel, le cyberpiratage, les offensives de déstabilisation des dirigeants portant atteinte à la réputation, ou bien les incivilités (dans le secteur des transports, par exemple, ou de la grande distribution), l'éventail des possibles est large ! Les activités criminelles elles-mêmes évoluent avec un prodigieux pragmatisme, témoignant d'un sens aigu de l'observation : de la cyber-extorsion à la contrefaçon de médicaments, en passant par le trafic de déchets et la fraude au président, l'innovation des mafias et du crime organisé en général surprend ceux qui n'ont pas pour métier de les surveiller et de les sanctionner.

Néanmoins, malgré ce vaste choix, le terrorisme caracole en tête des menaces qui nous angoissent. Statistiquement parlant, la probabilité est infime pour chacun d'entre nous de tomber sous les balles terroristes. Nous savons cependant qu'il n'existe aucun sanctuaire. N'importe quel lieu peut devenir la cible de ces individus ayant parfaitement assimilé le mode de fonctionnement des démocraties contemporaines (en particulier de leur appareil médiatique) et leurs vulnérabilités psychologiques. Les salafistes djihadistes frappent là où ils le peuvent, en privilégiant les représentants de l'autorité, les sites symboliques ou facilement accessibles, à forte densité humaine. Marquer les esprits et faire un maximum de morts et de blessés, voilà les buts à atteindre. Ils s'attaquent ainsi à un supermarché (Trèbes, où le colonel de gendarmerie Arnaud Beltrame a trouvé la mort) comme à un bâtiment public (une caserne, un commissariat ou une préfecture), à un individu incarnant l'État (un militaire, un policier, un gendarme, toute personne revêtue d'un uniforme : on se souvient du couple de policiers à Magnanville), à un lieu de culte chrétien ou juif (ou à l'un de ses représentants : le père Jacques Hamel), à un événement sportif, un concert, un musée, un centre commercial, ou à un site touristique (la tour Eiffel ou le Louvre). L'angoisse se diffuse donc de façon naturelle chez nos compatriotes, puisque personne ne peut se croire à l'abri de la violence terroriste.

L'entretien de cette crainte permanente constitue le socle de la stratégie djihadiste. La peur mine une société démocratique, accroît les tensions entre communautés, excite les haines ou les rancunes, favorise le raidissement des pouvoirs publics, et crée, pour finir, un climat politique particulièrement malsain, dont les intégristes pensent cueillir les fruits vénéneux.

Insistons sur ce point. C'est la perspective de la mort violente, imprévisible, absurde, qui densifie la figure du terroriste, sommet de l'extrémisme. Remarquons que la peur du terroriste s'abreuve de la même source psychologique que celle du tueur en série et du tueur de masse, sur laquelle prospère Hollywood depuis plusieurs décennies[1]. De Bruxelles à Sydney, en passant par Paris, Madrid ou Londres, l'inconscient collectif est habité par l'angoisse qu'un individu puisse surgir à tout instant dans un commerce, une entreprise, une université, une salle de spectacle ou une administration, et y semer la mort – demain, dans un mois, l'année prochaine, dans dix ans ou jamais. À l'origine de tels actes, on trouve des motivations diverses. Tous provoquent néanmoins un effet de sidération, s'accompagnant d'un stress intense et d'un fort sentiment d'impuissance. Mohammed Merah, puis l'attentat de *Charlie Hebdo* et de l'Hyper Cacher, du Bataclan et de Nice : cette invasion de la violence radicale dans nos sociétés relativement pacifiées pulvérise les certitudes, et autorise le déferlement de l'angoisse individuelle et collective. La crainte jugulée de la mort barbare, soudaine et vicieuse, inhumaine et incompréhensible, revient en boomerang fracturer notre sérénité. Nous ne savons pas à qui nous avons affaire dans la vie urbaine moderne : la confiance en l'autre nous fait cruellement défaut; cela nous obsède et entretient une méfiance plus ou moins consciente[2].

1. *Le Silence des agneaux*, *Psychose*, *Massacre à la tronçonneuse*, *Vendredi 13*, *Henry – Portrait of a serial killer,* la série des *Freddy* ou *L'Inspecteur Harry* figurent en tête de la liste des films qui ont vulgarisé la description de ce nouveau type de criminel.

2. Une angoisse qui alimente d'ailleurs une philosophie existentielle fondée sur l'utilitarisme et adossée à la crainte de l'anomie (l'absence de règles

De plus, le danger perçu ne s'arrête pas là : l'univers réel ne s'avère pas seul à présenter des dangers multiples. L'espace virtuel, le cybermonde, les territoires digitaux laissent apercevoir dorénavant leurs « zones grises », leurs *dark sides*.

La silhouette du criminel qui nous effraie a plusieurs visages : le tueur aux mobiles crapuleux, le meurtrier dément, le « fanatique » ou le terroriste, qu'il agisse au nom d'une religion, d'un mouvement sectaire ou d'une idéologie politique. Souvent, ces figures se métissent, donnant naissance à un alliage inédit qui mobilise les experts : ainsi du fameux « gangsterrorisme[1] » (mélange de criminalité classique et de terrorisme). La violence fédère toutes ces hypostases de l'indicible brutalité, ainsi que le besoin sombre et irrépressible de trôner pour quelques heures au centre de l'univers médiatique, graal de trop nombreux ego fracturés… Le « terroriste » se confond aujourd'hui avec la figure du mal, du criminel comme archétype.

Les limites du droit

Par conséquent, de façon logique, l'Occident s'investit excessivement et en vain dans la définition juridique du terrorisme, laquelle est marquée par une totale absence de consensus international. Il apparaît certes indispensable que le droit se saisisse de ce phénomène protéiforme et

sociales). Pour le dire autrement : dans le doute (sur les intentions d'autrui, *a priori* suspect), mieux vaut s'enfermer dans l'égoïsme prétendument rationnel, privilégier son intérêt avant d'être trahi et déçu par l'autre, puisque cette trahison et cette déception arriveront tôt ou tard… Tendance favorisée paradoxalement par l'anomie concrète, un relâchement de tous les contrôles sociaux informels et des disciplines personnelles (les contraintes internalisées, l'autocontrainte, le surmoi), qui nous rend plus indifférents aux ressentis, émotions et raisonnements de ceux qui nous entourent.

1. Popularisé notamment par Alain Bauer et Xavier Raufer.

mouvant, afin de donner à l'État les clés du maintien de l'ordre public, pour apporter d'abord une réponse pénale. « Rarement comportement aura suscité autant de consensus pour le réprimer, et même sévèrement » alors que « dans le même temps et non sans paradoxe, aucun n'aura rencontré si peu d'accord pour le définir », résument Constance Grewe et Renée Koering-Joulin[1].

Les diverses tentatives de réaction faisant appel uniquement aux règles de droit commun ont échoué à contrer efficacement le terrorisme et témoignent de l'impérieuse obligation de définir des règles dérogatoires, tant l'atteinte à la société et à l'ordre public parvient à un degré de gravité inédit. Une telle prise de conscience apparaît dès 1937 avec le traité de Genève, resté inappliqué, définissant les actes terroristes comme des « faits criminels dirigés contre un État et dont le but ou la nature est de provoquer la terreur chez des personnalités déterminées, des groupes de personnes ou dans le public ». Par la suite, à partir des éléments de droit pénal préexistants, chaque État a « bricolé » dans son coin. Jusqu'à la fin des années 1990, on cherche à combattre le terrorisme sans le nommer, en se référant à des actes déjà répréhensibles pouvant être reprochés à des organisations terroristes. À partir de 1997 (Convention internationale pour la répression des attentats terroristes à l'explosif), puis en 1999 (pour la répression du financement du terrorisme) et 2005 (pour la répression des actes de terrorisme nucléaire), les conventions sectorielles sont abandonnées au profit d'une approche plus globale. Ainsi, la communauté internationale tend à s'accorder sur l'auteur (un individu ou un groupe), la méthode (usage indiscriminé de la violence), la qualification de l'acte (criminel), les

1. Constance Grewe et Renée Koering-Joulin, « De la légalité de l'infraction terroriste à la proportionnalité des mesures antiterroristes », dans G. Cohen-Jonathan, *Liberté, justice, tolérance*, Bruylant, 2004.

conséquences (graves dommages matériels ou humains), ainsi que sur l'objectif (créer un climat de terreur, en dissociant la victime et la cible). L'intention spécifique, c'est-à-dire les causes du terrorisme, est néanmoins sujette à des désaccords profonds (légitimité de l'action, lien avec le terrorisme d'État et les mouvements de libération nationale). En novembre 2004, un « groupe de personnalités de haut niveau », mandaté par l'ONU et soutenu par la France, définit le terrorisme comme « tout acte commis dans l'intention de causer la mort ou des blessures graves à des civils ou à des non-combattants, qui a pour objet, par sa nature ou son contexte, d'intimider une population ou de contraindre un gouvernement ou une organisation internationale à accomplir un acte ou à s'abstenir de le faire ».

En 2020, les organisations internationales ne parviennent toujours pas à s'accorder sur une définition universelle. Malgré les appels de l'ONU à s'entendre (notamment celui du secrétaire général en 2005), les résultats sont minces. La situation de chaque pays conditionne sa définition du phénomène : s'il est en guerre, le terrorisme ne renvoie souvent qu'au camp adverse ; s'il est en paix, répertorier des groupes comme terroristes permet de légitimer l'action de l'État, particulièrement en matière de sécurité. Dans les deux situations, une telle désignation répond à une volonté de légitimation, mais les cibles choisies peuvent être de nature radicalement différente. Certains pays se polarisent donc sur le terrorisme d'État ; d'autres n'emploient ce terme que pour désigner des groupes non étatiques (notamment en Occident), d'autres encore se déterminent en fonction de l'objectif politique poursuivi par le groupe « terroriste » ; tandis qu'une dernière catégorie fusionne le concept d'organisation criminelle avec celui d'organisation terroriste. Par ailleurs, le « terroriste » contemporain ne se définit que très rarement comme tel, et peut lui-même accuser ses opposants de répandre la « terreur ».

Pour toutes ces raisons, la définition du terrorisme fera toujours débat ; vouloir à tout prix caractériser universellement la menace (dont la perception change d'un État à un autre, voire d'un individu ou d'un groupe à un autre) se révèle parfaitement vain. Chacune des solutions proposées est *in fine* insatisfaisante ; de surcroît, le consensus recherché n'a jamais été indispensable. Réprimer le terrorisme est l'apanage du droit pénal interne ; le prévenir est la prérogative des services de renseignement de chaque État. Concrètement, les organisations internationales ne se situent pas au centre du dispositif de lutte contre le terrorisme au niveau mondial – les conventions d'extradition et les mécanismes de coopération policière relevant davantage d'échanges bilatéraux ou communautaires. Rappelons une fois encore que le terrorisme désigne un mode opératoire, une tactique employée par des groupes très variés : ce n'est donc pas au terrorisme qu'il faut faire la « guerre » – cela n'aurait pas de sens –, mais à l'idéologie qui porte l'organisation dite « terroriste ».

En Europe, la décision-cadre du 13 juin 2002 relative à la lutte contre le terrorisme s'inscrit dans une conception déductive très large, si bien que pratiquement n'importe quel acte criminel peut être considéré comme terroriste, s'il vise à « gravement intimider une population », « contraindre indûment des pouvoirs publics ou une organisation internationale à accomplir ou à s'abstenir d'accomplir un acte quelconque », ou « gravement déstabiliser ou détruire les structures fondamentales politiques, constitutionnelles, économiques ou sociales d'un pays ou une organisation internationale ». Parallèlement, aux États-Unis, le Code des règlements fédéraux définit le terrorisme comme « l'utilisation illégale de la force ou de la violence contre des personnes ou des biens pour intimider ou contraindre un gouvernement, la population civile, ou toute partie de celle-ci, pour atteindre des objectifs politiques ou sociaux ».

En droit français, les règles dérogatoires au droit commun propres au terrorisme sont dictées par la loi du 9 septembre 1986, qui instaure l'article 706-16 du code de procédure pénale (CPP). Jacques Chirac et Charles Pasqua inaugurent à cette date une doctrine fondée sur une approche pénale. C'est dans l'article 421-1 du code pénal que figure la définition : « Constituent des actes de terrorisme, lorsqu'elles sont intentionnellement en relation avec une entreprise individuelle ou collective ayant pour but de troubler gravement l'ordre public par l'intimidation ou la terreur, les infractions suivantes [...] » La liste rassemble les atteintes volontaires à la vie et aux biens (informatique incluse), les infractions en matière de groupes de combat, de mouvements dissous, d'utilisation ou de recel d'armes, y compris explosives ou nucléaires, le blanchiment et les délits d'initié. Les textes ultérieurs se contenteront d'ajouter d'autres infractions, à savoir l'empoisonnement de l'environnement naturel et la participation à une entente en vue de préparer un acte de terrorisme. La définition pénale française est volontairement large, davantage que celle émise par l'ONU en 2004, car ne se limitant pas aux buts politiques ni aux attaques contre les civils, englobant même les attentats « ratés » – le « trouble grave » désignant l'objectif poursuivi par le terroriste, et non l'effet obtenu.

La pertinence de la doctrine française est renforcée par la loi du 22 juillet 1996, qui introduit l'article 421-2-1. Ce dernier dispose que, désormais, « constitue également un acte de terrorisme le fait de participer à un groupement formé ou à une entente établie en vue de la préparation, caractérisée par un ou plusieurs faits matériels, d'un des actes de terrorisme mentionnés aux articles précédents ». L'association de malfaiteurs liée à une entreprise terroriste est passible de dix ans de prison et de 225 000 euros d'amende. Cet ajout témoigne du pragmatisme de l'approche française dans le combat contre le terrorisme islamiste : l'objectif du législateur est de permettre que les réseaux soient démantelés peu après leur formation, avant tout passage à l'acte. Bien sûr, la réalité de la menace doit être démontrée à l'aide de preuves matérielles attestant un projet d'attaque imminente. C'est au juge que revient le choix délicat d'attendre davantage de preuves, au risque de laisser passer sa chance d'empêcher l'attentat. Il n'en reste pas moins que la problématique judiciaire n'épuise pas le problème de la définition du terrorisme…

Le terrorisme est un instrument, pas une idéologie

Je partage par conséquent l'analyse de Gérard Chaliand, Arnaud Blin et Philippe Migaux dans l'*Histoire du terrorisme*[1], ou de Nicolas Hénin dans *Comprendre le terrorisme*[2] : on se concentre sur le terme de « terroriste », comme si l'on devait d'abord en considérer la nouveauté. Ils rappellent très justement que, quelques décennies après la naissance du Christ, les zélotes ou sicaires (un nom donné par les Romains en référence à leur petit poignard courbe et particulièrement tranchant, le *sica*) assassinaient certains Juifs, sur les marchés et durant les fêtes religieuses, parce qu'ils les tenaient pour des collaborateurs de l'envahisseur impérial. Le but psychologique de la méthode de ces Juifs fanatisés apparaît évident : terroriser afin de diviser, provoquer la répression et dresser la province de Judée contre Rome. Puis c'est la Révolution française qui consacra le terme de « terrorisme », à ce moment-là d'État, construit opérationnellement et doctrinalement par Robespierre et le Comité de salut public.

1. Cf. Gérard Chaliand et Arnaud Blin (dir.), *Histoire du terrorisme. De l'Antiquité à Daech*, Fayard, 2015.
2. Fayard, 2015.

Si l'on franchit quelques siècles pour poursuivre la réflexion à partir de la seconde moitié du XIXe siècle, on peut s'appuyer sur la description réalisée par l'universitaire David Rapoport[1], et reprise par Nicolas Hénin. Entre 1880 et 1905, la première grande « vague » contemporaine de terrorisme, c'est-à-dire internationale, pilotée par une nébuleuse d'individus ou des cellules, et non par un État, fut celle des anarchistes pratiquant la « propagande par le fait ». S'attaquant aux puissants, ils exécutèrent notamment l'impératrice d'Autriche, le roi d'Italie, le Premier ministre espagnol et deux Présidents, français et américain[2]. On connaît la célèbre phrase de Pierre Kropotkine : « Notre action doit être la révolte permanente, par la parole, par l'écrit, par le poignard, le fusil et la dynamite. » Tous les militants de l'insurrection connaissent ces mots. Elle influença bien des révolutionnaires, mais aussi des fascistes, à commencer par Mussolini. Pourquoi cette première vague d'anarchistes russes, en 1880 ? Parce qu'ils bénéficiaient du développement des communications (le télégraphe, les quotidiens à grand tirage) et des transports (les chemins de fer) leur permettant de diffuser leurs idées, de multiplier les rencontres et de féconder ainsi les expériences par les échanges de pratiques et d'idées. Ajoutons à cela un intense effort doctrinal. Serge Netchaïev, Nicolas Morozov, Pierre Kropotkine, Serge Stepniak constituent quelques exemples de ces écrivains russes devenus des références idéologiques pour l'anarchisme européen ; ces textes stimulèrent un rayonnement apparaissant désormais sans commune mesure avec les forces limitées du mouvement. Chaque vague ultérieure ne manqua pas de produire de la

1. Professeur à l'université de Californie, à Los Angeles.
2. L'effet de contagion ne tarda pas à apparaître : les nationalistes dans les Balkans se mirent eux aussi à déclencher des campagnes d'assassinat contre des personnalités officielles.

théorie et de la propagande, d'écrire des textes circulant entre les adeptes, et qui servaient parallèlement au recrutement de nouveaux sympathisants.

La deuxième vague s'enracine dans les écrits de Frantz Fanon, lequel justifiait le recours à la violence pour venir à bout du colonialisme. Il inspira fortement le FLN (dont il devint membre en 1955). Auparavant structuré tactiquement et doctrinalement par la pensée de la guérilla de Mao Zedong (lancer des attaques depuis les maquis où l'on se dissimule), il changea totalement de posture en 1956, sous la férule de Ramdane Abane, qui convertit le Front de libération nationale au terrorisme. Affronter l'ennemi ne constitua plus l'objectif prioritaire : il s'agissait d'abord de gagner la guerre psychologique. D'où les attaques contre les pieds-noirs et les « collaborateurs ». L'action terroriste visait à bousculer les perceptions des Algériens, à durcir la répression gouvernementale et à rendre insoutenable la présence française.

Vint la troisième vague avec le terrorisme d'extrême gauche des années 1970 (Action directe en France, les Brigades rouges en Italie, la Fraction armée rouge en Allemagne, l'Armée rouge japonaise et le Weather Underground aux États-Unis).

Après la guerre du Vietnam, notons par ailleurs que c'est l'OLP qui remplace le Vietcong dans l'imaginaire des contestataires violents. À partir de la fin des années 1960, la prise d'otages de masse explose. En trente ans, de nombreux avions sont détournés. Des personnalités politiques tombent sous les balles des extrémistes de tout poil. On se souvient en particulier des exactions de Septembre noir. Des camps communs d'entraînement apparaissent, à Cuba, ou organisés par l'OLP. Une chaîne de coopération opérationnelle peut se cristalliser en certaines occasions, comme lors de la prise d'otage des jeux Olympiques de Munich, en 1972. La plus emblématique de ces macabres divisions du travail est celle du massacre de l'aéroport de Lod, en Israël, le 30 mai 1972. Si le Front populaire de libération de Palestine (FPLP) revendique l'attentat, après l'avoir organisé, les trois terroristes qui tuent 26 personnes et en blessent 80 appartiennent à l'Armée rouge japonaise.

Nous en sommes aujourd'hui à la quatrième vague, laquelle est religieuse. À quelle conclusion cette diversité des sources du carburant des pratiques terroristes nous conduit-elle ? À penser que l'on échoue forcément si l'on tente de donner une essence au terrorisme. Il se conjugue à bien des temps, n'a pas vu le jour il y a quelques années ou même un siècle ; et sa caractéristique première consiste à se décliner en d'infinis modèles organisationnels et contenus idéologiques.

On doit d'abord évacuer la charge morale, ou plutôt d'instrumentalisation politique. « Le terrorisme, c'est la violence de l'autre lorsqu'il s'agit de discréditer sa cause[1]. »

Ensuite, on doit répéter jusqu'à la nausée que c'est une arme psychologique. Laurent Henninger et Thierry Widemann l'expliquent parfaitement : « La terreur est une stratégie à la disposition d'un État pour obtenir, à l'intérieur de son territoire, la passivité de la population, ou d'une partie de la population, dans le cadre d'une lutte insurrectionnelle, ou pour neutraliser toute opposition politique. Lorsque la Convention met la "Terreur à l'ordre du jour", selon l'expression de l'époque, l'objectif est explicitement formulé : il s'agit de "frapper de terreur les ennemis de la Révolution". Au XXe siècle, cette stratégie a été couramment mise en œuvre par des régimes dictatoriaux, par exemple l'Argentine des années 1970. Les assassinats, les disparitions de personnes, l'usage de la torture, l'emploi

1. Laurent Henninger et Thierry Widemann, *Comprendre la guerre. Histoire et notions*, Perrin, 2012.

d'"escadrons de la mort" visaient à *sidérer* une population. » Dans le cadre de ce terrorisme d'État, la terreur au sens propre résume l'objectif visé : il faut faire peur au-delà de toute limite. Organismes clandestins ou écrans, n'importe quel instrument tactique convient, pourvu que l'angoisse pénètre profondément dans le cœur de chaque habitant du pays. Cette pratique peut aussi cibler l'ennemi intérieur (par exemple les GAL – Groupes Armés de Libération – du gouvernement espagnol, créés pour combattre l'ETA, en utilisant les mêmes méthodes que les séparatistes basques). Terrorisme d'État aussi, lorsque des appareils étatiques montent ou appuient des actions terroristes hors de leur territoire, dans le but de déstabiliser un adversaire ou de consolider un parti au pouvoir. La terreur ne s'applique pas seulement à une opposition interne à un régime politique. Au cours d'une guerre, elle peut aussi être employée contre la population civile ennemie, afin de faire plier ses dirigeants. Elle compte alors au nombre des stratégies indirectes élaborées pour hâter la victoire. « Cette pratique est ancienne : dans l'Antiquité, les expéditions punitives lancées par Rome en Germanie, véritables "colonnes infernales" qui n'épargnaient ni femmes ni enfants, visaient à décourager toute incursion dans l'empire. La stratégie d'un Tamerlan (1336-1405) se fondait sur l'emploi systématique de la terreur, principalement pour tenter d'obtenir la reddition des villes sans combat, celles qui ouvraient leurs portes pouvaient espérer être épargnées. Au cours de la première moitié du XXe siècle, c'est l'avion qui constitua le principal instrument de terreur, théorisé comme tel. Les attaques allemandes sur Paris et Londres lors de la Première Guerre mondiale et, à une tout autre échelle, les bombardements de villes de 1940 à 1945 relevaient partiellement de cette logique[1]. »

1. Laurent Henninger et Thierry Widemann, *Comprendre la guerre*, *op. cit.*

Depuis les origines de notre espèce, le terrorisme se définit donc comme une stratégie de diffusion maximale de la peur d'être victime d'une violence barbare, aveugle. Elle tire sa force de son imprévisibilité : nul ne peut dire sur qui la mort s'abattra… Ce qui distingue la terreur fabriquée par les États de celle qui s'abat sur les nations depuis la fin de la Seconde Guerre mondiale, c'est une question de rapport de force. Les terroristes islamistes, comme l'extrême gauche armée des années de plomb, s'inscrivent dans une stratégie du faible au fort (et non pas celle du fort au faible des révolutionnaires de 1793, des troupes nazies et du totalitarisme soviétique). Elle occupe la place laissée vacante par la guérilla dans le cas des terroristes nationalistes ou indépendantistes. En Irlande ou au Pays basque, l'IRA et l'ETA, ne pouvant conduire une authentique guérilla contre l'État, se replièrent sur le harcèlement par attentat, dans le but d'user l'adversaire jusqu'à ce qu'il cède. Les mouvements palestiniens raisonnent à l'identique. « En ce qui concerne les cibles, le terrorisme peut frapper des individus ou une population anonyme, dans des lieux du quotidien (marchés, transports en commun) ou dans des lieux symboliques de nature politique (bâtiments publics), religieuse (lieux de culte), économique (par exemple des sites touristiques dans des pays qui, comme l'Égypte, dépendent fortement de cette activité[1]). » Indiquons au passage l'évolution de l'ETA, qui passa « d'attentats précisément ciblés à des actions qui frappent de plus en plus les populations civiles. Fait qui révélerait, en l'occurrence, moins un changement raisonné de stratégie que la conséquence d'une criminalisation du mouvement. De tels groupes, en effet, placés devant un constat d'échec, subissent une tendance à la dérive mafieuse. L'habitude de la clandestinité et le fait d'avoir mesuré l'efficacité de la violence sinon pour

1. Laurent Henninger et Thierry Widemann, *Comprendre la guerre*, *op. cit.*

atteindre l'objectif politique, du moins pour le financer, expliquent la récurrence du phénomène[1] ».

De surcroît, le potentiel de destruction des organisations terroristes paraît limité. Toute leur stratégie repose donc sur la résonance de l'acte. Il doit recevoir l'écho le plus large pour que le succès soit indiscutable. Les terroristes ont absolument besoin des médias. Ces derniers fournissent une magnifique caisse de résonance, ils amplifient considérablement la peur. L'impact se révèle d'autant plus fort que la population visée tolère faiblement la violence. Pour le dire autrement, les sociétés « postmodernes » offrent une résistance psychologique relativement basse à l'agression armée. Résiliente sur le moyen terme, elles surréagissent dans la période qui suit immédiatement un attentat.

Inévitablement, si l'on revient au cœur de notre sujet – les actes de terrorisme engendrés par le salafisme djihadiste –, on saisit l'urgence de les comprendre dans leur lien avec une dynamique religieuse fondamentaliste. Or l'intelligentsia française ne prend pas la religion au sérieux. Ce qui développe un climat idéologique, culturel, médiatique et finalement politique défavorable à une véritable réflexion, nourrie, charpentée, sur le religieux en France (et en Occident en général) au XXIe siècle. Jean Birnbaum l'explique avec beaucoup de force dans *Un silence religieux*[2].

La gauche, à commencer par les intellectuels, porte une part de responsabilité écrasante dans ce phénomène. À ses yeux, la religion relève systématiquement du voile, du masque, du prétexte : il s'agit d'aller voir en dessous et de ne pas croire à son autonomie, à sa logique propre. Elle mésestime gravement la « force autonome des représentations religieuses ». Pour la gauche, la religion est une

1. Laurent Henninger et Thierry Widemann, *Comprendre la guerre*, *op. cit.*
2. *Un silence religieux. La gauche face au djihadisme*, Éditions du Seuil, 2016.

chimère, une force réactionnaire qui occulte les vrais problèmes de la société (de ce point de vue, la culture marxiste n'a pas été dépassée). Elle ne la voit avec sympathie que chez les « opprimés », car elle habillerait un désir de révolution, se définirait comme un mode spécifique de rébellion appartenant à la phase de décolonisation du Sud (ce qui justifie, dans une telle perspective, la proposition d'alliance circonstancielle islamo-gauchiste, faite en 1994, par le militant d'extrême gauche britannique Chris Harman, dans son livre *Le Prophète et le Prolétariat*). D'où son aveuglement devant le nationalisme algérien du FLN, visant à arabiser et islamiser (certaines interviews d'Ahmed Ben Bella – qui place tous ses espoirs dans l'islamisme et explique que l'islam, *c'est* la réalisation du socialisme – ne laissent planer aucune équivoque[1]).

Ce qui conduit aujourd'hui à une position intenable. Pour ne pas alimenter l'amalgame férocement simpliste entre l'islam et le terrorisme, on a prétendu que l'islamisme n'avait « rien à voir » avec l'islam (non pas, si l'on creuse, par respect pour cette religion, mais par mépris de ce que les intellectuels considèrent comme une illusion, à la manière de Feuerbach). Le djihadisme s'abreuve pourtant de religion, conçue comme « manière d'être au monde, foi intime, croyance partagée ». Nous refusons de le voir. Pourquoi ? Par aveuglement persistant, refus obstiné d'admettre intellectuellement la croyance religieuse comme une « causalité spécifique », et donc comme une puissance politique. La violence devrait nécessairement dériver de frustrations socio-économiques, éventuellement psychologiques, « mais, la foi, personne n'y croit ».

1. https://www.youtube.com/watch?v=3IoA0NifFj4

Penser le religieux : une urgence pour agir

Pour raisonner correctement, c'est le contraire qu'il faut poser : une conviction religieuse mobilise une énergie extraordinaire, impossible à dissoudre dans la revendication matérialiste. Par conséquent, «pour lutter contre le djihadisme, plutôt que d'affirmer qu'il est étranger à l'islam, mieux vaut admettre qu'il constitue la manifestation la plus récente, la plus spectaculaire et la plus sanglante de la guerre intime qui déchire l'islam. Car l'islam est en guerre avec lui-même. [...] Elle met face à face des exégètes et des doctrinaires. C'est une bataille entre ceux qui lisent les textes pour les interpréter et ceux qui se les approprient pour dominer[1]». Il faut en effet choisir entre un «islam spirituel» et un islam «légalitaire», au service de la puissance politique, celui des partisans de la charia (tous influencés d'une manière ou d'une autre par les Frères musulmans et le wahhabisme saoudien) : soit le Livre est un texte exigeant des efforts, une «interprétation symbolique», soit il constitue «une collection de commandements à respecter à la lettre». Les intégristes pullulent, masquent, hélas, ceux que Rachid Benzine nomme *Les Nouveaux Penseurs de l'islam*[2] : par exemple Ali Abderraziq, Taha Hussein, Mohamed Iqbal, Mahmoud Mohamed Taha, Nasr Hamid Abû Zayd, Mohammed Arkoun ou Abdelwahab Meddeb. Mohammed Arkoun, en particulier, soulignait le rapport conflictuel entre la modernité et le monde musulman (cf. *Humanisme et islam*[3]). L'islamisme combat en fait la *Nahda*, la tentative de réforme de l'islam confronté à l'Occident moderne, d'abord perçu à travers sa puissance technologique et son idéologie progressiste.

1. https://www.youtube.com/watch?v=3IoA0NifFj4
2. Rachid Benzine, *Les Nouveaux Penseurs de l'islam*, Albin Michel, 2008.
3. Mohammed Arkoun, *Humanisme et islam*, Vrin, 2005.

La *Nahda* incarnant un élan modernisateur, Jean Birnbaum a raison d'écrire que les intégristes islamistes doivent être qualifiés de postmodernes, plutôt que dénoncés comme de simples archaïques. De ce fait, ils ressemblent à s'y méprendre aux fascistes des années 1920 et 1930, qui engendrèrent un hybride plongeant ses racines à moitié dans la modernité et à moitié dans la tradition (entendue comme passéisme, car « traditionnel » ne se réduit pas à « mauvais » ou obscurantiste, comme les nihilistes faussement progressistes veulent le faire croire). « L'intégrisme est la maladie de l'islam », résumait lumineusement Abdelwahab Meddeb dans un livre passionnant[1]. Parmi les penseurs vivants du courant critique, on doit bien sûr citer Rachid Benzine, mais également Abdennour Bidar, Hichem Djaït, Hichem Djaït et Fethi Benslama. Bien qu'ils considèrent tous que l'islam n'est évidemment pas réductible à l'islamisme, ils n'éludent pas le fait que ce dernier en constitue un « avatar meurtrier », une « pathologie violente ». Or la dynamique d'exégèse fait défaut. Le problème réside dans le fait que les lieux où devrait s'approfondir un travail d'interprétation, luttant contre le radicalisme, n'y sont pas disposés, à l'instar de la célèbre université Al-Azhar au Caire (qui dispense chaque année des enseignements à 200 000 étudiants du monde entier).

On a vite fait de juger que les radicaux sont des crétins analphabètes. Cela nous rassure et conforte les idéologues obtus dans le préjugé que toute religion s'achève forcément dans l'obscurantisme. Se rappellent-ils que Mohammed Atta, l'un des pilotes de l'avion qui éventra les Twin Towers, avait rédigé une thèse de doctorat sur la réhabilitation des quartiers historiques ? Nombreux sont les salafistes et les djihadistes qui fréquentèrent les filières

1. Abdelwahab Meddeb, *La Maladie de l'islam*, Éditions du Seuil, 2002.

scientifiques, les universités américaines et les écoles supérieures européennes. La foi n'impose pas silence à la raison, elle la dépasse, la transcende absolument. Cela s'affirme d'autant plus capital que les partisans de l'islam radical militent (consciemment ou non, y compris les salafistes quiétistes) pour un islam politique. Il s'agit bien de revenir à une structuration de l'espace politique et social par le religieux. Pour les Européens, la religion relève de la vie intérieure, la spiritualité se vit dans l'intimité de l'esprit et du cœur, elle ne pénètre plus dans la vie publique et s'exprime exclusivement dans la vie privée. C'est tout le contraire pour les salafistes et les djihadistes. Ils veulent rompre précisément avec l'héritage de la modernité occidentale. On ne comprend rien à leur stratégie et à leurs horizons idéologiques si l'on ne s'approprie pas les thèses de Marcel Gauchet, puissamment développées en priorité dans *Le Désenchantement du monde*[1], puis en toile de fond – en grille de lecture conceptuelle et historique – de l'ensemble de son œuvre. Le christianisme fut « la religion de la sortie de la religion », imposant la séparation entre le politique et le spirituel, à rebours de toute l'histoire précédente de l'espèce humaine. Les islamistes radicaux veulent faire le chemin inverse.

Il s'en déduit que leur problématique ne s'articule pas tant sur la foi, l'existence spirituelle, intime, du croyant, que sur le respect des règles, des rites et des rapports sociaux qu'impose la religion – en l'occurrence l'islam, plus propice à la confusion du sacré et du profane, du temporel et du religieux. Si l'on ne fait pas l'effort d'imaginer la novation apportée par le radicalisme islamiste contemporain, on ne peut guère interpréter les événements du Moyen-Orient (et par ricochet ses implications sur

1. Abdelwahab Meddeb, *La Maladie de l'islam*, *op. cit.*

l'univers occidental) depuis le lendemain de la Première Guerre mondiale. Quelle est cette nouveauté ? La fusion, au sein d'une doctrine extrémiste (l'islam politique né du métissage de la doctrine des Frères musulmans, du fondamentalisme salafiste en général et du wahhabisme comme forme particulière), du concept de religion séculière (dans sa version « religion politique » liée à l'État totalitaire, et non dans celle de religion civile, compatible avec la démocratie, qui existe aux États-Unis), en théorie athée (puisque se substituant à la religion monothéiste antérieure), avec la réactivation d'une foi traditionnelle, ou plutôt d'une religion traditionnelle. Ce qui fait nécessairement de l'islam radical politique un projet d'instauration d'un régime totalitaire, donc en partie « moderne » (car l'Histoire ne repasse jamais les plats, Hegel avait raison ; d'une certaine manière, l'intégrisme islamiste incorpore la modernité tout en visant le retour aux origines). Comme en mécanique céleste, il veut faire la révolution, parcourir l'orbite (comme une planète autour du Soleil) afin de revenir au point de départ – dont Gauchet nous rappelle la nature, le sens : « Ce choix de se posséder en consentant à sa dépossession, en se détournant du dessein de dominer la nature et de légiférer pour son propre compte au profit d'un autre dessein, celui-là de s'assurer d'une identité de part en part définie et maîtrisée, c'est la religion dans son essence même[1]. » L'ennemi, au bout du compte, c'est la liberté.

On en revient à la critique acerbe du Grand Inquisiteur, dans *Les Frères Karamazov*, de Dostoïevski, adressée au message du Christ : « Tu veux te présenter au monde les mains vides, annonçant aux hommes une liberté que leur sottise et leur méchanceté naturelles ne leur permettent pas de comprendre, une liberté épouvantable – car pour l'homme et la société il n'y eut jamais rien d'aussi épouvantable que

1. M. Gauchet, *Le Désenchantement du monde*, *op. cit.*

la liberté !» Le peuple veut du pain et des jeux, assène en substance le Grand Inquisiteur, et plus encore de la sécurité morale, donc un maître… Lequel parlera au nom de Jésus : «Nous nous appellerons "disciples de Jésus", nous régnerons en ton nom, sans te laisser approcher de nous […] Nous savons mentir, nous parlerons en ton nom. […] ils nous admireront, nous serons leurs dieux, nous qui aurons consenti à prendre sur nous le poids de leur liberté, et à régner sur eux.» L'écho est assourdissant lorsque l'on relit ces lignes en particulier : l'homme «ne veut s'incliner que devant une force incontestable, qui puisse rassembler tous les humains dans la communion du respect, et ce n'est pas l'objet d'un culte particulier que réclame chacun : c'est un culte universel, c'est une religion commune». Le Grand Inquisiteur méprise les hommes, uniquement destinés à ses yeux à être dominés, à recevoir l'autorité comme leur salut. Il en tire la conclusion de la nécessaire fusion de l'autel et du trône, du glaive de César et du pouvoir sur les âmes. Il faut donner aux hommes ce qu'ils désirent sur la Terre : «Un maître, un dépositaire de leur conscience et aussi un être qui leur fournit les moyens de s'unir pour ne plus faire qu'une grande fourmilière, car le besoin de l'union universelle» apaise le grand tourment de l'humanité. «Ils comprendront définitivement la valeur de la soumission. […] Ils nous obéiront avec joie. Ils nous soumettront les plus pénibles secrets de leur conscience, et nous déciderons en tout et pour tout, et ils recevront nos sentences avec allégresse, parce qu'elles les délivreront du cruel souci de choisir eux-mêmes et de se déterminer librement[1].»

Nous échappe tout autant que la force de cette conviction religieuse la violence qu'elle peut déclencher. Les Européens vivent psychologiquement dans le monde de

1. Fédor Dostoïevski, *Les Frères Karamazov* (1879-1880).

«la fin de l'Histoire» de Francis Fukuyama, celui dans lequel la religion compte au nombre des figures de l'absolu, dont aucune ne mérite, selon eux, la mort du moindre individu. Comment donc entendre que des hommes et des femmes puissent accepter de sacrifier leur vie pour Dieu ? Mais plus encore qu'au Tout-Puissant, ils offrent en fait leur vie à un ordre social qui rejette en bloc l'ère de l'incertitude, la «société liquide» décrite par le sociologue Zygmunt Bauman, dans laquelle rien n'est jamais acquis, certain, établi et garanti. «Pour être vraiment désirable, l'ordre nouveau doit être ancestral[1].» Il nous faut réapprendre (pour la contrer) cette grammaire philosophique et existentielle, que nous avons graduellement oubliée depuis l'aube du christianisme, si nous voulons décrypter et enrayer ses manifestations dangereuses.

Retour ou sortie du religieux ?

Notre époque additionne deux dangers qui pèsent sur la désirabilité de la démocratie, du capitalisme et du libéralisme politico-culturel. Le premier se définit comme l'ébranlement de toutes les certitudes sociales et existentielles qui encadraient la vie des individus durant plusieurs millénaires (peu importe leur contenu). C'est la notion même de norme anthropologique et collective qui disparaît des esprits. Seule subsiste une armature juridique qui semble changeante et très artificielle, voire oppressive en proportion inverse de son utilité (elle contraint d'autant plus qu'elle manque de légitimité). Le second réside dans la longue descente aux enfers du rêve de justice sociale depuis la fin du XXe siècle. L'évanouissement des promesses de la Révolution, la dislocation de l'espérance marxiste

1. Jean Birnbaum, *Un silence religieux*, *op. cit.*

– prolongation d'une révolte d'origine spirituelle à l'intérieur de l'univers profane[1] – ont ruiné la confiance que les peuples plaçaient dans l'action politique. Cette dernière, lorsqu'elle était totalitaire, s'abolissait dans le spirituel dévoyé après l'avoir singé outrageusement, sans obtenir de résultat à la hauteur de sa prétention initiale. « La révolution est là pour détrôner la religion, disait Marx. Alors, inéluctablement, si la révolution s'absente, la religion reprend toute la place ; si l'émancipation manque à ses promesses, l'absolu se cherche un autre nom[2]. »

Par conséquent, la proposition religieuse islamiste de réanimation de l'existence communautaire retrouve une vigoureuse crédibilité dans certaines parties du monde, confrontées de façon accélérée à la contestation corrosive des mœurs traditionnelles et des schémas séculaires d'articulation des liens sociaux et des règles culturelles par la modernité, puis la postmodernité (alors même que les substituts de religion, socialisme et panarabisme, ont échoué à susciter le réveil de l'Orient). Le discours de l'islam idéologique prétend sortir le XXIe siècle de l'impasse en pulvérisant l'attente d'un Éden séculier au profit de la revitalisation du paradis céleste. Encourageant au saut de la foi de la Révolution à la Révélation, l'insurrection spirituelle détruit la politique « parce qu'elle ne se fonde pas sur la satisfaction de revendications sociales ou économiques, mais sur la mise en avant d'exigences religieuses et d'une aspiration suprasensible. L'insurrection spirituelle démolit la politique révolutionnaire en particulier parce qu'elle dynamite sa manière de concevoir le temps et l'espace :

---

1. On se souvient de la phrase de Marx, en 1843 : « La détresse religieuse est en même temps *l'expression* de la vraie détresse et la *protestation* contre cette vraie détresse. La religion est le soupir de la créature opprimée, le cœur d'un monde sans cœur, tout comme elle est l'esprit d'un monde sans esprit. Elle est *l'opium* du peuple. »

2. Jean Birnbaum, *Un silence religieux*, *op. cit.*

loin de vouloir accélérer le cours de l'Histoire, elle veut s'en abstraire définitivement; son objectif n'est pas de changer le monde, mais d'en finir avec lui[1] ».

D'une certaine manière, on peut considérer avec Marcel Gauchet[2] que cette tentative de retour du religieux orchestrée par les islamistes démontre paradoxalement les progrès au Moyen-Orient de la dynamique planétaire de sortie de la religion initiée par l'Occident. Le djihadisme apparaîtrait alors comme un symptôme de la transition en cours. L'islam politique et le salafisme djihadiste exprimeraient cette crise née de la rencontre de deux mondes (le Nord et le Sud), et non pas la victoire des fous de Dieu. Il importe donc de remettre le terrorisme islamiste à sa juste place et d'en saisir correctement la signification, celle d'une sortie mondiale de la religion comme cœur de l'espace politique. Si j'adhère à cette interprétation globale, il me semble néanmoins crucial de souligner que les mouvements issus de l'islam idéologique demeurent dangereux et susceptibles de menacer certains gouvernements au Moyen-Orient. La vigilance s'impose donc plus que jamais. Ensuite, cette victoire tendancielle de l'Occident en matière de rapport à l'Invisible (celui-ci n'exerçant plus une contrainte sur la structuration sociopolitique des groupes humains) ne devrait pas occulter la nécessité d'une réflexion sur son identité et l'indigence du projet existentiel sur lequel il se fonde aujourd'hui. Mettre le couvercle de l'hédonisme sécuritaire sur cette marmite philosophique et spirituelle conduira inévitablement nos descendants dans des voies mortifères.

---

1. Jean Birnbaum, *Un silence religieux*, *op. cit.*

2. https://www.lemonde.fr/idees/article/2015/11/21/marcel-gauchet-le-fondamentalisme-islamique-est-le-signe-paradoxal-de-la-sortie-du-religieux_4814947_3232.html

En tout état de cause, il convient de faire face aux partisans de l'islam fondamentaliste à l'intérieur de l'Union européenne, en particulier en France. En effet, même si la doctrine salafiste n'a pas vocation à menacer sérieusement la laïcité hexagonale et l'autonomie de la « chose publique », elle peut singulièrement fragmenter le territoire national et conflictualiser les rapports entre les différentes familles confessionnelles et intellectuelles françaises. Observons donc la manière dont le salafisme se diffuse, en pole position d'une vaste galaxie fondamentaliste. L'étude du groupe LUCIE permet d'y voir relativement clair, ou plutôt de synthétiser les éléments dont on peut disposer – en sources ouvertes – sur la question[1]. Cette analyse part du principe que les réseaux islamistes implantés dans l'Hexagone œuvrent d'ores et déjà à l'instauration d'une contre-société.

Alors que 53 % des musulmans français pratiquent un islam « conservateur », voire « autoritaire » (aboutissant à une forme de sécessionnisme politique et social pour 28 % d'entre eux[2]), les autorités peinent à décortiquer les fondements idéologiques, les stratégies et les moyens d'action des mouvements et nébuleuses islamistes. Néanmoins, on peut distinguer, parmi ces derniers, quatre principaux courants : les Frères musulmans, la galaxie salafiste, le Tabligh et le mouvement turc. Si des différences existent, un dénominateur commun fait office de pacte de non-agression : la volonté d'étendre leur influence sur nos compatriotes de confession musulmane, de manière à modifier leur rapport à la citoyenneté, au modèle politique français et à ses valeurs. Pour cela, ils s'appuient historiquement sur le contrôle des lieux de culte et des organisations représentatives ; et, chaque

1. Rapport Lucie : « État des lieux de la pénétration de l'islam fondamentaliste en France », https://www.journaldeleconomie.fr/LUCIE-le-rapport-qui-derange_a6596.html et http://www.lu-cie.cc

2. *Un islam français est possible*, Institut Montaigne, septembre 2016.

jour davantage, sur une stratégie de rayonnement, d'influence, voire de guerre informationnelle menée sur Internet et dans les médias. En s'enracinant progressivement dans l'univers du sport, dans les entreprises, dans le maillage associatif et les lieux de sociabilité, dans le monde de l'éducation ou encore parmi les acteurs de la société civile comme les ONG, ces quatre mouvances jouent un rôle direct dans la construction de la radicalisation, qui débouche parfois sur la naissance d'authentiques djihadistes français.

Cet « islam offensif », dont l'étude explore les méthodes, mène avant tout un combat rhétorique et terminologique. En plaçant sans cesse la communauté musulmane dans un rôle de victime, puis en se positionnant comme défenseurs face aux discriminations dénoncées, les mouvements anticolonialistes, fondamentalistes ou carrément islamistes s'approprient des thématiques républicaines, notamment antiracistes. Ce renversement permet à leur idéologie d'influencer potentiellement toute la société, en s'appuyant sur des organisations musulmanes françaises et étrangères, des associations, les réseaux sociaux, le dialogue interpersonnel, et parfois même sur des personnalités politiques. L'objectif est d'amener l'opinion à confondre les discriminations réelles à l'égard des musulmans (constituant alors un rejet haineux, puni par les lois de la République) et le légitime refus du fondamentalisme islamique (ce dernier étant contraire aux valeurs françaises, notamment en matière de laïcité et de respect des droits de l'homme).

La diffusion du terme d'« islamophobie » (on l'a vu précédemment) se situe au centre de cette stratégie des partisans de l'islam idéologique, politique : les Frères musulmans au premier chef, en partie à l'origine de son importation en France, cherchent à annihiler toute possibilité de critique, y compris rationnelle et républicaine, de manière que les pratiques de l'islam ne puissent plus être l'objet de débats. À leurs yeux, toute politique régulatrice devient scandaleuse, car supposément animée par une hostilité de principe envers l'islam. La propagation du concept d'« islamophobie » s'appuie sur les associations liées aux Frères musulmans ou inspirées par ces derniers, en particulier le Comité contre l'islamophobie en France (CCIF) et le Parti des Indigènes de la République (PIR). Ensuite relayé par les milieux d'ultra et d'extrême gauche, ce processus de victimisation interdit tout dialogue serein.

Dans les faits, un discours aussi vindicatif encourage un repli communautaire des musulmans français, alors courtisés par des structures orbitant notamment autour des Frères musulmans ou sous leur influence (mosquées, associations, médias, etc.). L'État, tenu responsable d'une attaque tous azimuts à l'encontre des citoyens de confession musulmane, est régulièrement ciblé, tandis que l'on valorise le principe d'un fonctionnement communautaire – voire sectaire. Le groupe comme seul repère social s'affirme comme l'alpha et l'oméga des partisans de l'islam politique. L'utilisation du principe de laïcité constitue l'instrumentalisation la plus notable : bien qu'antinomique avec le projet politico-religieux des Frères musulmans et des autres mouvements islamistes, cette notion est utilisée pour défendre le port des signes religieux ostentatoires, dans les lieux les plus variés. Cette manipulation des idées et des lois, invoquées uniquement lorsqu'elles soutiennent les prétentions de l'idéologie islamiste, travaille en profondeur la société civile et contribue à pousser certains musulmans dans les bras des fondamentalistes, donc à fragiliser la République. Autre exemple capital : dans leur pratique de la polémique, la marginalisation de la femme dans l'espace public devient une défense du féminisme, façon *La Servante écarlate*[1]... L'imposture rhétorique se déploie

1. Livre écrit par Margaret Atwood, adapté en série.

selon la dynamique suivante : les restrictions vestimentaires imposées aux femmes par l'islam rigoriste autoriseraient en réalité une émancipation. Les interdits ouvriraient le champ des possibles, permettraient un choix personnel, une affirmation vis-à-vis d'un féminisme occidental dégradant et verrouillé par le système marchand. Si l'État combat l'islamisme, c'est qu'il est aveuglé par le dogmatisme d'une société française ethnico-centrée, qui opprime les musulmanes en leur retirant le droit de se couvrir… Leur discours victimaire est si efficace que ces organisations sont devenues des acteurs centraux de la lutte antiraciste. Le CCIF, qui se présente comme une source statistique indépendante débusquant les actes islamophobes, diffuse des chiffres hautement contestables mais repris, par exemple, par l'ONG de référence Human Rights Watch. De quoi pousser les Français musulmans dans les bras de la Confrérie ou d'autres vecteurs et mouvances de l'islam idéologique.

Les 12000 membres du CCIF forment la pierre angulaire d'un combat sur les réseaux sociaux contre les ennemis idéologiques de l'islam politique. En appelant les internautes à dénoncer les comportements « islamophobes » sur le Web, le comité coordonne une véritable armée de « chasseurs » qui traque toute position contraire à leur idéologie. Ne reste plus ensuite qu'à piloter des actions judiciaires visant à étouffer tout discours critique vis-à-vis de l'islamisme. Cette stratégie non violente mais sévèrement offensive cherche à éliminer des adversaires idéologiques, en ayant systématiquement recours à la procédure (terrain sur lequel le CCIF et le PIR deviennent des spécialistes). D'autres structures y sont dédiées, à l'image de la Ligue de défense judiciaire des musulmans[1] (LDMJ), association créée en 2013 par l'ancien avocat Karim Achoui.

1. http://www.lefigaro.fr/flash-actu/2013/09/16/97001-20130916FILWWW00362-une-ligue-de-defense-judiciaire-des-musulmans.php

Un dispositif de défense communautariste se professionnalise ainsi au cours des années… Notons au passage que, dès 2007, l'UOIF et la Grande Mosquée de Paris – ainsi que la Ligue islamique mondiale – ont attaqué *Charlie Hebdo* sur le caractère prétendument raciste[1] des caricatures du Prophète[2]. Les raids judiciaires vont aussi bon train à l'encontre de personnalités[3] : en 2013, Laurence Rossignol a été accusée d'« injure à caractère racial[4] » ; l'ancien Frère musulman Mohamed Louizi, devenu un décrypteur clinique des stratégies souterraines de son ancienne organisation[5], a subi six procès[6], assailli notamment par l'UOIF ; le président de l'association LaïcArt, Ahmed Meguini, a dû se défendre en justice pour injure raciale, après avoir qualifié Marwan Muhammad d'« enfant de putain de salafiste[7] ». Il a été acquitté le 4 juillet 2017[8].

Quant aux prédicateurs islamistes en général, ils sont déjà très influents en France. C'est notamment le cas sur YouTube, qui catalyse une vision du monde islamiste communautariste et contribue à fabriquer un rapport à la société (amour, femmes, éducation, non-musulmans)

---

1. https://www.nouvelobs.com/societe/20070202.OBS0303/boubakeur-justifie-le-proces-contre-charlie-hebdo.html
2. https://www.liberation.fr/societe/2006/09/22/les-caricatures-de-mahomet-conduisent-charlie-hebdo-au-tribunal_5043
3. À l'opposé, un site comme Saphirnews.com, sur lequel des personnalités musulmanes venues d'horizons variés dénoncent l'intégrisme et les théories du complot qui dédouanent les islamistes lors des attentats, peine à avoir autant de poids qu'Oumma.com, dont la ligne éditoriale semble assez proche de celle des Frères musulmans.
4. https://www.liberation.fr/debats/2016/04/19/laurence-rossignol-il-m-est-tombe-un-parpaing-dans-l-estomac_1447284
5. http://www.lefigaro.fr/vox/societe/2016/02/05/31003-20160205ARTFIG00415-uoif-freres-musulmans-salafisme-le-dessous-des-cartes.php
6. https://www.la-croix.com/Debats/Forum-et-debats/Le-choix-liberer-lislam-lislamisme-2018-03-15-1200921141
7. https://www.causeur.fr/meguini-ccif-muhammad-islam-blaspheme-145057
8. https://fr.gatestoneinstitute.org/10693/france-jihad-tribunaux

essentiellement fermé et religieusement intolérant, favorisant la dénonciation d'une islamophobie imaginaire. Ces chaînes YouTube révèlent une appétence particulière pour les sujets sociétaux traités de façon très rigide. Si toutes les déclarations ne paraissent pas condamnables d'un point de vue pénal, ces prédicateurs ne se signalent pas par leur modération, leur tolérance et leur goût du dialogue.

La radicalisation dans l'entreprise

Après la cellule familiale, l'entreprise semble être l'espace social le plus propice à la détection des signaux faibles de la radicalisation islamiste. Bien souvent, les managers dans le secteur privé s'en sortent en acceptant des « aménagements » ou « accommodements raisonnables », qui font parfois le jeu des intégrismes. Une personne en cours de radicalisation peut développer une emprise sur ses coreligionnaires au bureau, en les culpabilisant (ils seraient de « mauvais musulmans »). Les pratiques religieuses au travail deviennent alors une source de conflits, et la place qu'occupe l'islam en entreprise inquiète de plus en plus. Face à ce risque de confusion des sphères privée et professionnelle, le principe de neutralité émergeant dans l'Hexagone permet au chef d'entreprise d'enrayer de claires tentatives de manipulation et de s'opposer à la confusion des genres, en rappelant les exigences d'hygiène et de sécurité, de rejet de tout prosélytisme ou de qualité de contact avec la clientèle. Très concrètement, la direction d'une société n'a aucune obligation légale de mettre à disposition une salle de prière ou des menus halals ; son seul devoir est de prévenir toute forme de discrimination. Face aux islamistes qui cherchent à accroître la visibilité de l'islam dans le monde du travail, les entreprises disposent aujourd'hui d'instruments juridiques leur permettant d'apaiser les confrontations sur ce sujet. Mais le débat n'est pas clos pour autant...

D'autres espaces sociaux doivent eux aussi se défendre de la pénétration islamiste. Une note du Service central de renseignement territorial (SCRT) de juillet 2015, intitulée « Le sport amateur, vecteur de communautarisme et de radicalité[1] », mentionne une trentaine d'associations sportives[2] identifiées comme pratiquant le prosélytisme religieux. Bien des clubs ne cachent plus leur orientation communautaire, créant un terreau fertile au processus de radicalisation religieuse – alors même que les mouvements islamistes influencent les pratiques sportives des jeunes musulmans et musulmanes. Des clubs affichent donc ouvertement leur orientation, afin d'obtenir une communauté homogène d'un point de vue religieux, ethnique ou sexuel. Des espaces sociaux censés idéalement contribuer à l'intégration nationale et républicaine tendent à muter en clubs ethnico-religieux. Bénéficiant d'un cadre juridique permissif, le mouvement salafiste joue un rôle clé dans le noyautage de structures sportives pour pratiquer une forme claire de prosélytisme[3] (signalons que Daech appelle les aspirants au djihad à s'entraîner à des sports de combat). Les jeunes musulmans sont particulièrement sensibles à l'endoctrinement réalisé par des encadrants sportifs, lesquels bénéficient d'une claire position d'autorité. Rappelons-nous d'ailleurs que l'immense majorité des terroristes ayant

1. https://www.lepoint.fr/societe/comment-le-sport-peut-etre-source-de-radicalisation-15-10-2015-1973735_23.php

2. https://www.lepoint.fr/societe/radicalisation-religieuse-le-sport-infiltre-20-11-2015-1983370_23.php

3. Le rapport indique que Loïc Garnier, l'ancien chef de l'unité de coordination de lutte antiterroriste, affirmait qu'on dénombrait 829 individus officiellement radicalisés dans les clubs de sport. Voir : https://www.lci.fr/societe/sport-et-radicalisation-829-personnes-signalees-dans-des-clubs-en-france-2072046.html

commis un attentat en France et en Belgique, de 2012 à 2016, avait une pratique régulière de différents sports. Ce processus de communautarisation extrême s'observe aussi dans les cafés, lieux de sociabilité par excellence. Aujourd'hui, certains sont, de fait, interdits aux femmes – une réalité souvent niée, excusée ou expliquée avec complaisance (par exemple par le socialiste Benoît Hamon).

Comme on pouvait s'y attendre, l'école et l'enseignement supérieur mobilisent particulièrement l'attention des islamistes, qui contrôlent différents types de structures d'enseignement (l'éducation est historiquement une priorité des Frères musulmans). À côté des écoles privées musulmanes sous contrat, existent leurs équivalents hors contrat, qui bénéficient d'un encadrement limité, bien que les inspections régulières puissent conduire à fermer celles en inadéquation avec les valeurs de République. La loi du 13 avril 2018, dite loi Gatel[1], et la loi du 4 juillet 2019 pour une école de la confiance permettent désormais de sanctionner un établissement privé hors contrat lorsqu'il attente à l'ordre public. En revanche, les écoles coraniques liées à des mosquées ne sont pas contrôlées, des imams connus pour leurs prêches extrémistes y enseignent. Un quart des quelque 3000 mosquées ou salles de prière (chiffre officiel) ont créé une école coranique – de quoi accueillir plus de 35000 enfants. Certains professeurs (majoritairement liés au Maghreb ou à l'Égypte) apprennent aux enfants à remettre en cause la laïcité, à questionner la légitimité de l'État, et les encouragent à contribuer à former une contre-société islamiste[2]. Point stratégique,

1. Visant à simplifier et mieux encadrer le régime d'ouverture et de contrôle des établissements privés hors contrat. Voir :
https://www.legifrance.gouv.fr/affichTexte.do?cidTexte=JORFTEXT000036798673&categorieLien=id

2. https://blog.francetvinfo.fr/oeil-20h/2017/01/31/islamisme-radical-ces-ecoles-qui-inquietent-la-republique.html

lorsque l'on prend déjà en compte les problèmes existant dans le service public, en témoigne l'expérience de Bernard Ravet, ancien principal de collège, qui raconte l'endoctrinement d'adolescents par un surveillant du mouvement Tabligh[1]. Notons au passage que certaines assistantes maternelles brisent la neutralité religieuse dans le rapport à la petite enfance : celles qui sont voilées constituent inévitablement l'enjeu d'une polémique. Un enfant ne devrait pas être confronté à des signes religieux ostensibles ne relevant pas d'un choix parental, car il ne dispose pas encore du recul critique lui permettant de les appréhender. Cependant, la situation s'est nettement améliorée sur ce sujet. Depuis la célébrissime affaire Baby-Loup, la jurisprudence a abouti en 2015 à une loi garantissant la neutralité religieuse dans les crèches privées. Ce texte, qui vise à compléter la loi de 2004 sur les signes religieux à l'école, entérine pour finir la décision de la Cour de cassation, qui avait confirmé le licenciement d'une salariée voilée de la crèche privée Baby-Loup, en juin 2014. Une décision tombée au terme d'une saga politico-judiciaire de six ans.

Dans l'enseignement supérieur, l'Association des étudiants musulmans de France[2] a mis en place un maillage territorial très fin et cherche à créer des liens communautaires, tout en gommant le plus possible les références à la religion, comme en témoigne son alliance avec l'UNEF (positionnement en défenseur de la liberté). Dans les universités, certains étudiants musulmans – soutenus par le CCIF – incitent à ouvrir des salles de prière[3] et à porter le voile[4]. La stratégie d'infiltration des mouvements islamistes

1. Bernard Ravet, *Principal de collège ou imam de la république ?*, Kero, 2017.

2. https://blogs.mediapart.fr/mohamed-louizi/blog/310116/les-preuves-du-financement-saoudien-de-l-islamisation-de-l-universite-par-l-uoif-enquete

3. http://www.magcentre.fr/154489-une-lettre-ouverte-alarmiste-sur-les-20-de-la-liste-soutenue-par-lislamisme-politique-a-luniversite-dorleans/

4. http://www.islamophobie.net/2017/09/04/inscription-a-luniversite-port-du-voile-que-dit-la-loi/

s'observe à travers des associations étudiantes. Renovo, qui vise à apporter un soutien aux étudiants méritant issus de la diversité, promeut l'ascenseur social en faisant de la religion un facteur central. Tariq Ramadan[1] et cheikh Abou Omar[2] ont assisté à ses galas en 2013 et 2014 ; Salaam Sciences Po Paris constitue encore un meilleur exemple : l'association relaie massivement des personnalités et structures influentes de la galaxie des Frères musulmans, comme Marwan Muhammad et Havre de Savoir[3], tout en se proclamant ardemment féministe[4]... L'organisation, en avril 2016, du Hijab Day[5], visant officiellement à « démystifier le tissu », interroge sur la vision de la laïcité défendue à Sciences Po.

Dans certaines ONG, l'arbre de l'aide humanitaire cache la forêt de l'islam rigoriste. Les suspicions de participation au financement d'entreprises terroristes ou à l'envoi en Syrie de jeunes djihadistes sont nombreuses. C'est notamment le cas de BarakaCity, ONG islamique française accusée d'être proche du milieu salafiste[6]. Elle a été fondée par Idriss Sihamedi, fondamentaliste religieux qui serait fiché S[7]. En janvier 2016, il a refusé de serrer la main de la ministre de l'Éducation nationale Najat

---

1. https://www.saphirnews.com/Renovo-un-gala-caritatif-pour-la-jeunesse-musulmane_a16119.html

2. https://www.midilibre.fr/2016/03/11/perpignan-la-conference-de-deux-predicateurs-radicaux-fait-polemique,1298376.php

3. https://www.havredesavoir.fr/lislamophobie-en-questions/
https://www.liberation.fr/checknews/2018/06/12/le-rappeur-medine-est-il-ambassadeur-de-l-association-havre de savoir_1658562

4. https://information.tv5monde.com/terriennes/hijab-day-sciences-po-tous-en-voile-103204

5. https://etudiant.lefigaro.fr/les-news/actu/detail/article/hijab-day-a-sciences-po-peu-de-voiles-mais-des-debats-enflammes-20103/

6. https://fr.wikipedia.org/wiki/Barakacity
http://www.leparisien.fr/faits-divers/barakacity-une-association-sous-haute surveillance-29-01-2016-5496577.php

7. http://www.lefigaro.fr/actualite-france/2016/01/26/01016-20160126 ARTFIG00363-barakacity-une-sulfureuse-association-musulmane.php

Vallaud-Belkacem ou de condamner fermement l'État islamique[1]. Une autre ONG, Perle d'espoir, a été suspectée de financer des combattants de la Brigade des faucons du Cham[2] (*Suqour al-Cham*). Elle serait proche du cheikh Bassam Ayachi, un imam franco-syrien condamné en Italie pour terrorisme. La fondatrice de Perle d'espoir, Yasmine Znaidi[3], a d'ailleurs été mise en examen en 2014 pour «financement du terrorisme».

Ce rapide état des lieux étant dressé, on peut aller plus loin et éclaircir davantage les différents pôles d'influence au sein de la galaxie islamiste.

Commençons par le Tabligh. Le mouvement pour la prédication (*Tablīghī djamā'at*), créé en 1927 par Muhammad Ilyas Kandhlawi, se fonde sur une lecture littéraliste du Coran et la nécessité d'imiter le Prophète. Devenu transnational à partir de 1944 en élargissant la *da'wa* (la prédication) au-delà du sous-continent indien, le mouvement a établi son QG européen au Royaume-Uni (Dewsbury) et enseigne un islam simple et rigoriste à des populations fragilisées socialement et économiquement, souvent rurales ou périurbaines. S'appuyant sur la prédication de terrain, la communication du mouvement est comparable à celle des Témoins de Jéhovah. Avec une cinquantaine de lieux de culte en France, le mouvement Tabligh a joué un rôle clé dans la formation d'immigrés musulmans de première génération, devenus imams ou cadres religieux, y compris salafistes ou fréristes. Le Tabligh a connu un fort développement dans les banlieues françaises dans les années 1970, avec la création de

1. https://www.europe1.fr/societe/lenquete-antiterroriste-visant-long-musulmane-barakacity-classee-sans-suite-3876449
2. https://www.lepoint.fr/justice/une-association-humanitaire-francaise-financerait-le-jihad-22-11-2014-1883662_2386.php
3. http://jihadologie.blogs.liberation.fr/2016/10/07/sous-controle-judiciaire-depuis-pres-de-deux-ans-yasmine-znaidi-fui-la-france-pour-rejoindre-gaza

l'association Foi et Pratique en 1972, sous l'impulsion du leader charismatique Muhammad Hammami (expulsé par les autorités françaises en 2012 pour des propos « ouvertement hostiles envers les valeurs de la République[1] »).

L'influence des Tabligh semble décroissante depuis les années 1990, malgré un récent et relatif renouveau. La cohésion du groupe est perçue comme capitale. Le mouvement prospère sur la défiance grandissante des jeunes issus de l'immigration vis-à-vis de l'autorité étatique – laquelle ne réagit pas à son expansion, sans doute parce que le mouvement contribue au maintien de la paix sociale, les jeunes abandonnant la délinquance au profit de l'islam. Foi et Pratique, qui se concentre sur la formation islamique, est aujourd'hui concurrencée par Tabligh wa daw'a ila Allah, davantage porté sur le prosélytisme. Contrairement à ce qu'affiche sa doctrine, l'« organisation » Tabligh peut s'engager pleinement sur le terrain politique – au point, prétend-on, d'utiliser ses filières pour acheminer des candidats moudjahidine vers des camps d'entraînement « commandos » au Pakistan ou en Afghanistan, comme le rapportent les Renseignements généraux dès 1995[2].

Venons-en ensuite à la nébuleuse de l'islam turc. D'après la représentation diplomatique turque en France, plus de 600 000 Turcs ou binationaux résident sur le territoire national. C'est une immigration surtout économique, dénuée de tout lien d'origine coloniale avec la France, qui a donc connu d'assez grandes difficultés à s'intégrer. Cette forte présence est symbolisée par la nomination, le

1. https://www.scienceshumaines.com/le-tabligh-une-multinationale-du-religieux_fr_35326.html

2. « Mouvement à caractère sectaire, le Tabligh, terreau de l'islamisme radical », DCRG, 28 septembre 1995, dans Christophe Deloire et Christophe Dubois, *Les islamistes sont déjà là. Enquête sur une guerre secrète*, Albin Michel, 2004.

1er juillet 2017, du Franco-Turc Ahmet Ogras[1] à la tête du Conseil français du culte musulman (CFCM). La stratégie d'influence islamique turque en France est directement pilotée par le président Erdogan[2], à travers le réseau européen de la Diyanet[3] (la présidence des affaires religieuses, rattachée au cabinet du Premier ministre turc). On peut citer aussi la Confédération islamique Millî Görüş[4] (CIMG), structure européenne dont le QG se trouve en Allemagne, à Cologne. En France, le CIMG est membre statutaire du CFCM et contrôle environ 70 mosquées[5]. Ces deux organisations sont ensuite appuyées par divers proto-partis politiques, comme Égalité et justice[6] (68 candidats aux législatives de 2017, avec un programme islamique radical, enrobé dans un discours de lutte contre l'islamophobie). L'islamisme turc diffère des autres mouvances abordées ici, car il est directement dépendant d'un État, lequel l'utilise comme un moyen de gagner en influence en Europe, *via* les diasporas. Le soutien financier de l'État turc aux imams[7] et à la société civile musulmane se fait en contrepartie d'une instrumentalisation de l'islam, dans le but de servir les intérêts géopolitiques d'Ankara[8].

Troisième pôle d'influence, les Frères musulmans, très actifs en France, ne compteraient qu'un millier de

1. https://www.saphirnews.com/Islam-de-France-Ahmet-Ogras-Laissons-les-musulmans-gerer-et-s-organiser-a-leurs-rythmes_a25625.html
2. https://www.lesoir.be/46589/article/2016-06-21/diyanet-la-nouvelle-marionnette-au-service-derdogan
3. https://fr.wikipedia.org/wiki/Diyanet_İşleri_Başkanlığı
4. https://www.courrierinternational.com/article/1999/05/20/milli-goerues-la-pieuvre-de-l-islamisme-allemand
5. https://www.liberation.fr/france/2016/06/21/ahmet-ogras-tete-de-pont-d-ankara-dans-l-islam-francais_1461027
6. https://fr.wikipedia.org/wiki/Parti_égalité_et_justice
7. https://www.bfmtv.com/societe/ces-300-imams-fonctionnaires-de-pays-etrangers-qui-officient-en-france-1372982.html
8. https://www.senat.fr/rap/r15-757/r15-7571.pdf

« membres » au sein d'un vaste tissu associatif (plusieurs centaines d'associations partout sur le territoire), piloté par l'ex-Union des organisations islamiques de France (UOIF[1]), aujourd'hui appelée Musulmans de France[2]. Leurs valeurs se diffusent au travers de structures[3] telles que les Étudiants musulmans de France ou la Ligue française de la femme musulmane. Pour rappel, le mouvement des Frères musulmans, né en 1928 en Égypte, reste l'organisation islamiste la plus influente dans le monde arabo-musulman. Les Frères défendent un retour à l'islam « originel », et certains de leurs membres les plus éminents ont contribué à la théorisation du djihad contemporain (l'emblématique Sayyid Qutb en tête). Le projet de création d'un califat occupe le cœur de leur doctrine, tout comme la haine de l'Occident et de son histoire coloniale. La stratégie de la confrérie s'articule autour du *Tamkine*[4], le but ultime, la domination de l'islam sur toutes les autres religions[5]. Cela passe par la propagation de l'islam politique, pensée et conduite par des individus choisis pour cette mission, en charge du combat sacré contre les régimes auxquels s'opposent les Frères musulmans. Ces derniers font appel à quatre concepts désormais vulgarisés (décrits dans une note de Fondapol, intitulée *Libérer l'islam de l'islamisme*, datée de janvier 2018 et rédigée par Mohamed Louizi), que l'on peut rapidement passer en revue : « La *Taqiya* est une technique sophistiquée du double discours et de la dissimulation des vraies convictions, des vraies opinions et des vraies intentions. Elle est

1. https://www.lexpress.fr/actualite/societe/religion/la-face-cachee-de-l-uoif_486103.html

2. http://www.lefigaro.fr/vox/societe/2016/02/05/31003-20160205ARTFIG00415-uoif-freres-musulmans-salafisme-le-dessous-des-cartes.php

3. http://www.uoif-online.com/nos-associations/

4. https://blogs.mediapart.fr/mohamed-louizi/blog/070415/la-main-du-tamkine-des-freres-musulmans-en-photos

5. http://www.lefigaro.fr/vox/societe/2016/02/05/31003-20160205ARTFIG00415-uoif-freres-musulmans-salafisme-le-dessous-des-cartes.php

loin d'être la seule technique de communication utilisée par les islamistes. D'autres techniques aussi efficaces peuvent être citées :

– la *Moudarah*, forme de politesse artificielle visant à imposer ses convictions progressivement, par à-coups, et sans les renier ostensiblement ;

– la *Moudahana*, qui est le fait de renier ses convictions, en apparence, pour plaire et gagner la confiance d'un entourage hostile ;

– le *Ta'rid*, qui est le fait d'exprimer une "vérité" en l'habillant d'une étoffe équivoque avec l'espoir que l'interlocuteur comprenne tout le contraire de ce que l'on exprime[1]. »

En France, le mouvement vise d'abord à faciliter la pratique de l'islam en construisant des mosquées ou des établissements scolaires privés. Le projet fériste a été soutenu par la banque Al-Taqwa, accusée de financer l'islamisme international, y compris terroriste, jusqu'au 11 septembre 2001[2]. Il s'inscrit dans une stratégie de long terme, fonctionnant comme une machine à fabriquer « légalement » des Frères musulmans, par la production de savoirs concurrents au mode de pensée occidental. La philosophie occidentale est volontiers présentée comme une « prison » à quatre murs : Darwin, Marx, Durkheim et Freud (cf. Abdellah Ben Mansour, ancien président de la principale structure des Frères musulmans en Europe : la Fédération des organisations islamiques en Europe, ou FOIE). En insistant sur le renforcement d'une dynamique d'appartenance à une communauté imperméable, la Confrérie comble un besoin de sécurité mentale et sociale, indexe toute son idéologie holiste sur l'*Oumma*, conçue de

1. http://www.fondapol.org/wp-content/uploads/2018/01/ISLAM-POLITIQUE-1.pdf

2. https://www.letemps.ch/opinions/lhistoire-secrete-islamistes-occident-16-secrets-daltaqwa-banque-suisse-lislam-radical

manière fort contraignante pour les individus, et poursuit – avec ténacité – l'objectif de devenir la doctrine de référence des Français de confession musulmane (à cet égard, le changement de nom de 2017, qui transforma l'UOIF en « Musulmans de France », apparaît fort symbolique). Aujourd'hui, même s'ils sont concurrencés par la nébuleuse salafiste, les Frères musulmans constituent une force majeure de l'islam politique.

Enfin, *last but not least*, la galaxie salafiste (courant minoritaire de l'islam sunnite) s'affirme chaque jour davantage[1]. « Le nombre de 30 000 à 50 000 croyants acquis en France à ce puritanisme – dont 10 000 à 12 000 particulièrement "virulents" – est avancé par les services de renseignement, sur près de 6 millions de musulmans. Une minorité, mais en croissance : les salafistes étaient évalués à 5 000 en 2004. En 2016, une source antiterroriste dénombrait 120 mosquées et salles de prière sous influence salafiste (hors Paris et petite couronne), sans compter les lieux soumis à des tentatives de déstabilisation[2]. » Les salafistes français sont principalement des hommes jeunes (15-25 ans), avec un nombre de très jeunes (moins de 15 ans) en hausse. Les grandes agglomérations sont les plus touchées et, en leur sein, des individus défavorisés (à l'exception des imams de première génération, très éduqués). Essentiellement issus de l'immigration musulmane (un tiers sont des catholiques ou des protestants convertis), majoritairement issus des classes populaires, certains, plus aisés, font toutefois de l'import-export entre la France et le Moyen-Orient, ou du commerce halal en France.

1. https://www.lejdd.fr/Societe/Religion/islam-des-salafistes-plutot-jeunes-et-convertis-3571304

2. https://www.lepoint.fr/societe/le-salafisme-une-nebuleuse-fondamentaliste-en-croissance-en-france-15-06-2018-2227557_23.php

Sociologiquement et psychologiquement, le mouvement salafiste fonctionne en partie à la manière d'une secte : un regroupement de personnes unies par un idéal (en l'occurrence religieux) en rupture avec les croyances et les valeurs du reste de la société. Ses membres se sentent animés d'une mission liée à la doctrine de l'organisation, qui conteste l'ordre établi, parfois en encourageant la violence. L'hypothèse de Samir Amghar paraît ainsi pertinente : «Le mode de socialisation proposé par le salafisme en Occident est de type sectaire [...]. Il implique "une socialisation en interne, combinée à une mise à distance et une dépréciation du réel". [...] Le salafisme est ainsi porteur d'un ensemble de pratiques et de discours introduisant une rupture entre une sodalité (un regroupement volontaire d'individus) et le reste de la société. Cette rupture est le principe de la constitution d'une organisation qui propose une alternative révolutionnaire à l'ordre social.» Le salafisme peut se définir comme une secte au sens où «c'est un groupe auquel on adhère volontairement, sachant que celui-ci se réserve le droit de refuser des candidats. Les membres doivent ensuite [...] mériter leur appartenance au groupe; celui-ci peut d'ailleurs expulser quiconque transgresse ses règles. Il propose à ses adeptes un modèle de perfection personnelle. Il est majoritairement composé de laïcs et réclame une très grande participation de ses membres. Il exerce sur eux une très forte emprise et les maintient en dehors du monde[1]».

La «secte» exerce une emprise mentale sur ses adeptes – grâce notamment à l'autorité charismatique à sa tête, dans ce cas souvent des imams ou des hommes passant pour des érudits en matière théologique. En somme, la conversion au salafisme se présente comme une construction sociale : «On ne naît pas salafiste, on le devient.»

1. Samir Amghar, *Le Salafisme d'aujourd'hui*, *op. cit.*

C'est là le rôle des recruteurs, qui pilotent une véritable démarche publicitaire (discours, discussions, vidéos, conférences). L'interaction physique directe constitue le point de bascule permettant d'intégrer un individu déjà sensibilisé au sein d'un groupe, qui devient alors sa référence et achève sa conversion. Le sentiment d'appartenance à ce groupe se substitue à tous les autres et entraîne un rejet du reste de la société, et donc un durcissement des positions. En cela, la doctrine salafiste est globale : son idéologie veut tout expliquer et prescrire une norme pour chaque comportement et croyance. Elle prône une rupture totale avec ceux qui ne partagent pas la même vision du monde, en partant d'une approche très manichéenne (eux contre nous). La communauté salafiste forme donc un ensemble «pur» qui doit être coupé du reste du monde. Son attrait repose sur une stratégie identitaire : 90 % des convertis viennent de quartiers dits «difficiles», où les jeunes habitants sont marginalisés et ne se définissent pas comme français. Ils trouvent dans cette idéologie un secours, une béquille psycho-culturelle d'affirmation individuelle, qui leur demande paradoxalement de renoncer à l'individualisme… Depuis quelques années, les jeunes femmes semblent constituer un deuxième cœur de cible des salafistes, ces derniers leur proposant de se forger une nouvelle identité, aux antipodes du «féminisme occidental».

En construction intellectuelle depuis la fin du XIXe siècle en Égypte, le salafisme prône une compréhension rigoriste et littérale du Coran et des hadiths. Il appelle donc les musulmans à vivre l'islam selon les dogmes et coutumes des *salaf*, les ancêtres pieux et compagnons du Prophète ; ainsi qu'à participer à leur *dawa* spécifique selon laquelle tout ce qui n'est pas salafiste n'est pas musulman. Il a commencé à s'implanter en France dans les années 1990, par l'intermédiaire des anciens du Front islamique du salut (FIS) ayant fui l'Algérie (le mouvement était fortement influencé par l'Arabie Saoudite, où sont formés les théologiens salafistes). En France, il est donc constitué par une agrégation de « petits groupes informels ne cherchant pas à se fédérer à l'échelon national[1] ». Comme on l'a déjà précisé, on part du principe que plusieurs tendances coexistent au sein de cette mouvance : les salafistes « quiétistes », les salafistes « politiques » (dont on voit mal en quoi ils diffèrent réellement des partisans de la doctrine fгériste) et le salafisme « révolutionnaire » (djihadiste).

In fine, les salafistes aspirent globalement à ré-islamiser les pays musulmans « contaminés » par des idées occidentales, à réunifier l'*Oumma* dans le cadre d'un califat et à soumettre les sociétés « mécréantes » qui n'ont jamais fait partie du monde musulman. Les banques saoudiennes jouent un rôle important dans la propagation de l'idéologie wahhabite, notamment Dar al-Maal al-Islami (DMI, « la maison de l'argent islamique »), basée à Genève, filiale du Fayçal Islamic Bank Group, fondé par le frère du chef des services de renseignement saoudien, pour financer des actions de prosélytisme islamique dans le monde[2]. L'absence de hiérarchie interne se traduit par une stratégie de croissance locale : l'objectif est de créer des petites communautés de croyants, disséminées sur le territoire français, regroupées autour d'une mosquée ou d'un leader, renforcées par des activités réservées aux salafistes. Le prosélytisme offensif sur Internet et les réseaux sociaux laisse place, dans un second temps, à l'intervention des recruteurs au sein des communautés – avec, en premier lieu, un discours lissé, adapté à la cible pour ne pas l'effrayer. Les salafistes cherchent donc à accroître leur nombre de fidèles

1. Carine Fouteau, « Le salafisme en France : un courant fondamentaliste en quête de normalisation (1/2) », *Mediapart*, 10 octobre 2015.

2. https://www.atlantico.fr/decryptage/1838403/wahhabite-connection-comment-arabie-saoudite-a-destabilise-le-monde-en-exportant-son-islam-radical-depuis-40-ans-david-rigoulet-roze

au maximum, afin d'étendre leur influence «par le bas». Le contrôle des quartiers où l'État est peu présent est assuré par des structures créatrices de lien social, qui bénéficient d'un certain capital sympathie auprès de la population locale. Dans les médias, l'influence de chaînes étrangères se fait ressentir. En parallèle, Internet constitue le moyen de propagande salafiste le plus efficace, bien que difficile à quantifier. Tous les supports du Web sont mis à profit, à commencer par la chaîne YouTube.

Les pays occidentaux sont particulièrement perméables à cette propagande, les communautés musulmanes européennes étant la porte d'entrée que cherchent les islamistes : elles leur permettent d'obtenir peu à peu des concessions de la part de l'État français sur la pratique de la religion dans l'espace public. Pour effacer le caractère discriminatoire de certaines règles qu'ils défendent, les salafistes instrumentalisent les valeurs occidentales en se plaçant dans le rôle de la victime. Ils travestissent des revendications communautaristes en doléances progressistes, multiculturalistes ou antiracistes, et mélangent dans la plus totale confusion la problématique religieuse avec les questions de pauvreté, d'immigration et d'exclusion. Le tout étant couplé à une communication «branchée», particulièrement efficace auprès de jeunes en demande de normes, l'imprégnation salafiste s'accélère.

4

« Les territoires perdus de la République », sur le terrain… et dans les têtes !

La progression du salafisme, c'est la progression de l'islam idéologique et politique. Les avancées de ce dernier, ce sont les reculs de la démocratie libérale. Les « territoires perdus de la République » symbolisent d'abord une défaite face aux salafistes, qui prospèrent sur une délinquance incontrôlée et un processus de ghettoïsation. L'histoire des politiques de sécurité de notre pays, depuis le milieu des années 1980, retrace notre échec à garantir l'unité, l'indivisibilité de la France républicaine, et à faire véritablement appliquer ses lois. La police déprime parce qu'elle est le thermomètre de notre modèle institutionnel, et qu'il révèle une température trop haute… La fièvre monte.

Les gardiens de la loi perdue

À la suite de l'attentat de *Charlie Hebdo* et de l'Hyper Cacher en janvier 2015, la population sut témoigner sa reconnaissance à ses forces de l'ordre. On entendit même Renaud chanter le rassurant refrain « J'ai embrassé un flic »… En 2019, la même unanimité n'est plus de mise, alors qu'il faudrait essayer de vivre leurs vies, même quelques jours ou, à défaut, tenter de la reconstituer mentalement…

Écoutons le journaliste Jean-Marie Godard, ayant enquêté sur l'état d'esprit de la police, s'adressant au Sénat : « Il faut avoir passé du temps auprès des policiers pour mesurer ce qu'est leur quotidien, et les choses inimaginables auxquelles ils sont confrontés, qui explique leur réaction épidermique aux décisions de justice. J'ai vu certaines images qui m'ont donné des cauchemars. Et ils ne peuvent pas même en parler à leurs proches. Un gars qui revient de décrocher un pendu ou qui s'est retrouvé dans une mare de sang au chevet des deux femmes tuées à la gare Saint-Charles à Marseille ne peut pas, quand il rentre chez lui le soir, qu'il embrasse sa femme, sa petite fille, raconter comme tout un chacun sa journée. » Concrètement, cela se traduit par un suicide de policier par semaine en 2017 (51 suicides très exactement sur l'année, et 17 en gendarmerie)...

Ces chiffres considérables permettent de comprendre la profondeur des problèmes rencontrés par les policiers et les gendarmes. De la même manière, il convient d'entendre le désarroi qui s'exprime dans un livre comme celui de Guillaume Lebeau, *Colère de flic*, et dans l'existence de la « Mobilisation des policiers en colère » (présidée par Maggy Biskupski avant qu'elle mette fin à ses jours). Leurs témoignages devant les sénateurs[1] traduisent assez bien l'ampleur de leurs préoccupations. Citons l'un des problèmes les plus saillants : « De nombreuses personnes interpellées sont laissées libres, du fait notamment, dit-on, de la surpopulation carcérale. [...] Une autre question, souvent éludée, tient à cœur à la plupart des fonctionnaires de police : l'ordonnance de 1945 sur les mineurs. J'aimerais bien avoir des statistiques sur l'augmentation du nombre de délits et de crimes commis par des mineurs, car elle doit être très

1. Commission d'enquête du Sénat relative à l'état des forces de sécurité intérieure, 27 juin 2018, président Michel Boutant et rapporteur François Grosdidier.

importante. L'ordonnance de 1945 n'est plus adaptée aux réalités d'aujourd'hui. En tant que policiers de terrain, nous sommes quotidiennement confrontés à des mineurs, qui représentent jusqu'à 70 % des personnes auxquelles nous avons affaire. Ce sont souvent eux qui créent des troubles, brûlent des voitures et pourrissent le quotidien des habitants des secteurs difficiles, avec un total sentiment d'impunité. En tant que policiers de terrain, nous sommes confrontés quotidiennement aux mineurs délinquants, ceux qui rendent insupportable la vie quotidienne des habitants des quartiers.»

Citons encore l'audition de Jean-Marie Godard, auteur de l'ouvrage *Paroles de flics*[1], lequel s'appuie sur des entretiens réalisés au sein de différents services de la police nationale. Il ramasse de façon synthétique les raisons du mal-être des policiers et contribue ainsi à expliquer la vague de protestation qui a submergé les vecteurs d'expression habituels, syndicats en tête. «Parmi les facteurs à l'origine de cette situation, décrit le rapport, vous relevez notamment un manque criant de moyens, le contact permanent avec la violence et avec la mort – question que vous abordez dans un chapitre remarquable –, la difficulté à concilier travail et vie de famille, ou encore l'impression d'un manque de considération, que ce soit de la hiérarchie, de la population ou des médias.» Une phrase de cet ouvrage résume la grande difficulté du métier de policier : «Entre les missions anticriminalité d'origine, les opérations de police-secours, la banalité de la petite délinquance quotidienne, les incivilités, les PV et l'éventualité de se retrouver en quelques minutes au cœur d'un bain de sang, la gymnastique psychologique du flic est permanente[2].»

1. Fayard, 2018.
2. Commission d'enquête du Sénat relative à l'état des forces de sécurité intérieure, *op. cit.*

Quelques-uns des sujets du moment sont parfaitement résumés par l'ancienne secrétaire générale du Syndicat des commissaires de la police nationale, Céline Berthon : « L'attrition des forces de sécurité intérieure touche à une limite si l'on ne fait pas évoluer le schéma d'organisation. On a cherché ces dernières années à faire des économies en travaillant sur la mutualisation, en rognant sur les marges quand elles existaient. La bonne volonté et l'engagement sans faille des effectifs ne pourront pas faire beaucoup mieux dans l'état des dispositifs actuels. Aujourd'hui, les esprits sont prêts à un changement profond, contrairement à ce qui était le cas il y a quelques années. [...] Il existe un problème quant à l'identification des cibles. L'évolution de la situation criminelle à Marseille n'appelle pas les mêmes traitements que ceux appliqués à d'autres territoires. Il faut apprendre à traiter qualitativement la masse, en adaptant notre approche au territoire concerné[1]. »

À quoi sont confrontés quotidiennement les policiers ? Ce qui revient souvent dans les récits de membres de la BAC, ce sont les différends familiaux et les tapages nocturnes. Dans 90 % des interventions, les gens sont saouls ou drogués au cannabis. Le mari frappe sa femme, les voisins appellent, la femme dépose plainte (ou pas), le mari est libéré le lendemain matin, et puis ça recommence.

Le mythe « Scarface »

Mais ce qui commence à corroder sérieusement l'ambiance d'un quartier, ce sont les innombrables vols avec violence. On remarque au passage que les enfants font leur

1. Céline Berthon, citée par Patrice Bergougnoux dans *Sécurité. Ce qu'on vous cache*, Flammarion, 2017.

première «sortie de route» de plus en plus tôt : ils se mettent à briser la loi dès l'âge de 12 ou 13 ans, puis montent petit à petit dans la hiérarchie de la délinquance. D'abord les vols à la roulotte[1] dans les parkings, puis les cambriolages (certains se spécialisent); ils en viennent ensuite aux séquestrations, et ainsi de suite… Ça va *crescendo* pour ceux qui suivent ce chemin lorsque aucun adulte ne les aide.

Quant aux «bandes», c'est le deuxième problème minant un quartier. La communauté de destin «criminel» s'enracine dans le contrôle d'un territoire et le temps passé ensemble, pas dans les origines nationales ou ethniques. La formule «Black, Blanc, Beur» caractérise aussi la délinquance : on vit ensemble, on traîne dans la cité ensemble, puis on finit par faire les «conneries» ensemble, quelle que soit sa couleur de peau… Cette description du terrain mérite d'être remise en perspective avec une définition approfondie : aux États-Unis, une bande est une association d'au moins trois personnes collectivement engagées dans une activité criminelle de prédation; elles partagent en outre un nom ou des symboles d'identification. Elles pratiquent l'intimidation et terrorisent les habitants de «leur» territoire. «Il est rare qu'il y ait un chef formel. Le système est assez souple et peu organisé, la relation humaine y est cardinale : chaque bande dispose d'un noyau dur avec une multitude d'affidés autour. […] Au début des années 1990, en France, elles étaient souvent itinérantes, à l'image de celles qui sévissaient dans le RER francilien. Ces bandes ont peu à peu été mises sous l'éteignoir grâce à l'action de la police, tandis que plusieurs de leurs leaders étaient interpellés dans des affaires de mœurs, les sinistres "tournantes", qui ne sont autres que des viols collectifs. Des bandes plus territorialisées sont ensuite

1. Le vol à la roulotte consiste à dérober des objets dans un véhicule.

apparues, le territoire devenant le critère majeur de l'existence de ces groupes. Leur premier souci est de tenir la police à distance[1]. »

Quelles motivations guident les membres de ces bandes ? Au-delà des difficultés scolaires ou du chômage, il faut bien reconnaître qu'ils participent pleinement de la société de consommation : ils veulent tout, tout de suite... Ils s'embarquent dans la spirale de la violence et de la délinquance, de plus en plus haut, de plus en plus dangereuse... Certains policiers estiment que, dès l'âge de 12-13 ans, la plupart de ces gamins sont déjà perdus. On pourrait sans doute en réhabiliter quelques-uns en les sortant de leur quartier, mais comment résoudre le problème à grande échelle ?

Aussi délirant que cela puisse paraître, ils aspirent à devenir le héros d'un film : *Scarface* ! Tony Montana, le Cubain flamboyant, est leur idole. Rien d'autre finalement, hélas, que la mode du « gangster » véhiculée par la télé et les médias en général. Lorsqu'on y réfléchit un peu, à quoi s'attendre dès lors que l'on a transformé insidieusement un Mesrine en héros romantique ? Certains ados poursuivent leurs études un peu plus loin que les autres, mais la bande garde à leurs yeux un certain prestige. Quand ils rentrent le soir à la maison, ils remettent l'uniforme de la cité et suivent le mouvement. Des affrontements se produisent parfois entre quartiers, entre cités, mais les mêmes individus peuvent aussi bien s'allier en fonction des intérêts du caïd du coin. C'est avec la grille de lecture du « bizness » (surtout pour les stupéfiants) qu'il faut souvent analyser les événements. La délinquance articulée sur la drogue forme un vrai maillage sur les territoires : dans un département,

1. Patrice Bergougnoux, *Sécurité. Ce qu'on vous cache*, *op. cit.*

on trouve souvent un gros fournisseur qui exerce une forme de monopole, sans jamais connaître la crise…

Le plus insupportable consiste à prendre conscience qu'une minorité d'individus se trouve à l'origine de la plupart des différents troubles et qu'elle est parfaitement identifiée. Dans une cité, il y a un «petit noyau» délinquant ou franchement criminel (dit dur) de 10 à 20 personnes. Si on s'en débarrasse un temps en les mettant hors circuit (en prison), une zone spécifique devient rapidement calme. Dans ces fameuses «cités» (un terme piégé avec lequel on a pris l'habitude de désigner pudiquement les zones difficiles), les victimes représentent l'ensemble de la population. Notons d'ailleurs que les quelques «gros» qui tiennent les trafics préfèrent globalement le calme. Cela pour une raison simple : le désordre nuit aux affaires ! Lors des émeutes de 2005, certains endroits n'ont guère connu d'agitation parce que le business y était florissant et qu'il n'était pas question d'en perturber le cours. Ou alors les boss envoient les plus fortes têtes mettre le bazar ailleurs ; à leurs yeux, c'est toujours une occasion à saisir : ça occupe les «keufs» et ça laisse le champ libre pour des activités plus lucratives.

Force doit rester à la loi !

Face à cette situation, on constate un pendant inquiétant, bien décrit par Laurent-Franck Liénard, avocat à la cour d'appel de Paris, spécialisé dans la défense des membres des forces de l'ordre et des victimes d'infractions : «Les policiers ont aujourd'hui perdu leur motivation professionnelle. Leur traitement ne prend nullement en compte leur prise de risque, ne serait-ce qu'au gré d'interpellations légères, sans parler des interpellations violentes. L'atmosphère devient kafkaïenne, et nombre de policiers, soucieux de préserver leur vie ou d'éviter les procédures, demandent leur mutation dans des services non exposés et ne souhaitent plus participer au maintien de l'ordre sur le terrain. Ceux que je reçois et qui sont entrés dans la police avec une vraie motivation ne souhaitent plus se mettre en danger. L'impunité du délinquant est réelle – les vols à main armée n'étant, le plus souvent, réprimés qu'avec deux ans de prison avec sursis – et la réponse pénale est devenue une farce, faute de délivrer de réelles sanctions. Les policiers, en dehors des homicides et des viols qui sont généralement punis de peines conséquentes, ont désormais l'impression de travailler pour rien. Toute question à un prévenu ne peut être posée qu'au terme d'une quinzaine de procédures. Nous sommes arrivés à la limite du système et ne parvenons plus à assurer la sécurité[1]. »

Si l'on ressent bien le malaise des forces de l'ordre, encore faut-il savoir comment s'est progressivement créé ce sentiment de frustration – qui semble un point de non-retour, indiquant désormais une résistance sous extrême tension, dont on évalue mal les conséquences à moyen/long terme. La plupart des travaux parlementaires mettent en avant la difficulté à bâtir une stratégie durable depuis les années 1990. Police de proximité (aujourd'hui rénovée à travers celle du quotidien), politique du chiffre (privilégiant le quantitatif sur le qualitatif), illisibilité de la RGPP (Révision générale des politiques publiques) où l'on hésite entre l'augmentation et la déflation des effectifs… À cela s'ajoute, aux yeux des représentants de l'ordre, un manque de suivi judiciaire et pénal.

Il en dérive clairement l'impression que leurs efforts ne sont pas suivis d'effets, que l'absence de poursuites est trop fréquente, que leur hiérarchie, les politiques et la justice ne

1. Commission d'enquête du Sénat relative à l'état des forces de sécurité intérieure, *op. cit.*

les comprennent et ne les soutiennent pas. Or la symbiose entre ces différents acteurs conditionne le succès de nos stratégies de sécurité. Par ailleurs, le manque de moyens matériels et immobiliers est régulièrement mis en avant. Sans doute l'essentiel ne se situe-t-il pas là, mais la revendication mérite d'être explorée, d'abord pour en comprendre les ressorts et la récurrence, surtout si l'on souhaite nuancer ce constat de relatif dénuement.

Le thème de la formation, en particulier initiale, apparaît lui aussi fréquemment. L'affectation de jeunes policiers dans les zones les plus éruptives et saturées de violence mérite effectivement d'être interrogée. Est-ce là un problème de gestion des ressources humaines ou de préparation préalable ? Sans doute un peu des deux. En tout état de cause, on peut comprendre le désarroi des «nouveaux» lorsqu'ils arrivent sur des terrains compliqués. À cet égard, l'éclairage de l'ancien directeur général de la police nationale Patrice Bergougnoux est intéressant : à ses yeux, le Mouvement des policiers en colère de la fin de 2016 symbolise l'état d'esprit d'une génération, celle des trentenaires ayant moins de dix ans d'ancienneté. «Ils travaillent au sein de la direction de la sécurité publique et font partie de cette génération nouvelle de gardiens de la paix diplômés, entrés très jeunes dans l'institution, immédiatement après leur sortie de l'université.» Dotés d'un bagage universitaire qui ne cadre pas toujours avec les tâches qu'on leur confie, ils éprouvent un malaise dans l'exercice de leur métier. «Surqualifiés, parfois en proie au mal-être, ils ne sont pas forcément disposés à affronter la violence et la misère qui sont le lot quotidien du policier de terrain[1].»

Néanmoins, Jean-Marie Godard installe prioritairement au centre de gravité du débat ce que les policiers nomment la «présomption de culpabilité systématique».

1. Patrice Bergougnoux, *Sécurité. Ce qu'on vous cache*, *op. cit.*

C'est d'abord cela qui mine leur rapport au personnel politique et aux magistrats. On agite trop facilement le spectre des violences policières dès qu'une manifestation dégénère. Les polémiques naissent au moindre incident, et les réseaux sociaux s'enflamment en quelques heures, voire en quelques minutes. C'est l'usage même d'une matraque ou d'une grenade lacrymogène, y compris lorsque cette utilisation n'offense pas le droit, qui semble devenir problématique. Les forces de sécurité intérieure estiment pour finir être entravées dans leur capacité à juguler la violence. Le maintien de l'ordre ne résume pas, cela va de soi, le travail des policiers et des gendarmes, mais cette illustration traduit assez bien ce qui génère en continu l'obsession des hommes et des femmes en bleu : l'idée qu'ils sont attendus au tournant, suspectés *a priori*… Si l'on doit condamner sans faiblesse l'usage illégitime de la force et procéder – dans les cas litigieux – aux enquêtes nécessaires (c'est le rôle de l'Inspection générale de la police nationale), il est clair que la défiance permanente surchauffe les esprits – c'est compréhensible –, corrode les énergies et fatigue la volonté de bien faire, d'accomplir simplement sa mission.

Violences urbaines : généalogie d'un vénéneux sentiment d'insécurité

Pour comprendre en profondeur le *blues* des forces de l'ordre et comment se construit l'influence islamiste au sein même de notre échec sécuritaire, il convient ensuite de ne pas oublier ce qu'a concrètement été la « grande époque » des violences urbaines – stade terminal des incivilités[1].

1. Lucienne Bui Trong, *Violences urbaines. Des vérités qui dérangent*, Bayard, 2000.

Car l'*insécurité*, si l'on cesse les arguties – répétons-le au risque de lasser –, désigne globalement les *incivilités* et les *violences urbaines*, c'est-à-dire *tout ce que le droit ne définit pas ou mal* : ni le code pénal ni l'état 4001 n'identifie une telle notion! Certes, certaines infractions qui peuvent leur être rattachées (en étant codées dans l'état 4001, puis qualifiées par le Parquet) s'avèrent passibles de poursuites judiciaires. Mais beaucoup d'actes ne constituent pas des délits ou des crimes, et relèvent simplement de la contravention (parfois, ils sont même seulement enregistrés dans la main courante informatisée). *Ils passent donc en dessous de la limite radar permettant la prise en compte statistique.* Dès lors, seules les enquêtes de victimation laissent apercevoir la réalité de ces violences, lesquelles ne se concentrent justement pas dans les villes, mais dans les zones périurbaines, en banlieue ou en périphérie des centres-villes. Ajoutons que les quartiers ruraux ou périurbains situés dans les zones de compétence de la gendarmerie (à la «campagne» dirons-nous en caricaturant, afin de ne rien omettre de l'extension du phénomène) apparaissent touchés. «Les violences urbaines ne sont plus l'apanage des seules banlieues. Le terme "urbain" ne permet plus, à lui seul, de qualifier un phénomène qui touche de nombreuses zones aux caractéristiques urbanistiques ou sociodémographiques très différentes. C'est d'ailleurs pourquoi, aujourd'hui, plutôt que de parler de violences urbaines, le terme générique de "violences de type urbaines" est préféré[1].»

La formule de «violences urbaines» s'est répandue durant les années 1990, mais la commissaire Bui Trong rappelle que l'on usait déjà du concept dès 1988, au sein de la Direction régionale des renseignements généraux de Paris. «L'expression était entrée dans le jargon policier pour

1. Alain Bauer et Christophe Soullez, *Violences et insécurité urbaines*, PUF, 2010.

désigner des violences commises ouvertement par des jeunes regroupés en bandes plus ou moins formalisées, plus ou moins organisées. » Elle a elle-même contribué à structurer fortement la notion lorsqu'elle dirigeait (pendant neuf ans) la section Villes et banlieues de la Direction centrale des renseignements généraux (initialement nommée « Violences urbaines », lors de sa création en 1991). Dans un livre capital, elle a rapidement posé quelques contours essentiels du débat : « Contrairement à la délinquance, les actes de violence urbaine ne relèvent pas tous de la justice : nombre d'entre eux sont ce qu'on appelle des incivilités et, parce qu'ils ne sont pas sanctionnés, ils font naître dans le voisinage un sentiment d'insécurité. Autre différence avec la délinquance, la violence urbaine n'apparaît que dans un certain contexte social, démographique et culturel, propre aux quartiers sensibles. Elle appelle de ce fait une vision politique et un traitement à long terme. » C'est précisément pour cette raison que le concept de violence urbaine a suscité autant de résistances idéologiques : certains partis politiques redoutaient que cette notion ne donne une vision trop négative des quartiers sensibles.

Il n'en reste pas moins que ces actes de violence représentent une atteinte grave au contrat social dans des zones où « le sentiment d'insécurité entraîne une fuite des habitants les plus aisés, la ruine du commerce, un dysfonctionnement de toutes les institutions. Tout cela pousse au désespoir la population dite "captive", celle qui n'a pas les moyens pécuniaires de déménager[1] ».

Ignorer le phénomène, cultiver une attitude de déni, c'est aggraver la situation· De l'ancienne DCRG (Direction Centrale des Renseignements généraux) (*via* l'« échelle Bui-Trong », dont nous allons reparler) au système PRÉVU de

1. Lucienne Bui Trong, *Violences urbaines. Des vérités qui dérangent*, *op. cit.*

la DCSP (Direction centrale de la sécurité publique), en passant par les outils SAIVU et INVU, les indicateurs et dispositifs se sont succédé sans donner pleine et entière satisfaction[1]. Qualitativement, on peut néanmoins comprendre clairement ce dont il s'agit et cerner le «concept» et ses formes. La DCSP (Direction centrale de la sécurité publique), épaulée par la DCRG, a classé dans cette catégorie «tout acte violent commis contre des biens, des personnes ou des symboles des institutions par des individus jeunes, agissant ou soupçonnés d'avoir agi en groupes (au moins trois individus), structurés ou de circonstance, avec une volonté de maîtrise d'un territoire. Ces actes de violences peuvent aussi bien être spontanés qu'en réponse à des événements précis, ou être élaborés dans le cadre d'une volonté délibérée de provocation[2]».

Une universitaire, Sophie Body-Gendrot, pose la définition suivante : l'expression de «violence urbaine» caractérise «des actions faiblement organisées de jeunes agissant collectivement contre des biens et des personnes, en général liées aux institutions, sur des territoires disqualifiés ou défavorisés[3]». Pour achever de brosser leur portrait, il est intéressant de prendre en compte la typologie des «violences collectives commises dans le milieu urbain», établie en 2006 par le CAS[4] (Centre d'analyse stratégique). Ce dernier les segmente en quatre catégories : les phénomènes de débordement, les confrontations avec les autorités publiques, les affrontements ethniques (ils concernent davantage les États-Unis que l'Europe) et les conflits entre gangs. Alain Bauer et Christophe Soullez ont proposé une

1. Cf. Alain Bauer et Christophe Soullez, *Violences et insécurité urbaines*, *op. cit.*

2. *Ibid.*

3. *Ibid.*

4. CAS, «Les violences urbaines : une exception française? Enseignements d'une comparaison internationale», Note externe de veille n° 31, 23 octobre 2006.

définition synthétisant ces multiples approches et autorisant une vision panoramique. Ils s'appuient pour cela sur une caractérisation qui appréhende les violences urbaines à travers trois comportements infractionnels majeurs[1] : des violences collectives non crapuleuses, dont l'objectif est d'intimider ou d'agresser des représentants identifiables des services publics ; la destruction de biens publics ou privés afin de susciter de fortes conséquences émotionnelles au sein de la population (le but étant de déstabiliser l'ordre public au sens large) ; des affrontements entre bandes qui reposent sur la « défense » d'un territoire ou visent à protéger un trafic.

Ces préalables posés, la question des chiffres une fois remise en perspective (c'est-à-dire débarrassée de la prétention d'ériger la récitation de statistiques en substitut d'analyse ou de faire de ces dernières un anneau d'or de Gygès[2] de l'insécurité réelle), que reste-t-il de l'insécurité ? Des événements, éminemment concrets... Lesquels ? Les premiers affrontements, en 1979, entre des groupes de jeunes et la police à Vaulx-en-Velin. D'autres confrontations suivent bientôt : la cité des Minguettes, à Vénissieux, en 1981 et 1983 ; Vaulx-en-Velin, une nouvelle fois, en 1990, puis Melun en 1993. En 1994, c'est le tour de Pau et de Lille. Il suffit ensuite d'égrener le reste de la décennie : Nanterre, Le Havre, Laval et Noisy-le-Grand en 1995 ; Charleville-Mézières en 1996 ; Dammarie-les-Lys et Strasbourg en 1997 ; Mantes-la-Jolie en 1998 ; Vauvert en 1999.

Avec les années 2000, une certaine banalité s'installe : en septembre 2000, des échauffourées éclatent dans les cités de La Grande Borne, à Grigny, et aux Tarterêts, à

1. Cf. Alain Bauer et Christophe Soullez, *Violences et insécurité urbaines*, *op. cit.*

2. Cet objet magique de la mythologie grecque conférait l'invisibilité à son porteur.

Corbeil-Essonnes. En juillet 2001, les incidents se multiplient à Metz, puis à Thonon-les-Bains et Vitry-sur-Seine. On se souvient en 2002 de la cinquantaine de voitures incendiées aux Mureaux, de jeunes affrontant la police à Évreux, armés de battes de base-ball à Strasbourg (Hautepierre); c'est encore le même quartier qui anime le début de l'année 2004, suivi de jeunes de l'Essonne à l'automne. Puis viennent les émeutes de 2005. Cette année reste gravée en lettres de feu dans les souvenirs des Français. Les émeutes de novembre[1] donnent le sentiment qu'un climat de guerre civile s'installe dans le pays. Lorsque la porte de la mosquée Bilel est accidentellement percutée par une grenade lacrymogène lancée par un CRS, la tension monte en effet d'un cran et les violences se propagent, s'étendant à de nombreuses banlieues françaises. Il faut noter néanmoins qu'il ne s'est pas produit un embrasement généralisé de tous les quartiers dits sensibles, mais des séquences émeutières successives, sans jamais durer plus de trois ou quatre jours au même endroit. Plusieurs raisons rendent ces événements spécialement traumatisants pour la mémoire collective. Premièrement, l'état d'urgence est déclaré le 8 novembre 2005 alors que le gouvernement n'en avait plus fait usage depuis la guerre d'Algérie. Deuxièmement, la France connaît pour la première fois des troubles d'une telle durée, d'une telle étendue et d'une semblable intensité. Mille quatre cent huit véhicules brûlent au cours de la nuit du 6 au 7 novembre, et 274 communes (dont 125 en Île-de-France) sont concernées par les incidents et les violences. Sur l'ensemble du mois, on enregistre 10600 incendies de véhicules.

1. Qui commencent le 27 octobre à Clichy-sous-Bois, après le décès accidentel et tragique de deux mineurs réfugiés dans un transformateur électrique, pour échapper à un contrôle de police.

Les dégâts s'élèvent à un chiffre compris entre 150 et 160 millions d'euros.

L'année 2006 est marquée par la «prise de contrôle» d'une rame d'un train Corail sur la ligne Nice-Lyon. Une centaine de jeunes agressent des voyageurs parmi les six cents présents, sans omettre de procéder à de multiples dégradations. Toujours en 2006, une bagarre ensanglante Aubervilliers (un conflit entre bandes provoque un décès), tandis qu'un groupe de six personnes séquestre et bat deux adolescents dans un RER du Val-d'Oise, que les passagers d'un train Melun-Paris se font racketter, qu'une quarantaine d'individus assaillent une patrouille de police (à la suite de la mort d'un jeune de Chanteloup-les-Vignes), et que de nombreux débordements violents accompagnent les manifestations anti-CPE. Encore en 2006, ce sont Évry, Nevers, Montpellier, Vaulx-en-Velin, Montfermeil, Grigny, Épinay-sur-Seine, Orléans, Marseille (dans un bus, une étudiante de 26 ans fut gravement brûlée par le jet d'une bouteille d'un liquide inflammable) et Lille qui vivent des scènes d'agressions variées contre les forces de l'ordre. En 2007, Mantes-la-Jolie, Châtel, La Courneuve, Cergy et Chanteloup-les-Vignes font les frais d'affrontements entre des jeunes et la police; des pompiers sont aussi pris à partie. Cette année-là, deux épisodes retiennent particulièrement l'attention. Le premier est la «bataille rangée» de la Gare du Nord, le 27 mars 2007, entre des policiers et deux cents individus, après l'arrestation d'un homme voyageant sans titre de transport. Le second a lieu à Villiers-le-Bel, le 25 novembre : le poste de police est assiégé et incendié après que deux jeunes gens ont perdu la vie en percutant une voiture en patrouille. Des armes à feu permettent aux agresseurs de blesser huit policiers. Romans-sur-Isère et Vitry-le-François signent 2008; Aulnay-sous-Bois, Gagny, Grigny, Firminy, Fréjus et la Seine-et-Marne font l'actualité des violences urbaines de 2009. En 2010, des fonctionnaires de police subissent des violences à Épernay, Béziers, Trappes et Gonesse, tandis que des jeunes jettent de nouveau Béziers et Chanteloup-les-Vignes sous les feux de l'actualité. Sevran clôture l'année *via* l'affrontement de deux bandes rivales dans la cité des Beaudottes. Depuis vingt ans, les violences urbaines dépassent donc un niveau anecdotique dans notre pays…

Toutefois, l'ensemble de ces événements demeure lisible. Il existe réellement une dynamique de la provocation que la maladresse authentique de certaines opérations ou comportements policiers ne peut pas toujours excuser ou même expliquer. Quant aux manifestations très concrètes de ces violences urbaines, il importe de bien en prendre la mesure pour se faire une idée du quotidien de nos concitoyens les plus démunis.

Le travail réalisé par le commissaire Bui Trong autorise cette approche pragmatique. En se référant à l'observation de mille quartiers dits sensibles (pour tenter de prévenir les désordres), elle a construit une échelle[1] comportant huit degrés. Le *premier* rassemble les actions hostiles contre les particuliers : vandalisme encore dénué de connotation anti-institutionnelle, «razzias» chez les commerçants, rodéos et incendies de voitures, délinquance crapuleuse en bande (racket, «dépouille»), rixes variées et règlements de comptes entre bandes. Ce premier degré, qui marque l'entrée de la violence dans un quartier, cible d'abord l'environnement, des voitures en stationnement aux parties communes des immeubles.

Le vandalisme, qui en forme la première et plus visible expression, traduit à l'évidence une manière de «marquer»

1. Cf. Lucienne Bui Trong, *Les Racines de la violence. De l'émeute au communautarisme*, Audibert, 2003, et Alain Bauer et Christophe Soullez, *Violences et insécurité urbaines*, *op. cit.*

l'espace et d'exprimer certains ressentiments. La voiture occupe une place centrale dans cette manifestation élémentaire des comportements déviants. Il arrive souvent que des véhicules soient dérobés en centre-ville, puis utilisés pour des actes de délinquance crapuleuse ou des rodéos nocturnes. Ils finissent généralement brûlés dans le quartier de résidence. Il importe d'ailleurs de distinguer ce phénomène de celui des incendies de voitures appartenant à des habitants du quartier, à l'occasion d'émeutes. À ce stade, on remarque que le feu apparaît comme «l'un des modes d'opération les plus fréquents de ce *premier degré* de violence : feux de poubelles, de conteneurs à ordures, de portes palières, de caves, d'ascenseurs, de voitures[1]...» Certains résidents des cités subissent, à travers ces incendies, de claires représailles pour avoir résisté aux incivilités ou à la délinquance (par un dépôt de plainte, un témoignage ou, simplement, par l'admonestation d'un «jeune»). Toutefois, des voitures flambent régulièrement en guise de vengeance à la suite d'interpellations auxquelles les propriétaires de ces véhicules s'avèrent parfaitement étrangers. Les commerçants touchés par cette première violence ne sont pas davantage impliqués dans le «business» ou le jeu de rôles délinquants/policiers ; ils subissent cependant, parfois quotidiennement, des désordres multiples : vols à l'étalage ou pillages du magasin (doublés de temps à autre de violences contre les clients), et intimidations variées (exhibition d'armes, bousculades ou mise à sac).

On doit ajouter que la délinquance crapuleuse commise en bande à l'encontre des particuliers (qui comprend aussi le racket des écoliers et la «dépouille»), même lorsque des armes à feu font leur apparition, ne revêt pas encore ici de signification anti-institutionnelle. Elle ne symbolise pas une rébellion envers l'autorité, mais un désir basique

1. Lucienne Bui Trong, *Les Racines de la violence*, *op. cit.*

d'appropriation, de participation à une société de consommation dont les petits délinquants se sentent, à tort ou à raison, exclus. Les affrontements entre bandes de quartiers différents doivent également être purgés de toute interprétation sociopolitique. Ces affrontements, qui se déroulent le plus souvent en terrain «neutre» (parvis d'un centre commercial, entrée d'un lycée, d'un stade ou d'une discothèque, fête foraine…), s'inscrivent dans des logiques primaires de contrôle des territoires.

Dans cette catégorie de maîtrise de l'espace, il faut ranger les «attroupements vindicatifs» contre les personnes étrangères au quartier, qui viendraient reprendre un bien dérobé (il peut aussi s'agir d'individus simplement égarés, qui courent alors le risque d'être brutalisés, voire dépouillés). On notera que des phénomènes de solidarisation se déclenchent ou s'exacerbent à ces occasions, lesquels en disent long sur le sentiment d'abandon, de ghettoïsation sévissant sur ces territoires : «Dès que surgit un propriétaire lésé, les responsables du délit ameutent le voisinage. Nul ne se pose alors de question. Le parti pris est immédiat, total, collectif, la solidarité de voisinage l'emportant sur toute autre considération : sans se soucier d'enquête ni de vérité, sans même tenir compte ni de la logique ni de la loi, le groupe tout entier se retourne contre ceux que la clameur désigne comme ennemis[1].»

Avec le *deuxième degré*, on passe aux premières actions anti-institutionnelles, qui vont des provocations collectives contre les vigiles au «vandalisme furtif» contre les écoles, les postes de police, les locaux publics ou les voitures d'enseignants. On y classe aussi les injures verbales et gestuelles contre les adultes du voisinage, les professeurs, les facteurs, les médecins, les infirmières et les porteurs d'uniforme en général (policiers, pompiers, chauffeurs d'autobus…).

1. Lucienne Bui Trong, *Les Racines de la violence*, *op. cit.*

Il s'agit chaque fois de s'en prendre à l'autorité ou à la réussite.

On atteint le *troisième degré* lorsque des agressions physiques ciblent ceux qui portent un uniforme (en excluant pour l'instant les policiers et les gendarmes).

Les « caillassages » de voitures de police en patrouille et les attroupements hostiles aux forces de l'ordre signalent l'entrée dans le *quatrième degré*. Une rupture symbolique est alors franchie puisque l'autorité publique se voit contestée.

Lorsque la situation s'envenime et que les rassemblements hostiles perturbent les interventions policières, on entre dans le *cinquième degré*.

Dans le *sixième degré*, des policiers sont délibérément blessés. « Le commissariat est attaqué, alors que le personnel y est présent, par jets de pierres et de cocktails Molotov. Étape suivante : les jeunes attirent les policiers dans des guets-apens, par des manœuvres concertées (faux appels, incendies volontaires, rodéos), pour se livrer à des "pare-chocages" volontaires ou à des chutes d'objets depuis des points élevés[1]. » Ce type d'événements ambitionne clairement de faire « perdre la face » aux policiers et révèle une très nette contestation des institutions et de l'ordre social qu'elles structurent.

Quant aux deux derniers degrés, ils se caractérisent par une pluralité de faits et une durée insigne. La « mini-émeute » (*septième degré*) est une escalade spectaculaire et brève de la violence (saccage de vitrines et de voitures, incendies, jets de cocktails Molotov). Conduite par un nombre limité de personnes (vingt à trente), « dans un périmètre relativement réduit, elle prend fin dès l'arrivée des renforts policiers. [...] L'émeute proprement dite (*huitième degré*) prend des formes plus graves. Elle rassemble de nombreuses autres personnes, parfois plusieurs dizaines,

1. Lucienne Bui Trong, *Les Racines de la violence*, *op. cit.*

habituellement non impliquées dans la délinquance, qui peuvent se livrer au pillage des magasins. Elle dure et se répète, marquant profondément le quartier et le voisinage» : elle relève de la guérilla urbaine[1].

Des Tuniques Bleues condamnées au pont de singe!

Au regard de ces différents éléments, on peut esquisser l'articulation globale qui se situe au cœur du trouble éprouvé ces dernières années par les policiers de terrain, et qui s'est manifesté brutalement à l'automne 2016. Elle s'appréhende à travers la triple crise explicitée par Alain Bauer, à l'occasion des travaux du Sénat : une crise d'identité, d'utilité et d'efficacité. La première signifie que les membres des forces de l'ordre ne sont plus respectés *a priori*, en regard de leur statut. Toutes les auditions menées par les sénateurs convergent sur ce point. Et le «syndrome Magnanville», aggravé quatre mois plus tard par l'attaque de policiers de Viry-Châtillon, cristallisa de façon traumatique cette première crise déjà ancienne. La deuxième (utilité) se définit comme un déficit de réflexion d'ensemble sur la structuration, le fonctionnement et la stratégie d'action de l'appareil policier. La troisième (efficacité) relève d'un manque de sens, d'un constat d'incohérence (plus ou moins justifié selon les cas) dans la chaîne pénale. Les policiers se plaignent régulièrement du manque de sévérité des magistrats vis-à-vis de délinquants qu'ils remettent à la justice et retrouvent quelques jours plus tard dans la rue. On peut facilement admettre que l'opinion publique et les forces de l'ordre baignent fortement dans l'émotionnel (ce qui est normal), alors que le rôle des juges est de prendre du recul

1. Lucienne Bui Trong, *Les Racines de la violence*, *op. cit.*

et d'appliquer la loi « à froid ». Il n'en reste pas moins, effectivement, que quelque chose dysfonctionne : en témoigne la récidive constatée sur un stock restreint, mais particulièrement remuant, d'habitués des commissariats. La lourdeur des procédures judiciaires n'arrange pas les choses.

Or pour agir dans ce maquis complexe de la criminalité et de la délinquance hélas ordinaire, on envoie sur les terrains les plus durs de jeunes policiers qui découvrent la réalité lors de leur stage de trois mois en commissariat. Seuls des retours d'expérience plus systématiques, réalisés par des opérationnels durant la période de formation initiale, permettraient de rendre moins douloureux et stressant ce premier contact psychologiquement ardu avec le quotidien de l'ordre public dans les quartiers difficiles. Le fossé se révèle encore plus grand lorsque l'on confronte un jeune gardien de la paix issu d'un milieu rural à une banlieue de Lyon, Toulouse, Marseille ou Lille. On imagine bien que cette mécanique inadaptée de gestion des ressources humaines clarifie également quelques dossiers chauds. À Calais, certains policiers ont confié à Jean-Marie Godard que des dérapages peuvent en effet se produire sans qu'il faille chercher obstinément des ordres implicites, des encouragements de la hiérarchie à lancer des lacrymogènes ou à jouer de la matraque. Que se passe-t-il vraiment ? Les forces de l'ordre sont submergées par un phénomène les dépassant totalement et dont l'échelon gouvernemental se décharge sur elles facilement, en évitant de traiter le problème sur le plan politique et le long terme. Vider l'océan avec un dé à coudre, voilà ce que nous faisons désormais dans bon nombre de dossiers majeurs relevant de la sécurité.

Il est déterminant de prendre en considération ce que vivent les jeunes policiers, chaque jour, dans les endroits les plus conflictuels. Les individus auxquels ils se «frottent» en permanence ne cessent d'insulter les «bleus», tout en exigeant ensuite le «respect». Une telle pression au quotidien fragilise forcément et nécessite des phases de tranquillité et de récupération. De surcroît, les hommes et femmes qui appartiennent aux forces de l'ordre se savent suspectés avant même d'agir. Dans le domaine du pire, racontent de policiers, le blog «COP Watch» occupe le haut du classement. Lors d'interventions, certains filment avec des téléphones portables et attendent le «dérapage» pour susciter la polémique. Quand des policiers passent à la télé, y compris des syndicalistes, des gens mal intentionnés font des captures d'écran afin de les diffuser sur le Net tout en faisant des commentaires désobligeants. Depuis Magnanville, on ne peut plus douter que cela peut être un moyen, pour des radicalisés dangereux, d'obtenir un maximum d'informations sur certains policiers, leur domicile, leurs liens familiaux, leur comportement pendant les contrôles de police ou les enquêtes.

S'ajoute une dernière dimension, capitale. Les policiers font face à des délinquants dont ils sont le «public», et qui rêvent de participer à la société du spectacle! Le règne des médias structure aussi ces derniers, peut-être encore plus puissamment que ceux qui ne brisent pas la loi! Ils veulent se montrer, défier l'autorité, polariser l'attention… Et ils sont prêts à franchir beaucoup de limites pour y parvenir. Dans les groupes de jeunes, expliquent les policiers, il existe toujours des «grandes gueules». Quand ils engagent le dialogue, ils tentent de discuter avec celui qui paraît être plus «adulte» que les autres, afin de les calmer, de leur faire entendre qu'ils subiront des sanctions. Mais la volonté de se faire remarquer est souvent plus forte que tous les avertissements. Faire «les beaux», comme disent certains, se révèle essentiel : en somme, ils donnent une représentation…

Faire le show et gagner de l'argent résume parfaitement les motivations d'une partie substantielle de la petite et moyenne délinquance. Loin de vouloir cultiver l'image de marginaux, ils poursuivent avec rage (et sans s'imposer de frontières morales) l'objectif de participer pleinement à la société de consommation… Ce constat amène de nombreux policiers ou gendarmes, familiers des territoires et zones urbaines difficiles, à nuancer les diagnostics sur la radicalisation. Sans remettre en question qu'elle soit préoccupante, ils affirment à juste titre que beaucoup de « radicalisés » continuent en fait à trafiquer ; certes, ils donnent de l'argent pour leur « cause », mais n'abandonnent pas l'idée de « foutre le bordel »… Ils manifestent invariablement un refus de la société et des règles. Peut-être la religion change-t-elle légèrement leur comportement. Les « radicalisés » adoptent une attitude moins immédiatement agressive, mais aussi plus verbeuse : ils remettent en cause idéologiquement le code pénal, déniant à la société laïcisée le droit de les sanctionner. « C'est Dieu qui me jugera » devient leur leitmotiv.

Au bout du compte, les forces de l'ordre souhaitent disposer d'un cap sur le long terme, pouvoir se projeter dans l'avenir, et que les autorités intègrent l'évolution de la société (en positif et en négatif) afin de redéfinir adéquatement les missions de l'appareil policier et gendarmique des années 2020. Pour résumer, acheter des voitures neuves, transformer tous les commissariats hexagonaux et les brigades de gendarmerie en forteresses high-tech ne suffira pas à donner des perspectives rassurantes à ceux qui les occupent, si aucune réflexion stratégique d'envergure ne vient préciser un horizon à atteindre en matière de sécurité (qui soit conforme aux attentes des citoyens, désireux d'habiter une société de confiance, où ne domine pas un sentiment diffus d'insécurité).

Les «territoires perdus de la République» le sont donc d'abord dans nos têtes, parce que nous refusons l'idée même de reconquérir nos zones grises... Dès lors, l'islam politique, idéologique – farouchement hostile à la France et à la république – s'assume et s'impose comme modèle socioculturel et «gouvernance» de substitution. Par voie de conséquence, l'amertume qui s'exprime depuis 2016 dans la police révèle bien sûr davantage qu'un problème de moyens ou d'effectifs. Elle démontre un manque de perspectives, le sentiment d'être abandonné par des institutions qui se sont en premier lieu désengagées des «quartiers difficiles». Elle manifeste encore plus profondément la colère et le désarroi d'une nation (car les policiers parlent aussi pour les citoyens) qui ne tolère plus les hésitations de l'État face à la montée des multiples formes de contestation de l'autorité et des valeurs républicaines, islamisme en tête. La commission d'enquête du Sénat de juin 2018, précédemment évoquée, dit assez bien la difficulté du travail de police, qui reflète une forme d'abdication de nos élites, et pas seulement de nos dirigeants politiques.

La loi relative à la sécurité publique promulguée le 28 février 2017 a encore été l'occasion d'une polémique, certes relativement confidentielle mais réelle, qui s'est polarisée sur de mauvaises questions pour éviter soigneusement les bonnes (mécanique du politiquement correct si française). Sans nul doute, on peut comprendre que le contexte a rendu le débat difficile et passionnel. Après l'affaire d'Aulnay-sous-Bois, l'agression de militaires au Louvre, et alors que quatre individus soupçonnés de préparer un attentat venaient d'être interpellés à Montpellier, il se révélait périlleux de raisonner froidement sur l'usage des armes au sein des forces de sécurité et par des agents privés. Il n'en reste pas moins que l'on a assisté une fois encore aux sempiternels échanges usants, mettant en cause la propension supposée de l'appareil « sécuritaire » à agir brutalement contre tous les auteurs de troubles à l'ordre public.

Quand en finira-t-on avec cette dénonciation permanente de boucs émissaires, qui rapporte beaucoup à certains – politiquement et médiatiquement –, alors qu'elle dissuade de construire honnêtement, avec éthique et efficacité, une stratégie de sécurité publique ?

Les discours sur l'impunité policière frôlent la fourberie lorsque l'on connaît intimement l'appareil de sécurité de l'Hexagone. Policiers et gendarmes bénéficient d'infiniment moins de mansuétude qu'un groupe limité de quelques centaines de hauts fonctionnaires, dont les fautes ou l'incompétence sont rarement sanctionnées (il arrive même que l'on favorise leur avancement ailleurs, pour les empêcher de sévir dans leur poste du moment...). En l'occurrence, quelle possibilité donne cette loi de février 2017 aux membres de l'appareil de sécurité ? De faire usage de leurs armes en cas d'absolue nécessité (c'est-à-dire contre les djihadistes) et de manière strictement proportionnée, dans les situations suivantes : 1°/ Lorsque des atteintes à la vie ou à l'intégrité physique sont portées contre eux ou contre autrui ; 2°/ Lorsque, après deux sommations, ils ne peuvent défendre autrement le terrain qu'ils occupent, les postes ou les personnes qui leur sont confiées ; 3°/ Lorsque, immédiatement après deux sommations adressées à des personnes qui cherchent à échapper à leur garde ou à leurs investigations, ils ne peuvent contraindre ces personnes à s'arrêter que par l'usage de leurs armes et qu'ils ont des raisons réelles et objectives d'estimer probable la perpétration par ces personnes d'atteintes à leur vie ou à leur intégrité physique ou à celles d'autrui ; 4°/ Lorsqu'ils ne peuvent immobiliser les véhicules dont les conducteurs n'obtempèrent pas à l'ordre d'arrêt, autrement que par l'usage de leurs armes, et qu'ils ont des raisons réelles et objectives d'estimer probable la perpétration par ces conducteurs d'atteintes à leur vie ou à leur intégrité physique ou à celles d'autrui; 5°/ Dans le but exclusif d'empêcher la réitération, dans un temps rapproché, d'un ou de plusieurs meurtres ou tentatives de meurtre venant d'être commis, lorsqu'ils ont des raisons réelles et objectives d'estimer que cette réitération est probable.

Y a-t-il ici matière à mettre en danger l'État de droit? Pas dans notre pays, structuré par des institutions et des procédures qui, incontestablement, sont toujours perfectibles, mais permettent néanmoins de ne pas sombrer dans un climat de Far West. En revanche, ne pas clarifier la question de la légitime défense pour les membres des forces de sécurité ne revient pas seulement à ne pas prendre en compte la récente grogne policière. Elle signifierait que la nation n'a pas de considération pour ceux et celles qui la défendent et qu'elle n'a pas compris la nature de ce qu'elle combat.

Le «monopole de la violence physique légitime»

Le salafisme djihadiste, puisque c'est là le cœur du sujet, est un projet totalitaire qui doit être traité sans complaisance. Il va de soi que nous ne devons pas pour autant prendre à la légère les piliers de la démocratie libérale : à savoir la proportionnalité de l'usage de la force, le droit à être jugé pour tout individu qui viole la loi, y compris en commettant des actes abjects, et la considération pour la vie humaine en général. Cependant, le gouvernement a suivi un chemin garantissant une approche rationnelle de cette question; un rapport a été réalisé dans des conditions de rigueur saluées par les spécialistes, et l'étude d'impact fait clairement le point sur l'ensemble des enjeux.

Concernant celui de l'armement des agents de protection rapprochée (APR) ou de prévention et de sécurité (APS), il faudra attendre un premier bilan des obligations imposées en termes de formation pour pouvoir en apprécier pleinement la portée. La question n'a jamais été convenablement problématisée. Nombreux sont les professionnels (notamment ceux qui ont connu un parcours militaire) à disposer des compétences techniques pour porter une arme ; par là il faut entendre qu'ils savent manipuler un pistolet ou une arme longue. La difficulté se situe ailleurs. Ce dont il importe de s'assurer, c'est qu'ils assimilent une culture juridique les conduisant à un véritable savoir-être. Faire preuve de discernement, comprendre le poids moral qu'engendre l'utilisation d'une arme dans un État de droit, ne se confond pas avec l'apprentissage des critères d'engagement du feu dans une zone de guerre, saturée de combattants. Sur le principe, cette mesure va dans le bon sens. Il faut toutefois qu'une telle autorisation soit réservée à des cas exceptionnels, et qu'elle soit enchâssée dans un appareil de contrôle et de formation d'une précision sans faille. De ce point de vue, les marges de progrès sont encore considérables.

Les violences urbaines qui ont éclaté le 31 octobre 2018 dans plusieurs villes (Étampes, Metz, Lyon, Rennes) ont une fois encore démontré que l'insécurité ne constitue pas un fantasme de nos concitoyens. Sans se vautrer dans un catastrophisme ravageur évoquant la chute de Rome ou de la civilisation occidentale, on doit constater froidement que des troubles à l'ordre public dégénèrent facilement. C'est notre habitude de le noter avec fatalisme qui devient finalement préoccupante… En l'occurrence, dans le présent cas, les envies de « casser du flic » lors de la nuit d'Halloween. Cet épisode de violence a-t-il été favorisé par l'appel à une « purge » des policiers, lancé par un internaute de dix-neuf ans sur les réseaux sociaux? Difficile à affirmer. Toutefois, le simple fait que la question se soit posée constitue en soi un sérieux problème. Le jeune homme qui a diffusé ce message s'est présenté au commissariat de police de Grenoble et a été placé en garde à vue. Il exhortait sur la Toile à agir habillé de noir et masqué, en utilisant toutes les armes possibles, en brûlant le mobilier urbain et les voitures, en pillant et volant, et surtout en s'attaquant aux forces de l'ordre au mortier d'artifice et avec des pierres, à défaut d'autre chose... Le message a été relayé par un deuxième individu, qui a également été placé en garde à vue. La bêtise de cet acte pose de multiples questions, mais polarisons-nous plutôt sur ses conséquences. À savoir une vigilance immédiatement renforcée des policiers et des gendarmes, par crainte des effets potentiels d'une telle incitation à la violence. Que révèle cette affaire? La dimension volcanique de la situation sécuritaire de notre pays. Certaines zones du territoire échappent à tout contrôle public, forment des archipels d'incertitude pour l'État et quelques incontrôlables y régnant en petits caïds du quotidien font régulièrement des incursions dans les autres espaces urbains. On s'attend toujours à une «explosion», à un dérapage quelconque provoquant une flambée de brutalité.

À l'occasion de ces événements nocturnes, alors que Christophe Castaner venait d'arriver à Beauvau, on se remémora les déclarations de Gérard Collomb à *Valeurs actuelles*, témoignant de son inquiétude face à la brutalisation des rapports sociaux dans certains quartiers. Ce qui peut légitimement inquiéter les Français, c'est le sentiment que certains politiques – à commencer par un ministre de l'Intérieur, aujourd'hui maire de Lyon – découvrent (ou donnent l'impression de découvrir) ce qui leur crève les yeux depuis plusieurs décennies : le processus d'ensauvagement de l'espace commun. Celui-ci progresse lentement d'année en année. Il ne s'agit pas ici d'entonner une énième fois le chant du déclin (il faut toujours se méfier des déplorations et du «c'était mieux avant» : les générations qui ont connu les deux guerres mondiales riraient sans aucun doute de notre conception du chaos); néanmoins, il semble assez clair que des interrogations fortes se posent légitimement sur la sécurité publique dans l'Hexagone. Nos dirigeants politiques font-ils preuve de malhonnêteté intellectuelle, lorsqu'ils enfoncent de telles portes ouvertes? Pas nécessairement : les ors de la République coupent facilement de la réalité ceux qui n'y prennent pas garde, et que leur entourage rassure régulièrement sur leur génie... Il est hautement probable qu'ils finissent de bonne foi par méconnaître totalement ce qui se passe hors les murs du ministère. À commencer par la situation extrêmement difficile qu'endurent policiers et gendarmes. Premières figures de l'autorité, incarnation de l'État, ces derniers font les frais de cette contestation montante de la légitimité des pouvoirs publics à interdire et sanctionner. Rappelons-nous Max Weber : l'État dispose du monopole de «la violence physique légitime». Mais on lui reconnaît aussi, d'ordinaire, l'autorité au sens antique, c'est-à-dire la capacité à se faire obéir sans usage de la force ni de la négociation. Et c'est cela qui se voit mis en cause de façon chronique.

Dans les exactions des Black Blocs (par exemple le 1er mai 2018 et durant la crise des Gilets jaunes), dans les épisodes violents de la contestation zadiste de Sivens ou de Notre-Dame-des-Landes, dans les débordements désormais attendus du 31 décembre, qui conduisent à l'incendie de centaines de voitures, on sent poindre chaque jour un peu plus un accroissement de la violence sociale, méritant d'être profondément analysé. Or c'est là que se situe la faiblesse de la République : nous constatons cette évolution à intervalles réguliers sans nous donner les moyens de l'analyser de façon déterminante, sans avoir la force de formuler en évitant les circonvolutions des constats dérangeants (par exemple, les incohérences au sein de la chaîne pénale), ni oser proposer des mesures politiques susceptibles de venir à bout d'une inquiétante métamorphose des formes de la petite délinquance et du malaise social. Car le volet sécuritaire ne suffira pas à traiter les causes de cette sauvagerie montante. Nous n'avons pas besoin de boucs émissaires, mais de solutions durables construites par l'intelligence collective (appareil de sécurité, magistrats, société civile, etc.). En attendant, nos forces de police et de gendarmerie vivent un quotidien nerveusement et opérationnellement épuisant. La République ne peut pas tolérer que l'on jette des pavés et de l'acide au visage de ses représentants : au-delà de l'action elle-même, l'atteinte symbolique remet en cause le pacte social et quelques principes élémentaires de l'État de droit et de la démocratie.

Tout cela ne pourra pas durer éternellement. Chacun le sent bien : la contestation que nous avons vécue entre l'automne 2018 et le printemps 2019 met à l'épreuve notre rapport à la tranquillité publique et notre tolérance vis-à-vis de la violence gratuite. Elle questionne également notre rapport à la loi et à tous ceux chargés de la défendre. De ce point de vue, la tentative de certains commentateurs et acteurs du désordre de mettre en parallèle «violences policières» et dérapages de Gilets jaunes, par exemple, ne peut être suivie. Il ne s'agit en aucun cas de prétendre que des actes individuels ne peuvent pas excéder le cadre légal : les forces de police et de gendarmerie sont constituées d'êtres humains, avec leurs forces et leurs limites. Cela étant dit, il convient de noter deux choses. La pression psychologique que subissent aujourd'hui les CRS et les gendarmes mobiles se révèle titanesque. On ne peut que louer leur comportement dans une écrasante majorité de cas.

Deuxièmement, il n'existe pas de doctrine d'État d'encouragement à la violence, à l'escalade et à la sauvagerie. Lorsque des actions inappropriées piétinent la norme, la déontologie et le code pénal, leurs auteurs font l'objet d'enquêtes administratives et – selon le résultat de ces dernières – de poursuites pénales et de condamnations : le fait qu'ils portent un uniforme ne change rien. Il n'existe pas de complaisance systématisée de l'administration régalienne, qui préserverait l'appareil de sécurité et créerait un vaste dispositif d'impunité.

C'est une caractéristique particulière de l'intelligentsia dans notre pays : par principe, il convient de suspecter les gardiens de l'ordre d'être les nervis du pouvoir… Par conséquent, ils ne pourraient être que des brutes épaisses cherchant à cogner. Face à eux ne se trouveraient que des « citoyens momentanément égarés », que la provocation des forces de l'ordre aurait conduits à entrer dans la spirale de la violence… Il faudrait en finir avec ce raisonnement infantile et tolérant vis-à-vis de la sauvagerie d'individus authentiquement dangereux, que le politiquement correct exonère de leur responsabilité. La brutalité gratuite, d'où qu'elle vienne, mérite sans doute d'être décryptée, mais également punie, peu importe la tenue que l'on porte, qu'elle soit un uniforme bleu ou une panoplie de Black Bloc. Cessons de caresser l'idée que la fin justifie les moyens ou que la violence de révoltés faussement romantiques (ou plutôt absurdement présentés comme tels) exige d'être passée sous silence ou absoute aussitôt commise. Ce raisonnement mine l'État de droit. Le respect de l'ordre républicain est un principe indiscutable qui autorise, par ailleurs, une sévère critique du modèle actuel de fonctionnement socio-économique. En revanche, la pratique ritualisée de la dégradation ne peut pas soutenir une argumentation… Elle ne devrait pas davantage être un mode de négociation. On oublie du reste que les policiers et les gendarmes sont eux-mêmes des citoyens. Ils peuvent avoir, à titre personnel, une certaine sympathie pour les vrais Gilets jaunes (ou même partager certains de leurs ressentis et des revendications spécifiques); ils choisissent toutefois de se consacrer au respect de la loi parce que celui-ci fonde la légitimité de tous les désaccords. Ces derniers seront encore plus puissants et audibles s'ils prennent une forme légale et structurée. Il faut absolument inventer les incubateurs du partage d'une culture commune de sécurité entre les citoyens, qu'ils appartiennent à la sphère du privé, du public ou de la société civile. Cela afin de garantir une modération élémentaire vis-à-vis de ses semblables, un respect minimum de l'ordre républicain et – bien sûr – une vigilance particulière sur la nécessité de ne pas détruire les instruments de travail quotidiens de ses compatriotes qui tentent, eux aussi, de faire entendre leur voix, de vivre et d'offrir un avenir à leurs proches et à leurs enfants...

L'introuvable réflexion stratégique

Au bout du compte, où se situe véritablement le problème? Depuis plusieurs décennies, le thème de la sécurité nationale ne fait l'objet d'aucune réflexion de fond, innovante et transdisciplinaire. Qu'est-ce à dire? Que malgré les apparences (empilement des lois, annonces de renforts et d'augmentation de moyens pour les policiers et les gendarmes), on sent bien que notre façon de penser la protection de la nation n'évolue pas. Il est urgent d'en finir avec la faiblesse, non pas des forces de l'ordre, mais de la pyramide administrative et politique, qui craint toujours que l'exécution de l'obligation du maintien de l'ordre public soit assimilée à de l'autoritarisme ou à une pulsion liberticide... Ce qui va de pair avec l'acquiescement au durcissement de la réponse apportée aux agressions de policiers et de gendarmes. Il est en effet injustifiable qu'une voiture de police soit incendiée par des activistes ou des manifestants surexcités, ou qu'une caserne de la gendarmerie soit brûlée par « solidarité » avec des actes pathétiques de « haine anti-flic », qui ne peuvent être tolérés par la République. Actions qui mettent en danger non seulement ceux qui défendent leurs concitoyens, mais aussi leurs familles (rappelons que ces dernières vivent en caserne dans la gendarmerie). Et l'on doit s'opposer à cette pulsion destructrice, quelle que soit l'origine du comportement de horde… On ne peut pas différencier l'appréciation morale de la violence, en fonction de son origine idéologico-politique. Que l'on soit confronté à des agressions de l'extrême gauche (par exemple, de certains zadistes qui vont au « contact » des forces de l'ordre, gendarmes en tête, pour provoquer des affrontements), à des provocations de l'ultradroite (nourrissant des bouffées délirantes susceptibles de provoquer l'irréparable, par exemple l'assassinat d'un Président façon Barjols[1]) ou à des attentats menés par des djihadistes salafistes, on se confronte chaque fois à ce processus inquiétant de radicalisation ; radicalisation de certains esprits et mouvances qu'il faut analyser en profondeur et sanctionner résolument. En revanche, il convient de vraiment comprendre comment ce phénomène se fabrique pas à pas « dans les têtes ».

Oui, la sécurité intérieure souffre d'un déficit de réflexion stratégique… La sclérose bureaucratique nuit à l'orientation du travail des forces de sécurité de notre pays. De ce point de vue, le *Livre blanc sur la défense et la sécurité nationale* de 2013 représente une illustration exceptionnelle de ce qu'il faut éviter de faire : soumission aux routines

1. https://www.liberation.fr/france/2019/01/24/menaces-sur-macron-un-projet-de-barjols_1705147

administratives, règne du politiquement correct et absence de la parole opérationnelle y rayonnent majestueusement… C'est un modèle classique ; cependant, il parvient ici au paroxysme de l'inutilité. Comment ce type de document est-il produit ? Un groupe de travail – strictement sélectionné pour sa «prudence» intellectuelle (en d'autres termes son conformisme), comptant dans ses rangs des personnalités attendues, rarement des novateurs – compile des discours convenus et auditionne des responsables de haut niveau de la sécurité nationale et de la haute administration, cela afin de formaliser un diagnostic consensuel, débouchant sur une batterie de propositions calibrées (celles qui présenteraient un réel intérêt étant rapidement classées «hors sujet» ou vidées de leur meilleure substance). L'exercice, globalement factice, tend même parfois à simplement légitimer les théories initiales des dirigeants politiques en place ou celles des membres du groupe de travail. Il peut aussi arriver que des contributions jugées dérangeantes – après avoir été sollicitées – disparaissent carrément de la synthèse finale… Un changement radical de méthode s'impose : il serait souhaitable de commencer cette formalisation stratégique à partir du terrain, en donnant la priorité à l'expression du besoin par les opérationnels. Cela permettrait alors de construire une véritable et légitime stratégie de sécurité. Elle pourrait ainsi s'attaquer avec réalisme aux sujets clefs du présent et du futur. Ce qui suppose une instance dédiée, sous l'autorité du Président ou du Premier ministre, capable d'observer les réalités opérationnelles, de prendre en compte les attentes et analyses des praticiens et des experts disponibles, et enfin, seulement, de cristalliser une synthèse précise, insensible aux pressions politiques et idéologiques. Le gouvernement disposera alors des outils conceptuels et de l'adhésion nécessaire à la construction d'une réponse adaptée en matière de sécurité intérieure et nationale. L'indépendance s'affirmerait donc comme la première caractéristique de cette structure : son but serait d'être un outil d'évaluation et d'élaboration stratégique au service du chef du gouvernement, afin de proposer un traitement global de l'insécurité et des menaces plurielles qui pèsent sur notre pays. Cet organe aurait pour tâche de proposer une approche intégrée des problèmes de sécurité, ne se cantonnant pas à la construction d'une feuille de route pour les services de police et de gendarmerie. Il s'agirait par conséquent de formaliser des propositions mobilisant des actions dans le domaine de l'Éducation nationale, de l'économie, etc. Enfin, et c'est capital, cette structure devrait faire appel aux compétences du privé et de la société civile : se limiter à rassembler des hauts fonctionnaires et des dirigeants de services de sécurité reviendrait à tuer le sens du projet.

Ce qui compte au plus haut point, c'est d'instaurer une chaîne de sécurité nationale, une coproduction de sécurité dépassant l'administration. C'est ainsi que l'on pourra notamment répondre au terrorisme islamiste : en faisant que chacun participe aux dynamiques d'anticipation et de vigilance, qui seules comprennent et anéantissent la puissance des idéologies de haine, avant qu'il ne soit trop tard. Parce que les djihadistes naissent dans les interstices des lois républicaines, dans les rêves salafistes morbides des quartiers abandonnés aux fossoyeurs des identités avortées.

Du malfrat au soldat d'Allah : la trajectoire radicale

C'est une vieille histoire dans notre pays que renâcler à tirer les évidentes conclusions des constats et des états d'âme de nos forces de sécurité… Voilà plusieurs décennies que l'on refuse de voir que nous accumulons des enclaves dans nos territoires, où se diffuse tranquillement une idéologie antirépublicaine, communautariste et favorisant des comportements et des idées qui fabriquent mécaniquement un sas vers la violence, le passage à l'acte. Nos politiques n'ont jamais voulu prendre la mesure de cette question, parce qu'ils sont effrayés par son poids et ses conséquences politiques, sociales, économiques, etc. Les provocations salafistes, les discours des mouvances radicales islamistes ou des activistes religieux qui poussent à la fragmentation du corps social (notamment en alimentant des polémiques comme celles du voile, de la burka, du burkini, ou en arguant des «offenses» faites à l'islam dans tel ou tel roman ou expression culturelle) jouent pourtant un rôle capital dans la montée d'un climat d'affrontement communautaire, qui favorise directement ou indirectement la violence terroriste. Il ne faut cependant pas opter pour l'option décourageante des «accommodements raisonnables». La vérité est simple : l'abandon de nos quartiers à leurs propres lois, à la délinquance ordinaire, ouvre le chemin à la radicalisation, au fantasme d'une autre histoire, personnelle et collective.

Explorons la notion. Sur son site, le ministère de l'Intérieur définit la radicalisation comme «un changement de comportement qui peut conduire certaines personnes à l'extrémisme et au terrorisme». Le processus lui-même, «parfois difficilement décelable», se traduit «souvent par une rupture rapide du comportement et un changement dans les habitudes de la personne», et «concerne le plus souvent des adolescents et des jeunes adultes en situation d'isolement et/ou de rupture. Il peut également toucher des personnes parfaitement insérées mais vulnérables». Le but du signalement? Prendre en charge «l'individu radicalisé pour éviter qu'un drame se produise, sans oublier d'aider ses proches». Mais comment repérer une dynamique de radicalisation? «Les comportements suivants peuvent être les signes qu'un processus de radicalisation est en marche. Plus ils sont nombreux, plus ils doivent alerter la famille et l'entourage : rupture avec la famille, les anciens amis, éloignement de ses proches; rupture avec l'école, déscolarisation soudaine; nouveaux comportements dans les domaines suivants : alimentaire, vestimentaire, linguistique ou financier; changements de comportements identitaires : propos asociaux, rejet de l'autorité, rejet de la vie en collectivité; repli sur soi; fréquentation de sites Internet et des réseaux sociaux à caractère radical ou extrémiste; pratique de discours antisémite, complotiste... »

Allons au-delà des définitions officielles. Qui sont vraiment les radicalisés[1] ? Des hommes et des femmes dont les frustrations (égotiques ou culturelles) et les échecs trouvent une matrice de sens dans un discours politique sous enveloppe religieuse. Ce qui, auparavant, les dévalorisait à leurs propres yeux ou à ceux du monde devient l'expression d'une élection et d'une forme de pureté. De parias, ils passent au statut de héros de l'islam, de soldats du Prophète. Leur religion, qu'ils envisageaient jusqu'à leur

1. Phénomène par essence complexe, la radicalisation forme un parcours qui se « construit » au croisement de la délinquance, d'une difficulté identitaire, d'une personnalité (éventuellement pathologique), de carences affectives et d'éducation, de la fragilisation du contrôle social informel, de nos tergiversations multiples sur ce qu'est l'intégration (et la haine de soi propagée par une partie de l'intelligentsia, qui met en cause sans relâche l'idée même de nation), etc. Ce qui ne signifie pas sombrer dans la culture de l'excuse, bien au contraire (beaucoup de nos errements viennent du refus du principe de responsabilité). Appréhender la complexité d'un phénomène n'implique nullement de justifier l'attitude de criminels : cela exige en revanche de sur-mobiliser nos cerveaux... Internet ne fait que cristalliser la radicalisation, il ne l'initie pas. La cybersphère est une simple composante d'un processus global de raidissement doctrinal, et un instrument opérationnel et communicationnel : y pullulent la propagation de messages d'apologie du terrorisme, les communautés virtuelles revanchardes, les informations techniques, les éléments de préparation d'attentat par un travail de repérage sur le Web, etc. Ce qui détruit au passage la notion de loup solitaire : même sans faire partie d'un groupe, d'un réseau, un individu radicalisé « baigne » dans un milieu (physique et virtuel) qui prépare son passage à l'acte.

«renaissance» comme un héritage sans grand intérêt, se métamorphose en «religion des opprimés», des «dominés», et les propulse au rang d'avant-garde du royaume de Dieu sur Terre. Les hommes, en particulier, accèdent au privilège d'être considérés, au niveau intermédiaire, comme des «mauvais garçons», puis, finalement, comme des «héros négatifs». En quoi cela consiste-t-il? À tirer gloire du fait d'être craints, haïs et rejetés par ceux qu'ils jalousent et détestent, dont ils estiment avoir été les victimes. Le radicalisé apparaît comme un surhomme héroïque, «pour ceux qui partagent son credo», et comme l'«ennemi public numéro un», pour les autres. «La dimension narcissique s'adjoint à la dimension "rationnelle" par le biais des médias et de sa propre expérience de "héros médiatique" : il sera connu du monde entier, il sera grandi et magnifié par les médias, qui sont pourtant du côté de l'adversaire[1].»

Le radicalisé cumule en quelque sorte tous les avantages, dans la guerre hégélienne pour la reconnaissance : figure du mal absolu ou incarnation du bien suprême, il symbolise un archétype pour tous, un achèvement dans l'horreur ou la vertu. Ce qui termine de le convaincre de son pouvoir, de son prestige et de la dignité (ou de l'exemplarité) d'un parcours chaotique devenu destin, gravé dans les cieux par la main du Tout-Puissant... Protecteur de l'*Oumma*, il se délivre de sa peau d'individu humilié ou victimisé et mute en «surmusulman[2]». Sa violence sera désormais sanctifiée. Il opère ainsi du même coup la réconciliation de ses facettes psychologiques qui pourraient être en conflit. Le «délinquant» métamorphose sa brutalité de «racaille» en droit et, même, devoir du combattant.

1. Farhad Khosrokhavar, *Radicalisation*, Éditions de la Maison des sciences de l'homme, 2014.

2. Fethi Benslama, *Un furieux désir de sacrifice. Le surmusulman*, Éditions du Seuil, 2016.

Légitimant les pires pulsions, il croit dur comme fer qu'elles le porteront au firmament médiatique comme « star négative ». Au bout du compte esclave de la société du spectacle, il rêve bien entendu de célébrité, d'omniprésence cathodique et d'incrustation dans la mémoire collective. Il ambitionne d'atteindre la « distinction » de traumatisme national, lors d'un attentat capturant les écrans.

Aujourd'hui encore, Mohammed Merah demeure le prototype inégalé du radicalisé. Il cumule toutes les carences et coche toutes les cases du « blessé par la vie », choisissant la fuite en avant. Né et malmené dans une famille d'origine algérienne, dont le père avait fait un séjour de cinq ans en prison pour trafic de cannabis, il a subi la violence conjugale avant d'être envoyé en famille d'accueil à six ans, puis dans un foyer (sa mère, devant élever seule cinq enfants, présentait un sérieux déficit du sens de la responsabilité parentale, tout en offrant un « beau » profil d'extrémiste religieuse). Baignant dans une ambiance de radicalisation (le père, la mère, l'oncle, le frère Abdelkader et la sœur Souad) et de petite criminalité (ses deux frères ont eu des ennuis avec la justice pour violence et trafic de stupéfiants), il connaît assez logiquement l'échec scolaire. Il tombe lui-même dans la délinquance, vole, agresse et multiplie les crises de violence contre des membres de son entourage. Avec un palmarès de quatorze condamnations avant sa majorité, il finit par intégrer une bande organisant en 2007 un « home-jacking », à bord d'un 4x4 volé. Celui-ci finit par une poursuite à 180 kilomètres/heure au cours de laquelle il échappe aux forces de l'ordre en percutant un véhicule de gendarmerie (un sous-officier et un réserviste blessés). Lentement mais sûrement, il glisse dans la radicalisation (notons que son frère Abdelkader et sa sœur Souad ont séjourné dans des écoles salafistes au Caire, en 2010), tout en laissant transparaître un inextinguible appétit de violence (qui se soulage, un temps, dans les jeux vidéo consacrant la brutalité) et une fascination maladive pour les médias. Tous les ingrédients se mélangent pour donner naissance au «tueur au scooter», dont le moi s'installe avec délectation dans le rôle du héros négatif. Véritable apologie du chaos destructeur, il met en scène volontairement une «sous-culture de la violence, qui rend "naturelle" la brutalité et caduc le contrat social de non-violence physique vis-à-vis de ses concitoyens. La dimension extatique se renforce narcissiquement par le recours à l'image filmée. Tout au long de ses crimes, Merah porte autour du cou une caméra GoPro ; il destine ses films à l'audience mondiale d'Al Jazeera[1]» (que la chaîne refusera bien sûr de diffuser).

Au bout du compte, ce que l'on identifie facilement dans le chemin de cristallisation de la radicalisation islamiste, c'est une logique de perversion du symbole et de l'imaginaire du guerrier. Dans la pente fatale qui conduit au djihad se mêlent la promotion de soi, la fortification identitaire, l'«héroïsation» (par la couverture médiatique et le regard d'un public spécifique proche ou lointain, réel et virtuel) et la fierté pathologique d'inspirer la peur (se rassurer en se disant que l'on «compte», que ses actes bousculent et marquent le réel). Pour un radicalisé, ce triangle signale le «guerrier sacré», le *moudjahid*.

Cette construction psychologique (la radicalisation) se solidifie au cours des expériences de chacun, *via* des groupes de copains, des associations de nature philanthropique, sur Internet, au cours de voyages à l'étranger (Pakistan, Égypte, Yémen) et en prison. Proximité spatiale, réseaux et propagande digitale se combinent et s'épaulent (l'autoradicalisation expresse sur le Web n'existe quasiment pas). Si certains fréquentent des mosquées salafistes, elles

1. Farhad Khosrokhavar, *Radicalisation*, *op. cit.*

peuvent contribuer à l'échauffement et faciliter une transition vers la violence.

Précisons que la radicalisation précède la violence. Farhad Khosrokhavar définit la première comme le processus «par lequel un individu ou un groupe adopte une forme violente d'action, directement liée à une idéologie extrémiste à contenu politique, social ou religieux qui conteste l'ordre établi sur le plan politique, social ou culturel[1] ». C'est à mon sens source de malentendus : la radicalisation consiste en l'adoption d'une idéologie à visée totalitaire, ici l'islam politique. On peut se radicaliser sans jamais devenir terroriste. Chez certains de ses adeptes, elle conduit en revanche à la violence armée. Ce qui signifie que la radicalisation islamiste entretient un climat psychologique et alimente une conception du religieux favorisant la multiplication des djihadistes. Et donc que le premier danger qu'elle fabrique, c'est l'enfermement idéologique lui-même, c'est-à-dire le refus des lois de la République au profit d'un système idéologique clos, et la légitimation de la violence (y compris par ceux qui ne la pratiquent pas).

Puis vient le salafisme djihadiste, qui aimante les radicalisés français : il constitue une «contre-culture» (cf. Scott Atran[2]), une contestation de l'ordre mondial, qui s'oppose violemment, dans sa philosophie constitutive, à la Déclaration des droits de l'homme. Autant dire que cette revendication de confrontation (d'Al-Qaida, puis de Daech) exerce une puissante influence sur des jeunes en quête de sens, de sacrifice, de solidarité et de fraternité née dans la lutte. En pratique, l'Occident échoue largement à comprendre que la «principale motivation de ceux qui sont prêts à se sacrifier est la notion d'unité dans une cause sacrée. Cela accroît leur sentiment d'avoir été choisis pour

1. Farhad Khosrokhavar, *Radicalisation*, *op. cit.*
2. Scott Atran, *L'État islamique est une révolution*, Actes Sud, 2018.

accomplir de grandes choses et leur volonté d'en découdre. Les valeurs sacrées doivent être combattues par d'autres valeurs sacrées, ou en démantelant les réseaux sociaux par lesquels ces valeurs sont véhiculées[1].» Pour ces jeunes musulmans (*born again*) ou convertis, l'islam salafiste et djihadiste auquel ils croient tire une partie de son aura de sa prétention conquérante. L'islam de leurs parents, estiment-ils, n'a rien à voir avec la vérité du Coran. Rachid Benzine l'explique talentueusement, *via* la fiction, par la bouche de Nour, reprochant à son père ses «idéaux importés», la «vaine quête d'un lâche» : «Tu es à l'image des peuples arabes, courbant la tête, dénonçant les injustices mais préférant la poésie à l'action, tes livres au glaive qui doit faire justice. Tu es complice de ces systèmes qui broient des femmes, des enfants, des hommes, des cultures et notre islam. […] Nous sommes en train de créer la cité idéale où chacun pourra déployer ses ailes dans la soumission à Allah[2].» Ils confondent certes l'amour et l'extermination de la liberté de penser, mais ils s'enferment dans une exaltation qui ne trouve, hélas, aucune réponse dans les sociétés postmodernes, où tout sacré finit par susciter des ricanements.

1. Scott Atran, *L'État islamique est une révolution*, *op. cit.*
2. Rachid Benzine, *Les Nouveaux Penseurs de l'islam*, *op. cit.*

Deuxième partie

La communauté du renseignement : le bouc émissaire de la société du spectacle…

5

Le procès des « services » : une figure imposée après chaque attentat

Chaque attentat ouvre une séquence ennuyeuse, médiocre et fatale : la mise en scène du lynchage des services de renseignement. Le tribunal médiatique voudrait que les « espions » aient failli chaque fois que la violence djihadiste se déchaîne sur le sol national. Le schéma de l'accusation cathodique ne varie quasiment pas d'un attentat à l'autre : l'auteur présumé (*idem* lorsqu'ils sont plusieurs) étant souvent déjà connu des « services », voire fiché S, on pousse des cris d'orfraie en jugeant scandaleux que les agents du renseignement se soient montrés incapables d'anticiper son comportement funeste et de l'empêcher de nuire préventivement… Lors de ces crises d'expression paroxystiques de la société du spectacle en quête de boucs émissaires à lyncher, la DGSI et le SCRT deviennent la cible de nombreux éditorialistes et chroniqueurs des rédactions de presse écrite et des chaînes d'information en continu. Bien sûr, on ne manque pas de mettre en cause rapidement le ministre de l'Intérieur du moment et, si les journalistes sentent le moment propice, ils arrosent au passage le Premier ministre et le président de la République.

L'essentiel consiste à désigner un coupable pour captiver son public en lui offrant une victime à haïr et à dévorer. Défilent alors en rangs serrés tous ceux qui, dans l'opposition à la majorité en place, jugent que le gouvernement ne fait rien, pas assez ou mal. Si l'on peut viser des personnes en particulier, c'est encore mieux! Autant dire que les animateurs ne manquent pas de monde sur les plateaux... Rares sont ceux qui tentent de prendre du recul et d'expliquer que nous sommes victimes d'une logique structurelle d'erreurs de perspective ou de postures vieilles de quarante ans, et non d'une bande d'incompétents circonstanciels, que le camp d'en face a tout intérêt à fragiliser, peu importe le sujet sur lequel il lance ses attaques. Au bout du compte, les commentateurs ne sortent pas grandis de polémiques absurdes, et le débat public continue de s'enfoncer dans les abîmes de la bêtise.

On doit le répéter, au risque de lasser : cessons de faire le procès de nos services de renseignement et de sécurité. « Une dizaine d'attentats en préparation ont été stoppés en 2016, écrivaient Christophe Dubois et Éric Pelletier en 2017. Plus de trois cents personnes, selon Bernard Cazeneuve, le ministre de l'Intérieur, ont été arrêtées. Mais si des attaques sont survenues, c'est bien que le renseignement a failli. Il faut être capable de le reconnaître, non pour stigmatiser les hommes et les femmes engagés dans ce combat, mais pour en tirer les leçons[1]. » Réforme, *big bang* du renseignement, est-ce la conclusion sur laquelle la réflexion doit nécessairement aboutir? Je ne crois pas. Pour la même raison que celle évoquée par les mêmes auteurs. La barbarie djihadiste, le renseignement l'a vue enfler. « Ce moment, les agents des services secrets le redoutaient depuis longtemps. [...] Ils furent les premiers à tirer le signal d'alarme sur ces départs massifs vers la Syrie [...] Les services, pour une fois unis dans leur analyse, ont alerté le gouvernement sur ce que préparait Daech au cœur de son "califat" autoproclamé.

1. *Où sont passés nos espions? Petits et grands secrets du renseignement français*, Albin Michel, 2017.

Sans être entendus par l'Élysée, ou en tout cas trop tard, car les tueurs avaient déjà pris la route de l'Europe[1]… »

Un combat chirurgical et un combat de société

Incontestablement, la question se situe ailleurs. Symbole de ce débat factice, la «fiche S» devient un argument exclusivement polémique. Combien de fois faudra-t-il répéter que des milliers de radicalisés remplissent le FPR et le FSPRT ? Détecter de façon systématique les individus les plus dangereux, capables de passer à l'acte, relève de la mission impossible : repérer des profils, se concentrer sur des signaux particulièrement inquiétants et déjouer les attentats les mieux préparés, oui ; prédire à coup sûr et anticiper tous les passages à l'acte, en partie dictés par l'opportunité et les hasards des parcours personnels, non. En revanche, nous devons d'abord et impérativement cibler les doctrinaires et les recruteurs, admettre que le salafisme le plus intransigeant est le chaudron des métamorphoses criminelles. C'est là que doit porter notre effort. Ce qui exigera que nous fassions face à quarante ans d'erreurs, à la faillite de nos élites politiques et à notre manque de courage collectif. Le combat contre le fanatisme ne se gagne pas uniquement au moyen d'une pertinente stratégie de sécurité nationale, bien qu'absolument nécessaire. Il impose de bâtir un projet diplomatique, une politique sociale, économique et éducative qui donnent des chances d'avenir à tous les enfants de la République.

Parallèlement, notons la difficulté de la mission à remplir (en aucun cas pour trouver des excuses à quiconque, mais afin de savoir vraiment de quoi l'on parle). Nos services de renseignement combattent un ennemi très différent de celui

1. Christophe Dubois et Éric Pelletier, *Où sont passés nos espions*, *op. cit.*

auquel il devait théoriquement faire face. Construits pour affronter l'Union soviétique – un monstre de pouvoir, un titan structuré, une pyramide bureaucratique régnant sur un immense empire surarmé, mécanisé, symbole du monde industriel et de l'ère des masses embrigadées au service du Parti –, ils sont désormais sommés de traquer des réseaux terriblement étendus, des solidarités éparpillées, une idéologie qui inspire, et non un état-major qui commande… Aucun chef djihadiste ne donne des ordres de la façon dont nous pouvons l'imaginer en Occident, y compris Ben Laden en son temps. Dès 2005, Alain Bauer et Xavier Raufer, s'appuyant à raison sur *Les Concepts fondamentaux de la métaphysique* de Martin Heidegger, rappelaient que les djihadistes (modèle biomorphe) fonctionnent comme un organisme vivant, pas comme une machine, une mécanique (modèle technomorphe). Ces deux dernières résultent du travail d'un créateur (ou constructeur), s'animent en suivant les instructions d'un mode d'emploi, nécessitent parfois une réparation exigeant une intervention extérieure. Bref, elles se caractérisent par leur dépendance : hétéronome, elles ne se suffisent pas à elles-mêmes, elles requièrent une régulation dont elles ne sont pas la source. *A contrario*, l'organisme vivant s'oriente lui-même, se rénove, obéit à ses propres lois. Autonome, il se produit lui-même, se régit, s'adapte sans nulle consigne ou assistance externe. Par conséquent, la méthode consistant à chercher les impulsions du sommet, les commandements et les lignes hiérarchiques, atteint rapidement ses limites en matière d'analyse du terrorisme et de construction d'une riposte opérationnelle. La cellule djihadiste (lorsque l'on a encore affaire à une «équipe» au sens strict) se présente donc comme une chose instable, structurellement chaotique. Autoconstituée autour d'un individu-pivot (leader charismatique ou recruteur, à l'image d'Olivier Corel, l'«émir blanc» au cœur de la filière d'Artigat[1], ou de Farid Benyettou, « gourou » de la filière des Buttes-Chaumont), à l'échelle d'un quartier, d'un village, d'une bande de copains, d'une mosquée ou d'un assemblage piochant dans quelques familles, les individus progressivement radicalisés (à l'issue d'un parcours sur lequel nous reviendrons plus tard, souvent fait de frustrations, carences et échecs) forment un groupe de quelques personnes (jamais plus d'une vingtaine) produisant de manière continue une « identité de soutien » (concept dont la paternité revient à l'ethno-psychanalyste Georges Devereux) débouchant sur le djihadisme.

Aucun lavage de cerveau dans cette dynamique, que le réseau fabrique lui-même : le basculement dans la radicalité violente constitue un choix strictement personnel. Ce n'est pas la contrainte exercée par un manipulateur d'esprits qui explique le passage du « côté obscur ». Le « noyau » djihadiste évolue ensuite au gré de sa volonté propre, fait allégeance à l'un ou à l'autre (Al-Qaida ou Daech), et choisit de commettre tel ou tel attentat en fonction d'un événement relayé par les médias ou de l'on ne

1. En Ariège. Dans cette filière, dont les membres ont bénéficié des « cours idéologiques » d'Olivier Corel, on trouve notamment : la famille Merah : Mohammed, Souad et Abdelkader; Sabri Essid, demi-frère par alliance de Mohammed (son père ayant épousé la mère de Mohammed), connu pour son allégeance à Daech; Fabien et Jean-Michel Clain, deux frères « voix du djihad » qui ont revendiqué pour le compte de Daech les attentats du 13 novembre 2015; Thomas Barnouin, qui a intégré la mouvance salafiste toulousaine, en fréquentant une mosquée du quartier de Bellefontaine, où il se lie avec les frères Clain et Sabri Essid. Il part ensuite étudier la théologie wahhabite à l'Université islamique de Médine, en Arabie Saoudite, entre 2003 et 2006. À son retour en France, il s'engage dans le djihad irakien. Arrêté en compagnie de Sabri Essid en décembre 2006 par les autorités syriennes, ils sont incarcérés deux mois, puis expulsés vers la France, le 13 février 2007, où ils sont condamnés en décembre 2009 à cinq ans de prison. Persévérant, Barnouin rejoint Daech en 2014, où il devient un cadre du groupe terroriste. Il est capturé en décembre 2017 par des combattants kurdes en Syrie, en même temps que Thomas Collange.

sait quelle inspiration partagée par l'un des membres de la cellule avec ses camarades. « Vu de loin, cet ensemble est ainsi parfaitement *et par construction* protoplasmique. » De surcroît, ce protoplasme djihadiste mute à chaque instant : « de nouveaux individus s'agrègent au protoplasme, d'autres meurent ou sombrent dans l'"apostasie" ; des cellules naissent, d'autres végètent ou disparaissent[1] ».

Le djihadisme se construit à travers des réseaux. Le terme « nébuleuse » est souvent celui retenu par les spécialistes : les sphères salafistes djihadistes apparaissent, en effet, comme des agrégations d'individus, liés les uns aux autres par des relations interpersonnelles transcendant toute articulation hiérarchique stricte, nationale ou internationale. Ces connexions de personne à personne se structurent en fonction d'une variable unique : l'idéologie, partagée par tous les individus qui forment le réseau de sociabilité en question, proche de l'esprit sectaire. Cette sociabilité prend donc une forme très particulière : la communauté « liquide », souple, se rassemble autour d'un leader religieux – pas forcément un imam acquis au salafisme révolutionnaire –, à qui il revient de fabriquer un consensus, de provoquer l'adhésion autour d'un idéal en rupture totale avec la société dans laquelle elle évolue. Ce processus d'« intégration » de l'individu dans un collectif restreint, permis par l'action des recruteurs, se prête particulièrement à un modèle d'interaction ponctuelle entre des individus au sein d'une nébuleuse aux contours difficiles à tracer[2]. La majorité des convertis à l'islam radical, au

1. Alain Bauer et Xavier Raufer, *L'Énigme Al-Qaida*, Jean-Claude Lattès, 2005.

2. Cette dynamique réticulaire s'observe à la perfection *via* un individu comme Abdelhamid Abaaoud. Parfaitement repéré par la DGSI (il fit l'objet d'une note d'alerte très documentée, soulignant sa dangerosité, adressée au ministre de l'Intérieur fin août 2015) et la DGSE, ce Belgo-Marocain apparaît au cœur d'une constellation de djihadistes : non seulement il passe pour le « commandant opérationnel » de l'opération du 13 novembre 2015 en France

salafisme, l'a été après une rencontre avec un prédicateur convaincant, que ce soit à la mosquée, dans un club de sport, une association, une bande de cage d'escalier ou encore en prison.

L'existence d'un tel type de nébuleuse se constate tout particulièrement lorsque l'on dresse un tableau des liens entre les djihadistes ayant commis des attentats en France. De mars 2012 (tueries de Mohammed Merah à Toulouse et Montauban) aux attaques de Bruxelles de mars 2016, les réseaux à l'origine des attentats composent une seule et même galaxie aux planètes en gravitation élastique – ne constituant donc pas une organisation à la forme et au périmètre clairement identifiables et délimitables. Lorsque l'on explique que les terroristes s'organisent par filière (Artigat/Toulouse, Buttes-Chaumont, Verviers, etc.), cela signifie que des connexions personnelles existent entre certains «soldats» d'Al-Qaida ou Daech, permettant de préparer et d'exécuter des attaques[1]. Ainsi, la famille Merah (Mohammed, Abdelkader et Souad), piliers de la nébuleuse d'Artigat, s'est radicalisée en particulier au contact de leur parent par alliance Sabri Essid (demi-frère par alliance de Mohammed), lui-même influencé par Fabien Clain, préalablement enrôlé par l'«émir blanc», Olivier Corel. Ce même Clain et son frère Jean-Michel se révèlent liés à Abdelhamid Abaaoud, membre de l'équipe des attentats du 13 novembre 2015 à Paris, impliqué dans la cellule de Verviers en Belgique et membre de la structure organisatrice de la terreur, «intérieure et extérieure», de Daech, l'Amniyat. En contact avec Mehdi Nemmouche, Abaaoud

(dont Oussama Atar serait le principal «planificateur»), mais en outre il a inspiré l'attaque du Thalys du 21 août 2015 par Ayoub El-Khazzani, l'attaque manquée par Sid Ahmed Ghlam d'une église de Villejuif en avril 2015, et sans doute a-t-il influencé Mehdi Nemmouche, l'auteur de la tuerie du Musée juif de Bruxelles, le 24 mai 2014.

1. Voir l'éclairante synthèse graphique «La nébuleuse du djihadisme français», signée Caroline Piquet dans *Le Figaro* du 26 novembre 2015.

est indirectement lié à la filière des Buttes-Chaumont, à travers Salim Benghalem (proche de Nemmouche). Ladite filière – qui essaima au profit d'Al-Qaida et de Daech – avait pour « guide idéologique » Farid Benyettou et comptait notamment dans ses rangs ou sa proximité les frères Kouachi (Chérif et Saïd), Amedy Coulibaly, Boubaker El-Hakim (socle de la filière avec Benyettou), Peter Cherif[1], Mohamed El-Ayouni, Thamer Bouchnak, Youssef Zemmouri et Salim Benghalem. La nébuleuse des Buttes-Chaumont, démantelée en 2005 (la plupart de ses membres ont été condamnés en 2008), apparaît pourtant toujours au cœur de l'actualité au moment des attentats de *Charlie Hebdo*, en 2015…

Comment tout cela s'assemble-t-il au Levant avec la stratégie et les objectifs de Daech ? Le supposé « État islamique » (EI) suit globalement l'organisation d'un cartel[2], une institution commerciale de grande ampleur qui n'hésite pas à échanger avec ses prétendus ennemis. Pour preuve, Daech vend du pétrole au régime syrien de Bachar el-Assad : un marché gagnant-gagnant, qui sait ponctuellement faire taire les différends entre deux camps ? Le pétrole de Daech serait également directement acheté par la Russie… En parallèle, l'EI prospère sur le marché noir des antiquités syriennes. Un modèle de cartel, donc, qui permet aujourd'hui au groupe terroriste de survivre après sa défaite territoriale au Levant : le mois de mars 2019 n'a pas signé la fin des territoires de Daech[3]… À ce modèle économique se greffe une forme proto-étatique, issue de la

1. Devenu un cadre d'Al-Qaida dans la péninsule Arabique (AQPA), il a revendiqué l'attentat contre *Charlie Hebdo*.

2. Benoît Faucon et Clément Fayol, *Un cartel nommé Daech*, First Éditions, 2017.

3. https://www.la-croix.com/Monde/Moyen-Orient/Daech-reprend-lampleur-ruines-lIrak-Syrie-2019-09-20-1201048785

volonté de l'EI de rétablir le califat. L'idéologie salafiste djihadiste de Daech est portée par une organisation « souple », une agrégation de groupes qui ont tendance à s'autonomiser. La stratégie détaillée en 2004 par Abu Bakr Naji[1] a été efficace : en déchaînant la violence dans les pays musulmans, les djihadistes sont parvenus à affaiblir considérablement les structures étatiques et à prendre en charge eux-mêmes les populations locales. Cette sortie d'un chaos qu'ils ont eux-mêmes provoqué leur permet d'obtenir le consentement des populations et de recruter. D'où la théorisation d'un djihad « pour tous », qui s'oppose au djihad « élitiste » d'Al-Qaida. Il oblige l'EI à décentraliser davantage, en confiant un certain degré d'autonomie aux diverses tribus sunnites.

En Europe, une fois une feuille de route générale dressée, les dirigeants de Daech font appel aux fameux « djihadistes de troisième génération » (voir les travaux de Gilles Kepel), qui prennent en charge toute l'opération terroriste, de sa planification jusqu'à son exécution – une méthode formalisée en 2005 par Abou Moussab al-Souri, dans son *Appel à la résistance islamique mondiale*. Là où l'organisation de Ben Laden prônait un modèle transnational élitiste, structuré et secret, Daech s'affirme – si l'on peut dire – « moderne, ouvert, enraciné et urbain[2] ». De fait, l'idée même du califat semble superficiellement en phase avec la mondialisation[3].

1. Dans *L'Administration de la sauvagerie : l'étape la plus critique à franchir par l'Oumma*.

2. Olivier Hanne et Thomas Flichy de La Neuville, *L'État islamique. Anatomie du nouveau Califat*, Bernard Giovanangeli Éditeur, 2014.

3. Mathieu Guidère, *Le Retour du Califat*, Gallimard, 2016.

Un système plutôt qu'une organisation

Il apparaît en revanche toujours compliqué d'assigner des rôles précis aux uns et aux autres. « Commanditaire », « commandant opérationnel », « planificateur », « inspirateur », « coordonnateur » : ces catégories sonnent-elles justes à l'oreille ? Démontrent-elles vraiment leur pertinence, d'un point de vue analytique et opérationnel ? Abdelhamid Abaaoud, Belgo-Marocain de Molenbeek[1], nous est vendu tout à la fois ou successivement – selon les jours et les supports, les livres, les conférences, les interviews, les entretiens ou les conversations informelles – par différents journalistes et commentateurs, comme le « commandant opérationnel » des attentats du 13 novembre 2015, un « cadre haut placé » de l'Amniyat (organe de « sécurité » de Daech, parfois abusivement qualifié de « service de renseignement » dans les médias, sorte de « Bureau de la Terreur » de « l'État islamique », destiné à la détection des infiltrations, à la détention et à l'exécution des otages, ainsi qu'à l'organisation et l'encouragement des attentats sur toute la surface du globe), l'« inspirateur » de plusieurs attentats et djihadistes (Ayoub El Khazzani, Sid Ahmed Ghlam[2], Mehdi Nemmouche), ou le « superviseur » de la cellule (démantelée avant de commettre un attentat) de Verviers[3] (je ne suis, bien sûr, pas exhaustif…). Mais on désigne aussi Fabien Clain (membre de Daech), simple exemple parmi d'autres, comme « commanditaire » ou « coordonnateur » des attaques parisiennes – Abaaoud, affirment certains, manquant d'« envergure ». De surcroît, derrière Abdelhamid, on trouverait Oussama Atar, un autre Belgo-Marocain, « haut responsable » de l'Amniyat

1. Quartier bruxellois.
2. Également en contact avec Abdelnasser Benyoucef.
3. On trouve, là encore, Abdelnasser Benyoucef derrière les impliqués.

après avoir appartenu à la mouvance Al-Qaida. Pour ne pas nous égarer, gardons à l'esprit les thèses d'Abou Moussab al-Souri, frère musulman d'origine syrienne ; auteur d'un manuscrit clé du djihadisme salafiste, l'*Appel à la résistance islamique globale* (2005), il appelle à concevoir et pratiquer le djihad sur le modèle du « système » et non de l'« organisation ». Le combat de l'islam radical, écrit-il, passe par la multiplication des petites cellules décentralisées, mobiles et autonomes.

Autant dire que les tentatives de cartographie crimino-idéologico-organisationnelle conduisent rapidement à s'arracher les cheveux. Pour sortir de l'impasse, Matthieu Suc fournit, à mon sens, l'analyse la plus stimulante, intellectuellement cohérente et collant à l'exploration historique et politique du terrain djihadiste, dans son livre *Les Espions de la terreur*[1]. L'ennemi auquel nous faisons face ne correspond pas aux catégories mentales avec lesquelles nous le décryptons habituellement (c'est-à-dire jusqu'à la fin de la guerre froide). Les attentats du 13 novembre 2015 permettent de le vérifier. Tous les rôles et les modèles classiques se trouvent mélangés. Le groupe qui a préparé les actions terroristes de Saint-Denis et de Paris mêlait des dirigeants de Daech et des soutiens, des Syriens, des Irakiens et des Français d'origine maghrébine ayant d'abord vécu en Europe, avant de partir pour le théâtre d'opérations moyen-oriental. Les tâches de chacun restent difficiles à préciser et circonscrire de façon stricte. Le principe de centralisation ne régnant pas en maître, les combattants de Daech pouvaient présenter leur projet d'attentat. Pour les francophones, c'est à Abaaoud que la proposition devait être soumise. Elle était ensuite évaluée avec l'aide de référents en Europe, connaissant bien les territoires concernés.

1. Matthieu Suc, *Les Espions de la terreur. Enquête sur les services secrets de l'État islamique*, HarperCollins, 2018.

« On n'arrivera jamais à établir judiciairement qui fait quoi, écrit Matthieu Suc en rapportant les propos d'un magistrat. C'est une structure mutualisée avec quatre ou cinq vétérans en responsabilité qui se repassent les dossiers d'attentat, en fonction de leurs emplois du temps respectifs[1]. »

En tant que porte-parole de Daech, « ministre des Attentats », chef militaire des « forces spéciales » et de l'Amniyat, le Syrien Abou Mohammed al-Adnani[2] a couvert de son autorité la mission du 13 novembre. En revanche, pour identifier un niveau plus opérationnel, il faut concentrer l'attention sur Oussama Atar (*alias* Ahmed al-Iraki), le Belgo-Marocain chef de l'Amn al-Kharji (la cellule des « opérations extérieures », autrement dit des attaques terroristes) de l'Amniyat, secondé par Boubaker el-Hakim (Franco-Tunisien à l'origine de la filière des Buttes-Chaumont), ainsi que sur Abou al-Bara al-Iraki (l'adjoint d'al-Adnani, commandant des forces spéciales et d'une cellule dédiée à l'assassinat des opposants réfugiés en Turquie), Abou Walid al-Souri (responsable de l'entraînement – près de Raqqa ou Deir ez-Zor – des terroristes sélectionnés), Abou Maryam al-Iraki (en charge du transfert du commando vers la Turquie) et Obeida Walid Dibo (*alias* Abou Mahmoud al-Chami), artificier qui a réalisé les ceintures d'explosifs et a été le seul « haut gradé » de Daech à venir contrôler le « matériel » en Belgique avant le 13.

On pourrait encore citer Foued Mohamed-Aggad – Français d'origine algérienne et marocaine, l'un des trois

1. Matthieu Suc, *Les Espions de la terreur*, *op. cit.*

2. Bras droit d'Abou Bakr al-Baghdadi, « calife » autoproclamé à la tête de Daech, l'« État islamique ». Al-Adnani a d'abord prêté allégeance à Abou Moussab al-Zarqaoui, le chef d'Al-Qaida en Irak (Al-Nosra), avant de rencontrer al-Baghdadi en prison, à Camp Bucca.

auteurs, avec Ismaël Omar Mostefaï et Samy Amimour, de la tuerie du Bataclan –, Salah Gourmat et Sammy Djedou[1].

D'une manière ou d'une autre, nombreux ont été les membres de l'Amniyat à contribuer au drame du Bataclan et des rues parisiennes, à commencer par son chef Abou Lôqman, un Syrien également connu sous le nom d'Ali Moussa al-Shawak et Abou Ayoub al-Ansari, transfuge de la filiale syrienne d'Al-Qaida, Al-Nosra. L'Amniyat[2] aurait été conçu par Haji Bakr, ancien colonel des services secrets de l'armée de l'air irakienne sous Saddam Hussein. Parmi les *Amniyyin* tristement connus, on compte Abdelhamid Abaaoud[3], «manager opérationnel» des attentats du 13 novembre, Maxime Hauchard, le converti normand, ou Mohammed Emwazi, surnommé «Jihadi John[4]», le tristement célèbre bourreau cagoulé de James Foley, Steven Sotloff, David Haines, Alan Henning, Peter Kassig, Kenji Gotō et Haruna Yukawa (il a aussi participé à la décapitation de dix-huit officiers de l'armée syrienne). On y trouve également Najim Laachraoui, Belge d'origine marocaine qui se fit exploser le 22 mars 2016 à Zaventem, l'aéroport de Bruxelles, et Salim Benghalem, Français d'origine algérienne, membre de la filière des Buttes-Chaumont et formé par Al-Qaida dans la péninsule Arabique (AQPA).

Alors, certes, les enseignements tirés des attentats «perpétrés hors du Levant par l'État islamique (EI) ont permis de valider l'existence d'une chaîne décisionnelle structurée, responsable des opérations extérieures de l'organisation terroriste. Les points communs entre les dernières opérations extérieures permettent d'apporter des éclairages sur

1. Le rôle de Charaffe el-Mouadan demeure une question débattue.

2. Ce qui signifie «sécurité» en arabe.

3. Chargé de la formation des futurs terroristes, à Raqqa ou Deir ez-Zor, puis de leur suivi sur le terrain européen, en compagnie de Najim Laachraoui, Jihadi John et Salim Benghalem.

4. Formant, avec trois autres djihadistes, «The Beatles», appelés ainsi en raison de leur accent anglais.

la chaîne décisionnelle de ces attentats : lien de commandite impliquant le haut commandement de l'organisation ; existence d'échelons de supervision opérationnelle ; centralisation de la planification des opérations. La multiplication et la professionnalisation des projets opérationnels de l'État islamique résultent de la consolidation progressive de l'ossature formée par les cadres intermédiaires de l'organisation[1] ». Cependant, ce modèle éphémère ne fonde pas une compréhension pérenne et globale du salafisme djihadiste, autorisant le dépassement de ses expressions temporaires. Les schémas rigides ne fonctionnent pas lorsque l'on essaie de « fixer » une idée, de l'emprisonner dans des formes immuables.

En prenant quelque distance avec la très cinématographique image d'un « Bureau des légendes » djihadiste, on prend vite conscience que la typologie retenue par l'univers du renseignement mérite d'être affinée. Celle-ci distingue les « auteurs projetés » (attaques planifiées depuis la zone de conflit irako-syrienne, conduite par des opérationnels entraînés puis projetés, capables de s'infiltrer *via* les flux migratoires), les « auteurs soutenus » (des attentats commis par des individus présents sur le territoire national, sur l'injonction de commanditaires installés dans le califat fondé par Baghdadi) et les « auteurs inspirés » (attaques peu complexes, faiblement planifiées, menées par des individus radicalisés, parfois des velléitaires, ou des frustrés, empêchés de rejoindre le théâtre d'opérations en Syrie, sélectionnant des cibles par opportunité, souvent dans leur proche environnement). Si cette grille de lecture s'affirme

1. « DGSE – Confidentiel Défense – Le 19 février 2016 – N° 83645 – La chaîne décisionnelle de projection de la menace de l'État islamique », *in* Matthieu Suc, *Les Espions de la terreur*, *op. cit.*

pertinente, utile et pédagogique, elle ne doit pas être absolutisée.

Remarquons principalement que les «acteurs projetés» depuis la zone de conflit ont d'abord été, pour la plupart, des salafistes djihadistes de nationalité française ou belge (majoritairement d'origine maghrébine) qui étaient partis «faire le djihad» contre les Américains, puis Bachar el-Hassad. La substance de la cellule des opérations extérieures (dédiée à «la projection d'opérationnels hors de la zone syro-irakienne» afin de réaliser un maximum de dommages sur le sol européen) a été fournie par des hommes nés en Europe de l'Ouest ou y ayant grandi. Sans eux, elle n'aurait pas pu agir, ni même exister, puisque c'est Abdelnasser Benyoucef, un Algérien – habitant d'Aulnay-sous-Bois jusqu'à l'âge de 23 ans – d'abord délinquant, puis vétéran du djihad afghan et tchétchène, qui en a soufflé le concept à Abou Bakr al-Baghdadi. Devenu un membre éminent de l'État islamique, émir (chef militaire) de la Katiba al-Battar (Brigade de l'épée du Prophète), il visait ainsi à éviter de nouveaux échecs, comme celui de la cellule de Verviers et de Sid Ahmed Ghlam. Les «services secrets» de Daech constituent donc davantage une *task force* d'opportunité, une arme circonstancielle parasitant des réseaux préexistants du djihadisme, cristallisés en Europe du Nord entre les années 1990 et 2000 (par exemple, la filière des Buttes-Chaumont). Exactement ce que les «services» observent : «Au printemps 2015, des renseignements parviennent aux services français, selon lesquels le califat forme des commandos capables de préparer des attentats complexes sur notre territoire en se reposant sur le recyclage des anciens réseaux du djihad mondialisé. La DGSI et la DGSE font remonter à leurs autorités de tutelle des notes soulignant le rôle d'une vingtaine de vétérans français d'Al-Qaida «parvenus à se greffer au terreau djihadiste particulièrement fertile en

Syrie et en Irak» et «exerçant désormais des responsabilités dans la planification d'opérations extérieures[1] ».

Par ailleurs, Daech tentait systématiquement de débusquer une «solution» locale, avant de se lancer dans une opération de projection. «Lors de leurs conversations avec leurs référents en Europe, les *Amniyyin* se renseignent au passage pour voir s'il n'y a pas déjà sur place des volontaires pour commettre des attentats. Et, si les candidats autochtones ont des problèmes de liquidités, le bureau des légendes djihadiste leur envoie de l'argent et même un tutoriel pour apprendre à tromper l'ennemi[2]. »

Il convient de se souvenir que c'est l'idéologie et les personnes physiques qui forment le cœur du courant djihadiste mondial, pas des organisations ou des structures territorialisées et hiérarchisées (l'illustration parfaite est celle du djihadiste français Rachid Kassim, qui a inspiré treize projets d'attentats). Il s'agit d'«inspirer» les actes terroristes, de combiner toutes les options possibles, du «commando» venu de Syrie (mais constitué de Français, Belges, Britanniques, Néerlandais) au multi-carencé instable poignardant à peu près n'importe qui. D'où la déclaration de guerre à l'Occident, du 22 septembre 2014, d'Abou Mohammed al-Adnani : «Si vous pouvez tuer un incroyant américain ou européen – en particulier les méchants et sales Français [...], alors comptez sur Allah et tuez-le de n'importe quelle manière. [...] Frappez sa tête avec une pierre, égorgez-le avec un couteau, écrasez-le avec sa voiture, jetez-le d'un lieu en hauteur, étranglez-le ou empoisonnez-le[3]. »

1. Matthieu Suc, *Les Espions de la terreur*, *op. cit.*
2. *Ibid.*
3. *Ibid.*

Ne pas confondre espions et super-héros !

Nos «agents» font donc face à une problématique complexe, extrêmement difficile à maîtriser, car les malveillances possibles sont infinies. Or aucun commando ou légion de surhommes à superpouvoirs (professeur télépathe, femme invisible, puissance cosmique blonde, génie scientifique en armure rouge, dieu scandinave à marteau, symbole étoilé à bouclier, etc.) ou fabuleuse technologie extraterrestre ne leur facilite la tâche ! Pas de Captain America, Iron Man, Spiderman, Docteur Strange et Sorcière Rouge pour venir en aide à nos espions ! Les patrons de la DGSI et de la DGSE ne s'appellent pas Nick Fury, le patron du SHIELD, ce service secret œuvrant en partenariat avec les méta-humains dans les comics et blockbusters Marvel... De façon générale, nous avons une fâcheuse tendance à superposer les archétypes hollywoodiens aux professionnels plus discrets de l'univers réel du renseignement. Les agents d'élite des services secrets américains ou britanniques que nous fréquentons régulièrement sur grand écran (qui n'a pas plaisir à réentendre le célèbre «My name is Bond» de Sean Connery ?) déteignent excessivement sur notre lecture de la réalité. James Bond n'habite pas à Londres, même si l'on adore *Skyfall* au MI-6... Liam Neeson, *alias* Bryan Mills, l'ancien de la CIA qui récupère sa fille kidnappée à Paris – en ravageant au passage quelques rues de la capitale et en éliminant la moitié de la filiale parisienne de la mafia albanaise – n'existe pas. Après le tournage de *Taken*[1], il n'a pas réintégré Langley[2] ! Les espions ne ressemblent pas davantage à Atomic Blonde, *alias* Lorraine Broughton (jouée par

1. Film de Pierre Morel.

2. Notons d'ailleurs qu'il exécute les survivants du clan à Istanbul, dans *Taken 2*.

Charlize Theron), *a priori* une « épée » du MI-6 (en fait de la CIA) aux méthodes sévèrement musclées, qui décime un groupe entier de la Stasi, à Berlin, à quelques jours de la chute du Mur. Pas la peine non plus d'aller chercher du côté de *Red* (avec Bruce Willis dans le rôle de Frank Moses), *Expendables* (série de blockbusters dans laquelle Sylvester Stallone convoque l'enfance des quadras et quinquas) ou *Hitman* ! Pour revenir à la réalité, mieux vaudrait chercher du côté de *The November Man* (joué par Pierce Brosnan) et – encore mieux – de *Möbius*[1] (dans lequel Jean Dujardin excelle) et du *Bureau des légendes*[2].

Ainsi altérée par l'imaginaire collectif né de la pop culture et des comics américains, notre conscience civique reproche aux agents des directions générales du secret de ne pas être des surhumains dotés de capacités exponentielles à la violence, méprisant les libertés individuelles et semant la mort sur leur passage… Paradoxal, non ? Car on leur demande de satisfaire des injonctions contradictoires : empêcher de nuire des suspects (c'est-à-dire des individus dont on ne peut encore confirmer la culpabilité), au mépris du cadre légal, tout en prouvant qu'ils respectent la loi ! Nous sommes d'accord : c'est idiot…

Dans la réalité, le travail des services de renseignement apparaît à la fois beaucoup plus prosaïque et contrôlé que ne l'imaginent les fans de séries d'espionnage. Ce qui rend leur quotidien moins spectaculaire que ne le tracèrent sur le papier la force de création des fabuleux Ian Fleming ou Stan Lee. La sphère des missions clandestines ne recouvre qu'une infime partie du travail des « agents secrets ». Quant aux activités du service Action de la DGSE, elles n'occupent qu'une part limitée de l'ordinaire de la

1. Film d'Éric Rochant.
2. Série d'Éric Rochant, décidément brillant sur ce thème…

communauté du renseignement. La tâche aujourd'hui la plus stratégique, consommatrice de temps et déterminante d'un point de vue politique, consiste en la collecte d'informations pertinentes, qui doit déboucher sur une analyse à haute valeur ajoutée. Un but particulièrement délicat à atteindre, tant il faut savoir croiser avec subtilité, rationalité et intuition un nombre incalculable de sources, de données et d'approches, qui ne semblent pas toujours aisément compatibles. Les sources ouvertes, publiques, doivent compléter harmonieusement des banques de données fermées, de l'information clandestine ou provenant de sources relativement confidentielles (sans que leur détention soulève forcément un problème juridique), l'écrit vise à confirmer l'oral – ou inversement –, la variété des capteurs sert à autoriser la crédibilisation d'une donnée, les sources humaines validant les sources techniques et *vice versa*, bref, le recueil pose un nombre considérable de problématiques à arbitrer, avant même de pouvoir donner naissance à une note de renseignement proprement dite.

En matière de lutte contre le terrorisme islamiste, la qualité de l'information de terrain s'impose chaque jour davantage comme le facteur critique de succès de la démarche d'anticipation et d'intervention préventive. Et l'on imagine facilement la difficulté d'une filature, d'une planque ou d'une sonorisation d'appartement dans un quartier sensible... Quant à l'obstacle majeur à surmonter, il s'avère quantitatif : le nombre de «cibles» potentielles et d'interconnexions avec d'autres «défavorablement connus» pose un évident problème de moyens. Il faut mobiliser entre 15 et 30 personnes pour surveiller très étroitement un seul individu. On comprend ainsi rapidement le problème lorsque l'on se rappelle que l'estimation du nombre de radicalisés oscille en France entre 12 000 et 20 000 personnes (au printemps 2018). Il va de soi qu'il est totalement impensable de surveiller un tel volume de

« malveillants » potentiels. Par ailleurs, ce ne serait pas souhaitable, à moins de vouloir transformer l'Hexagone en État policier. De ce fait, pour suppléer au déficit d'effectifs et éviter tout dérapage liberticide, mieux vaut miser sur un solide dispositif de sélection des informations et d'interprétation ultra fine, fondée sur des experts « velus ». Ce qui signifie un métissage très intelligemment calibré de compétences académiques (la DGSI et la DGSE recrutent de plus en plus des contractuels de haut niveau, afin de maîtriser des sujets pointus que le personnel traditionnel ne peut pas valablement cerner et gérer) et de professionnels de terrain, notamment des militaires et policiers, rompus à l'opérationnel et disposant d'un maillage d'agents, d'honorables correspondants et de contacts divers et variés.

Ce qui ne cesse en revanche de poser un problème, c'est que tout doit dorénavant se faire vite. Nous avons vécu un sérieux bouleversement au siècle dernier, mettant en cause des données anthropologiques profondes. Ce basculement est celui de notre inscription dans le temps : nous ne connaissons plus, désormais, que l'univers de l'urgence, c'est-à-dire du présent perpétuel, où passé et futur s'effacent pour ne laisser subsister qu'une vague sensation de l'avant et de l'après. Or un tel contexte se prête mal à la réflexion stratégique. Le piège est de considérer que, parce que le monde va vite, les mécanismes de la pensée analytique et synthétique doivent se régler sur le même rythme chaque jour accéléré. Or, s'il faut effectivement tout mettre en œuvre pour faire progresser nos moyens automatisés de traitement de l'information (dans le but de gagner du temps), on ne peut contraindre le cerveau à suivre les logiques de la mode et du zapping comme posture mentale. Produire de la connaissance – c'est-à-dire comprendre, interpréter le monde pour ensuite se montrer capable d'agir sur les situations et d'influencer les acteurs – nécessite des périodes d'isolement et de «rumination». Or s'arrêter pour penser devient ardu... En particulier dans le domaine de la sécurité, où le terrain exige des réponses quasi instantanées. Notons d'ailleurs que le Net et l'intelligence artificielle ne peuvent répondre aux questions que nous n'arrivons pas à formuler correctement.

Tout le monde a pu toucher du doigt les pièges d'une modeste démarche de veille, très bien appréhendés par Caroline Sauvajol-Rialland, professeure à Sciences Po : «Ainsi, chaque internaute a expérimenté au moins une fois le *wilfing* [...]. Vocable composé en fait depuis la question "*What was I looking for?*", il désigne un "surf" qui se transforme en une série de sites visités sans ordre précis ni raison valable. Ou encore l'art de se perdre sur Internet... [...] Son pendant est la "sérendipité", définie par le fait de réaliser une découverte heureuse et inattendue, fortuite, grâce au hasard et à l'intelligence, au cours d'une recherche initialement dirigée vers un objet différent de la découverte[1].» On imagine ainsi la difficulté pour suivre en temps réel l'évolution des menaces, dont l'étude conditionne la pertinence des réponses.

Une autre difficulté, que je constate depuis des années, apparaît bien réelle : l'obstacle au dialogue et au métissage des expertises. L'univers du renseignement – et de la sécurité dans son ensemble – n'échange pas suffisamment avec la galaxie intellectuelle, universitaire, académique, au sens large. Le même constat vaut si l'on évoque la communication avec les entreprises. Au sein même de l'administration, bâtir des passerelles se révèle souvent compliqué. La responsabilité de ce fonctionnement insulaire n'en revient pas exclusivement aux «services». Un corporatisme bien français isole fréquemment les métiers les uns des autres et rend chacun méfiant. La cause ? Sans doute une croyance bien

1. *Comprendre et maîtriser la déferlante d'informations*, Vuibert, 2013.

enracinée dans l'Hexagone, posant l'équivalence entre la détention de l'information et le pouvoir. Le cloisonnement excessif est une maladie nationale. En venir à bout constitue un sacerdoce de chaque instant, pour de nombreux fonctionnaires ou cadres du privé.

En tout état de cause, les « services » ont d'abord vocation à rendre intelligibles des éléments d'information fragmentaires, et ce dans un cadre légal désormais beaucoup plus lisible qu'au XXe siècle. Prétendre qu'ils peuvent faire tout et n'importe quoi n'est justement pas sérieux…

Depuis la loi du 24 juillet 2015, un livre VIII au sein du code de la sécurité intérieure est intitulé « Du renseignement ». L'article L. 811-2 définit les missions des services de renseignement. Ils ont pour vocation d'effectuer « la recherche, la collecte, l'exploitation et la mise à disposition du gouvernement des renseignements relatifs aux enjeux géopolitiques et stratégiques ainsi qu'aux menaces et aux risques susceptibles d'affecter la vie de la Nation […] Ils contribuent à la connaissance et à l'anticipation de ces enjeux ainsi qu'à la prévention et à l'entrave de ces risques et menaces. » Le texte énumère sept enjeux autorisant les services de renseignement à mettre en œuvre des techniques d'enquête : la sécurité nationale, les intérêts essentiels de la politique étrangère et l'exécution des engagements européens et internationaux de la France, les intérêts économiques et scientifiques essentiels de la France, la prévention du terrorisme, la prévention de la reconstitution ou du maintien de groupement dissous, la prévention de la criminalité et de la délinquance organisées, et la prévention des violences collectives de nature à porter gravement atteinte à la paix publique. Le concept de « sécurité nationale » comprend « l'indépendance nationale, l'intégrité du territoire et la défense nationale, ainsi que la prévention de toute forme d'ingérence étrangère et des atteintes à la forme républicaine et à la stabilité des institutions[1] ».

Depuis plusieurs années, la France dispose donc de tous les instruments juridiques pour évoquer de façon transparente sa politique de renseignement, tout en gardant bien sûr le secret – légitimement – sur ce qui exige le silence…

Surveiller n'est pas juger

Comprendre comment travaille la « communauté du renseignement » revient à disperser quelques mythes, qui ont la vie extrêmement dure dans le domaine de la lutte contre le terrorisme.

Le premier ? Les fiches S (pour « Sûreté de l'État ») ! Ces dernières ne constituent pas un fichier de police à part entière, mais l'une des 21 catégories du fichier des personnes recherchées (FPR). Ayant pour finalité de faciliter les contrôles des policiers et gendarmes, grâce à une synthèse de données personnelles (état civil et signalement, motif de recherche, conduite à tenir), l'inscription au FPR fait suite à une décision judiciaire, administrative ou fiscale, ou répond à un impératif relatif à l'ordre public. En janvier 2019, le FPR contenait environ 642 000 fiches actives, pour 580 000 personnes inscrites au fichier – une même personne pouvant faire l'objet de plusieurs fiches[2]. En son sein, on compte à la même date 30 707 fiches S pour 29 973 personnes « fichées S ». En dehors de la « sûreté de l'État », le FPR comporte vingt autres catégories très diverses : IT pour interdiction de territoire, M pour

1. Cf. Christophe Soullez, *Le Renseignement. Histoire, méthodes et organisation des services secrets*, Eyrolles, 2017.

2. Cf. https://www.cnil.fr/fr/fpr-fichier-des-personnes-recherchees

mineurs fugueurs, TE pour opposition à l'entrée sur le territoire, etc.

Il existe 11 catégories de fiches S (de S1 à S16), qui correspondent à des profils et des conduites à tenir pour les forces de l'ordre qui contrôleraient l'individu «fiché S» – et non à un niveau de dangerosité. La fiche S14 correspond, par exemple, aux djihadistes de retour de Syrie ou d'Irak. Quatre services peuvent créer ce type de fiches : la Direction générale de la sécurité intérieure (DGSI), le Service central du renseignement territorial (SCRT), la Direction du renseignement de la préfecture de police de Paris (DRPP) et la Direction générale de la gendarmerie nationale (DGGN). Plus de 70 % du total de ces fiches ont été émises par la DGSI. Celles-ci répondaient initialement au besoin de contrôler les déplacements des diplomates, raconte Louis Caprioli, ancien sous-directeur de la DST en charge de la lutte antiterroriste[1], avant de s'étendre à tout individu susceptible de porter atteinte à la sécurité nationale ou entretenant des relations directes avec une telle personne. La loi les définit comme des individus «faisant l'objet de recherches pour prévenir des menaces graves pour la sécurité publique ou la sûreté de l'État, dès lors que des informations ou des indices réels ont été recueillis à leur égard[2]». Ainsi, les fiches de cette sous-catégorie du FPR rassemblent des profils très divers : djihadistes, mais aussi militants d'ultragauche, zadistes violents, hooligans, etc. Concrètement, il s'agit d'une fiche de signalement : son édition n'exige pas un recueil d'informations circonstanciées et le document ne comporte aucune indication sur l'éventuelle surveillance opérationnelle de l'individu concerné. Par ailleurs, ces fiches sont mises à jour tous les

1. Clémentine Maligorne, «Qu'est-ce qu'une fiche S», *Le Figaro*, 26 juin 2015.

2. Décret n° 2010-569 du 28 mai 2010, art. 2, III, 8°.

deux ans; le document est détruit lorsqu'il se révèle non pertinent de cibler cette personne. Enfin, le droit d'accès ou de rectification des informations présentes sur les fiches S est régi par la Commission nationale de l'informatique et des libertés (CNIL), preuve de leur caractère nécessairement confidentiel.

Un tel fonctionnement révèle une réalité très éloignée des fantasmes apparus dans les débats, à la suite des attentats de l'année 2015. La fiche S n'est en aucun cas une preuve de culpabilité; elle n'a pas de valeur juridique et ne permet donc pas aux forces de l'ordre d'arrêter ou d'expulser une personne. Ce n'est pas la lettre de cachet de l'Ancien Régime, permettant l'incarcération sans jugement! Elle n'est qu'un outil qui facilite la centralisation d'informations permettant éventuellement de constater l'existence d'une infraction pénale et de déboucher sur une enquête. La fiche S sert principalement à retracer les déplacements d'un individu potentiellement dangereux. Là aussi, les confusions vont bon train : les mouvements de la personne fichée ne sont pas surveillés constamment. C'est seulement à l'occasion d'un contrôle (par exemple à la frontière, l'intérêt principal étant d'être informé des entrées et sorties du territoire) que l'agent des forces de l'ordre constate la présence de l'individu sur la base de données du FPR[1]. Il est alors tenu d'obtenir un maximum de renseignements (sans alerter la personne concernée et en respectant la conduite à tenir spécifiée), puis d'informer le service qui a produit la fiche S. Ce fonctionnement est valable dans l'ensemble de l'espace Schengen, grâce à l'interconnexion entre le FPR et le Système d'information Schengen (SIS). La surveillance physique ou les systèmes d'écoute ne sont donc pas systématiques. La finalité consiste à faciliter

1. http://www.stop-djihadisme.gouv.fr/lutte-contre-terrorisme-radicalisation/mesures-lutter-contre-terrorisme/fiche-s-a-quoi-sert-elle-qui

les recherches mises en œuvre par la police et la gendarmerie.

Le nombre important de «fichés S» parmi les djihadistes passés à l'acte en France depuis 2012 a conduit à une confusion entre un outil de signalement et une preuve de culpabilité. Oui, Mohammed Merah, les frères Kouachi, Amedy Coulibaly, Rachid Kassim, Radouane Lakdim ou encore Chérif Chekatt étaient fichés S. Ils ont été, à un moment donné, repérés comme pouvant nuire à la sûreté de l'État : cela ne constituait pas une «preuve» suffisante pour les arrêter, et ne témoigne en rien d'une négligence de la part des services de renseignement. Le mécanisme est dit «passif» et ne s'active qu'en cas de contrôle; il n'en reste pas moins très utile pour éviter que les djihadistes ne passent à travers les mailles du filet et se perdent dans la nature. Lorsqu'un passage à l'acte imminent est détecté, le rôle d'«alerte» des fiches S laisse place à des méthodes plus poussées – dans la suite logique du continuum des techniques de renseignement.

La confusion sur la nature même des fiches S s'étend au point de les confondre avec d'autres fichiers bien différents, notamment le Fichier des signalements pour la prévention de la radicalisation à caractère terroriste (FSPRT).

Ce dernier, qui naît en mars 2015 (là où le FPR existe depuis 1969), permet d'appréhender le phénomène de la radicalisation sur l'entièreté du territoire national, en centralisant les données relatives aux individus engagés, pourrait-on dire, dans un processus de «salafisation djihadiste». Pour être précis, voici la manière dont on le définit juridiquement : «Créé par décret en Conseil d'État (non publié) du 5 mars 2015 (modifié par décret en Conseil d'État non publié du 2 août 2017), le fichier des signalements pour la prévention de la radicalisation à caractère terroriste (FSPRT) a pour finalité principale de recenser et de centraliser les informations relatives aux personnes qui, engagées dans un processus de radicalisation, sont susceptibles de vouloir se rendre à l'étranger sur un théâtre d'opération de groupements terroristes ou de vouloir prendre part à des activités à caractère terroriste, en vue de l'information des autorités compétentes et de leur exploitation par les services et du suivi des personnes concernées. » Les données des quelque 20 000 personnes inscrites au FSPRT, dont 4 000 seraient de vrais « objectifs » pour les services[1], sont rassemblées par l'Unité de coordination de la lutte anti-terroriste (UCLAT) et exploitées par la DGSI (« haut du spectre », les suspects jugés les plus dangereux) et le SCRT (les moins dangereux). Les individus ciblés sont donc en majorité bien différents des « fichés S » : ils constituent de véritables menaces, en préparation de passage à l'acte ou fortement suspectés de pouvoir basculer dans la violence de manière imminente.

Depuis 2015, des propositions absurdes visant les fichés S se sont néanmoins succédé ; deux sortent particulièrement du lot. La première défend la nécessité de prendre des mesures, allant jusqu'à l'internement, à l'encontre des fichés S « les plus dangereux » ou simplement « radicalisés ». L'absence d'échelle d'évaluation de la dangerosité de tel ou tel individu faisant l'objet d'un suivi rend cette idée concrètement impraticable et dangereuse. Par ailleurs, les radicalisés en question ne deviennent violents qu'au moment précis de leur passage à l'acte, il est donc impossible de repérer avec certitude quel « fiché S » sera un futur terroriste, si celui-ci veille à ne rien laisser paraître avant de perpétrer un attentat. Enfin, une telle mesure serait tout à fait abusive au regard du droit français :

1. « Prévenir Pour Protéger », Plan national de prévention de la radicalisation, Comité interministériel de prévention de la délinquance et de la radicalisation (CIPDR), 23 février 2018.

rappelons que la fiche S peut être fondée sur des observations empiriques, mais aussi de simples hypothèses. Enfermer un « futur coupable » avant même qu'il n'ait commis son crime nous propulse dans l'univers de la science-fiction (*Minority Report*), laquelle tend le plus souvent, précisément, à alerter l'espèce humaine sur certains dangers prévisibles de son évolution…

Deuxièmement, alors que la confidentialité s'impose comme une caractéristique essentielle de la fiche « sûreté de l'État », le débat public (prospérant sur la volonté des maires d'être informés de la présence de fichés S sur leur commune) se polarise chroniquement sur l'idée d'ouvrir la catégorie S du FPR à un plus grand nombre de fonctionnaires, magistrats ou élus. Ce qui a poussé le gouvernement à faire un pas dans la direction des premiers édiles. Une circulaire du 13 novembre 2018 prévoit que les préfets devront informer les maires sur l'état de la menace terroriste, si ceux-ci en font la demande – renforçant *de facto* la collaboration entre pouvoirs publics déconcentrés et décentralisés en matière de prévention de la radicalisation. Les informations échangées peuvent relever d'un signalement du maire aux services de l'État ou, dans certaines situations, de la délivrance de renseignements confidentiels nominatifs par le préfet à l'élu local, concernant un habitant de la commune concerné par le FSPRT ou le FPR catégorie « sûreté de l'État », notamment s'il s'agit d'un employé municipal. Le texte évite soigneusement l'écueil d'une diffusion incontrôlée d'informations : « Répondant à une attente exprimée de longue date par les maires, cette circulaire prévoit que les préfets informeront les maires qui en font la demande sur l'état général de la menace sur le territoire de leur commune. Elle prévoit en outre la désignation, au sein des services de l'État, d'interlocuteurs de proximité pour permettre aux maires de signaler, en temps réel, une situation de radicalisation présumée, et garantit aux maires un retour systématique sur les signalements qu'ils effectuent. Enfin, elle autorise le préfet, dans certaines situations, à transmettre personnellement au maire des informations confidentielles nominatives, par exemple pour attirer son attention sur le profil d'un employé municipal présentant un risque de radicalisation, ou encore sur les risques associés au subventionnement d'une association ou d'un commerce. Pour garantir la confidentialité des échanges ainsi que celle du travail des services de police, de gendarmerie et de renseignement, une charte sera signée entre le préfet, le maire et le procureur de la République[1]. »

In fine, cette circulaire présente le grand avantage de préserver l'essentiel : le partage d'informations entre les préfets et les maires reste modulable en fonction des relations de confiance qui existent entre eux : le nouveau règlement se propose donc plutôt comme un mode d'emploi précisant les contours d'une pratique préexistante[2]. Or élargir l'accès aux fiches S «apparaît inopérant et risqué sur le plan opérationnel», pour reprendre les mots du sénateur LR François Pillet, rapporteur d'un groupe de travail sur l'amélioration de l'efficacité des fiches S[3]. Si les maires n'ont pas la capacité d'exploiter les renseignements contenus dans le FPR, les en informer est inutile; s'ils en ont la possibilité, la confidentialité des données recueillies se trouve mise en danger. Au cas par cas, des informations ciblées peuvent être communiquées, mais un accès généralisé au FPR serait compromettant pour les enquêtes

1. Communiqué de presse du ministère de l'Intérieur du 13 novembre 2018.

2. Jean-Marc Leclerc, «La circulaire Castaner permet d'informer les maires au cas par cas», *Le Figaro*, 13 décembre 2018.

3. François Pillet, «Rapport d'information du Sénat n° 219 au nom de la commission des lois constitutionnelles, de législation, du suffrage universel, du Règlement et d'administration générale sur l'amélioration de l'efficacité des fiches S», 19 décembre 2018.

judiciaires en cours et, plus généralement, pour l'action des services de renseignement.

Le rapport de décembre 2018[1], qui fait le choix de ne pas suggérer une modification du droit en matière de fiches S, apparaît comme une réponse aux personnalités politiques qui, au lendemain de l'attentat de Strasbourg, martelèrent le besoin de déférer devant la justice pour «intelligence avec l'ennemi» (LR) ou d'expulser les «fichés S» étrangers (RN)[2]. Leurs thèses trouvent écho auprès de quelques universitaires, à l'image du professeur de droit à la Sorbonne Bertrand Mathieu, qui juge la rétention administrative des «fichés S» légitime[3]. Bien sûr, la défense des libertés individuelles ne doit pas devenir à ce point dogmatique qu'elle bloquerait la mise en place de toute mesure efficace visant à garantir la sécurité nationale. Mais de telles propositions, par ailleurs impensables sur le plan logistique, témoignent d'une méconnaissance flagrante de la nature des fiches S. En comprenant qu'il s'agit bien d'outils permettant de dresser des cartographies et de tracer des déplacements, de visibiliser des flux – non de condamnations –, on mesure l'incompatibilité de l'expulsion des fichés S étrangers avec l'État de droit, démocratique et libéral. Dénoncer l'existence même des fiches S semble tout aussi dangereux qu'encourager une dérive autoritaire en soutenant des propositions d'internement desdits fichés S. L'importance de cet instrument du monde du renseignement n'est plus à prouver. «Sur les 51 attentats déjoués depuis 2015, 75 % l'ont été en partie grâce à l'utilisation des fiches S», rappelle François Pillet. L'avenir

1. François Pillet, «Rapport d'information du Sénat n° 219», *op. cit.*

2. Pierre Pelletier, «Fichés S : LR et RN relancent le débat», *Le Figaro*, 13 décembre 2018.

3. Bertrand Mathieu, «La rétention administrative des "fichés S" est légitime», *Le Figaro*, 8 août 2016.

nous dira si l'«hystérie politico-médiatique[1]» que le rapport dénonce sur ce sujet tend à s'apaiser…

The spies love their children too…

Le deuxième cliché dont il faut venir à bout est celui qui présente les «services» comme un pouvoir occulte sans contour, règle ou éthique. Tout au contraire, la «communauté du renseignement» rassemble de véritables êtres humains, pas des spectres au service d'on ne sait quel obscur complot.

L'expression «communauté française du renseignement», apparue progressivement dans les années 2000 et officialisée en 2017, renvoie aux six principaux services français[2] (arrêté de 2011), dits de «premier cercle», et aux entités transversales associées. Elle désigne dans une définition plus large l'ensemble des structures qui participent à l'effort de renseignement. Ces organisations sont placées au cœur de la lutte antiterroriste et, par extension, au centre des multiples critiques qui ponctuent le calendrier médiatique. Elles forment pourtant un appareil efficace – et donc discret, lorsque ses actions sont couronnées de succès. L'injuste «procès» adressé aux services de renseignement témoigne d'une méconnaissance globale des mécanismes voués à prévenir les attentats et la radicalisation islamiste. S'il convient, bien sûr, d'éviter de disséquer les techniques utilisées par les agents français pour débusquer les djihadistes, il semble crucial d'éclaircir

1. À la date du 17 octobre 2019, 60 attentats ont été déjoués.

2. La Direction générale de la sécurité extérieure (DGSE), la Direction du renseignement et de la sécurité de la défense (DRSD), la Direction du renseignement militaire (DRM), la Direction générale de la sécurité intérieure (DGSI), la Direction nationale du renseignement et des enquêtes douanières (DNRED) et Tracfin.

l'organisation du travail mené contre la radicalisation et le djihadisme salafiste.

Au sein de cette communauté du renseignement « élargie », les principaux services qui participent à la lutte contre le terrorisme sont les suivants : la Direction générale de la sécurité intérieure (DGSI), chef de file de l'antiterrorisme en France ; la Direction générale de la sécurité extérieure (DGSE), qui officie contre le terrorisme en dehors du territoire national ; le Service central du renseignement territorial (SCRT), service de la police nationale de renseignement de proximité ; la Sous-Direction de l'anticipation opérationnelle (SDAO), service de renseignement de la gendarmerie nationale ; le Service national du renseignement pénitentiaire (SNRP), en charge de la détection et de la lutte contre la radicalisation en prison ; la Direction nationale du renseignement et des enquêtes douanières (DNRED), qui analyse les flux de personnes et de matériels aux frontières ; Tracfin, qui s'occupe de lutter contre le financement du terrorisme ; la Direction du renseignement et de la sécurité de la défense (DRSD), qui se charge du « contre-djihadisme » au sein des armées ; la Direction du renseignement militaire (DRM), qui participe notamment au contre-terrorisme au Sahel et en Irak ; la Sous-Direction anti-terroriste (SDAT), service de police judiciaire.

Dans le cadre de la lutte contre le terrorisme, leur travail est théoriquement mis en cohérence par l'unité de coordination de la lutte anti-terroriste (UCLAT). Créée en 1984 et placée sous la responsabilité du directeur général de la police nationale, cette instance devient en 2014 le point d'inflexion de l'intégralité du dispositif de lutte contre le terrorisme. Elle centralise les signalements (numéro vert, stop-djihadisme.fr) reçus par le Centre national d'assistance et de prévention de la radicalisation (CNAPR) ou par les États-majors de sécurité (EMS) des préfectures ;

elle s'occupe également de la gestion du fichier des signalements pour la prévention et la radicalisation à caractère terroriste (FSPRT), qui répertorie plus de 20 000 individus. L'UCLAT garantit donc, plus globalement, l'évaluation de la menace terroriste, afin d'adapter au mieux les dispositifs de sécurité. En 2018, elle fusionne avec l'État-major opérationnel de prévention du terrorisme (EMOPT, créé en 2015), un service rattaché au cabinet du ministre de l'Intérieur, qui avait pour mission «de coordonner, d'animer et de contrôler à l'échelon central le suivi des personnes radicalisées.» L'EMOPT constituait un garde-fou face aux problèmes de concurrence entre les différents services de renseignement. Son absorption répond à un besoin de réduire le millefeuille d'organismes de coordination très similaires (l'EMOPT travaillant, en effet, avec les mêmes services que l'UCLAT et se basant également sur le FSPRT).

L'UCLAT n'est pas la seule organisation chargée de lier entre eux les différents services face au djihadisme. À ses côtés, on retrouve le Comité interministériel de prévention de la délinquance et de la radicalisation (CIPDR), créé en 2006. «Chargé[e] de déterminer les orientations de la politique gouvernementale en matière de prévention de la délinquance et de la radicalisation», cette structure a vocation à sensibiliser et former des personnels au sein de collectivités ou d'associations. Il met également en œuvre les premières mesures de prise en charge des personnes radicalisées. En parallèle, tout près du président de la République, le coordinateur national du renseignement et de la lutte contre le terrorisme est chargé de conseiller le plus haut niveau de l'État. Il supervise le Centre national de contre-terrorisme (CNCT), qui a pour mission de fluidifier l'articulation et les transferts d'informations entre les services. En son sein, il revient à une quinzaine d'analystes d'assurer le «pilotage stratégique» de la lutte contre le terrorisme, ainsi que d'assurer une veille vingt-quatre heures sur vingt-quatre.

La réforme du renseignement de 2008 a conduit à concentrer l'antiterrorisme dans les mains de la DCRI, devenue DGSI. Jadis, la détection des fameux « signaux faibles » – cette « information générale » indispensable à la prévention de la radicalisation – a pu sembler délaissée par la communauté française du renseignement. Aujourd'hui, la situation a évolué : les services savent l'importance de la lutte « en amont », et non plus seulement du traitement du symptôme « attentat ». Ils s'organisent donc au niveau local, afin de créer un continuum du renseignement pour contrer le djihadisme. Concrètement, voici comment les choses se passent : un individu perçu comme embrigadé par l'islamisme radical est d'abord signalé au CNAPR (piloté par l'UCLAT). L'UCLAT se charge de communiquer cette information aux services centraux de lutte contre le terrorisme (DGSI, notamment) et au préfet administrant le territoire concerné. Se met alors en place une cellule de suivi, pour l'entourage de la personne en voie de radicalisation, tandis que le dossier est pris en main par le groupe d'évaluation départemental (GED). C'est ce dernier qui constitue la pierre angulaire du contre-djihadisme local.

Les groupes d'évaluation départementaux, créés le 5 juin 2014, sont présidés par le préfet de département. Ils sont le premier outil de traitement des individus potentiellement radicalisés : une fois la personne détectée (repérage par les services de renseignement ou signalement au CNAPR), son niveau de dangerosité est évalué par le GED, grâce à une collaboration entre tous les services de l'État qui composent le dispositif antiterroriste. On y retrouve donc, outre le préfet, les services du ministère de l'Intérieur (DGSI, SCRT, SDAO, SDAT) et, au cas par cas, les déclinaisons locales des services partenaires (SNRP, DRSD, DNRED, etc.). Les participants ont accès au FSPRT et sont chargés d'en renforcer l'exhaustivité. Ces cellules se réunissent en moyenne une fois par semaine, le premier examen du dossier permettant de décider quel service sera chargé de piloter le suivi, et donc quel dispositif sera le plus adapté pour traiter ce signalement. L'objectif : diminuer au maximum le nombre d'individus repérés (inscrits au FPR ou FSPRT, sujets d'un signalement) qui parviennent à passer au travers des mailles du filet, autrement dit obtenir que toute personne signalée fasse au moins l'objet d'une évaluation et, si besoin, d'un suivi continu dans le temps long. Les renseignements traités par ces groupes d'évaluation remontent ensuite à l'UCLAT – qui se charge de contrôler la qualité du dispositif territorial. Ainsi le département est-il désigné comme l'échelle la plus pertinente pour l'évaluation et le suivi de la radicalisation, permettant de tirer le meilleur des services de renseignement. Dans un second temps, les GED, en lien avec le procureur de la République, peuvent déterminer les mesures administratives les plus à même de bloquer les projets d'attentat de l'individu jugé dangereux.

Les GED se concentrent donc sur l'observation d'éventuels futurs terroristes. Ils sont complétés par les cellules départementales de suivi pour la prévention de la radicalisation et l'accompagnement des familles (CPRAF, dites « cellules de suivi »), qui ont également vu le jour en 2014 et sont présidées par le préfet ou son représentant. Ces structures, davantage portées sur la dimension sociale, ont un double objectif. D'une part, gérer l'accompagnement des familles à l'origine du signalement d'un proche ; d'autre part, assurer le suivi des personnes signalées dites du « bas du spectre », évaluées comme peu dangereuses dans l'immédiat. Cette seconde mission vise à prévenir au plus tôt la radicalisation islamiste, en utilisant des méthodes différentes de celles des services de renseignement (c'est-à-dire davantage portées sur l'insertion sociale et l'éducation) – bien que les services évoqués plus tôt puissent, si besoin, être présents lors de ces réunions. Les personnes « confiées » aux CPRAF le sont nécessairement à la suite de l'évaluation du GED et de l'avis du procureur. Les cellules assurent également des formations auprès des institutions locales (établissements scolaires, associations, etc.) pour le compte du CIPDR, qui pilote chacune de ces déclinaisons départementales. *In fine*, avec les GED comme les CPRAF, le préfet apparaît comme la pierre angulaire majeure de la prévention de la radicalisation dans les départements.

Enfin, les deux instances départementales sont appuyées, aux échelles municipale ou intercommunale, par le Conseil local de sécurité et de prévention de la délinquance (CLSPD, ou CISPD s'il est intercommunal), lorsqu'il existe. L'objectif, dans ce cadre, est d'offrir un interlocuteur de proximité au CPRAF et de donner les moyens aux maires d'adapter la lutte contre la radicalisation à leur commune, à travers une structure initialement prévue pour limiter la délinquance, mais qui, dans le combat contre le djihadisme, semble connaître un second souffle. La commune est en effet un terrain privilégié dans la détection des « signaux faibles » qui échapperaient aux services de renseignement, grâce à la proximité du maire et des employés municipaux avec leurs administrés. Dans ce cadre, les CPRAF peuvent déléguer aux CLSPD-CISPD la prise en charge partielle ou totale de personnes en voie de radicalisation ou leurs familles, si la commune dispose des structures sociales et éducatives adéquates.

Le maillage détection/prévention repose donc sur un millefeuille national et territorial complexe. La communauté française du renseignement est coordonnée aux deux échelons, pour permettre de fluidifier la prévention de la radicalisation et, par extension, des attentats terroristes. Ce continuum est bien loin du fantasme d'un assemblage de polices politiques toutes-puissantes ou d'un programme de surveillance généralisé. Il n'est pas davantage pertinent d'attaquer les services sur leur prétendue inefficacité face à la menace terroriste. Globalement, toute une communauté de services œuvre efficacement à la détection et au contrôle des djihadistes, y compris localement – en outre, il est impossible de tout prévoir, quel que soit l'effort humain et financier accordé au renseignement. Matraquer les services à chaque attentat ne sert donc pas la cause de notre pays… Les manquements semblent davantage se situer au niveau stratégique, politique : optimiser les structures d'un point de vue organisationnel (processus permanent et déjà engagé depuis des années) ne peut pas dispenser d'établir une stratégie de long terme, ce qui implique d'étudier en profondeur le phénomène du salafisme djihadiste…

Ce qu'il faut bien comprendre en matière de lutte contre le terrorisme, c'est que la guerre n'est pas la sécurité, ou plutôt qu'il est impossible de se battre contre l'insécurité de la même façon que l'on gagnait un conflit au XXe siècle. On échoue juste à comprendre que la violence privilégie d'autres moyens pour se manifester que la guerre traditionnelle, militaire et étatique, que nous avons appris à connaître. Certes, la guerre elle-même se transforme, parce que la violence a muté : la lutte contre l'insécurité pourrait par conséquent être considérée comme une guerre, si tant est que l'on veuille bien définir autrement la guerre, et que l'on transcende l'expérience des deux siècles écoulés en dépassant le modèle de la guerre clausewitzienne des nations (État contre État). Mais cette analogie même est à tester. Ce qui implique, dans le domaine du combat antiterroriste, de ne pas céder aux solutions toutes faites et de s'attacher à saisir intellectuellement cette épée de Damoclès au-dessus de nos têtes, afin d'anticiper.

Pour cette raison, bannissons l'éternelle tentation de la chasse aux sorcières. Nos services de sécurité et de renseignement réalisent chaque jour un travail – forcément méconnu – qui doit être salué. Avec ses forces et ses faiblesses, bien évidemment. Doit-on s'interroger sur le travail de la police et de la gendarmerie ? Tout dépend. Améliorer ce qui mérite de l'être, oui. Stigmatiser notre appareil de « force » (sécurité intérieure, défense et renseignement), non.

En particulier, il s'agit de faire preuve de discernement concernant les « services ». Est-ce le renseignement au sens strict qu'il faut mettre en cause ? Pas exactement. Essayons d'être précis. L'espace politique, à de rares exceptions près, n'aime guère et connaît peu (l'un parce que l'autre ?) l'univers du renseignement. Il peine donc fortement à l'organiser (parce qu'il comprend mal ses finalités, son intérêt ?) et à lui donner tous les moyens possibles de l'efficacité (en la confondant avec l'arbitraire, le refus du droit).

Connaître, anticiper et cibler

Certes, les attentats que nous vivons depuis 2015 interrogent cet univers du renseignement. Pourquoi ne les a-t-il pas vus venir ? Faut-il pour autant parler de failles ? Le mot n'est pas approprié. On souligne à juste titre que certains terroristes avaient fait l'objet d'une surveillance, ensuite abandonnée. On en tire cependant une mauvaise conclusion : celle de l'erreur d'appréciation des services. Il nous semble plus juste de souligner la très grande difficulté de sélectionner, parmi les menaces, celles qui présentent le plus de risques de s'actualiser. Comment savoir cibler à coup sûr les individus les plus dangereux, quand on doit faire face à de nombreux radicaux aux discours plus haineux les uns que les autres? Si aucun élément matériel ne vient appuyer la suspicion, comment aller plus loin en l'état actuel du droit? Est-ce d'ailleurs souhaitable? Garder un équilibre solide, stable, entre les libertés individuelles et les mesures indispensables à la répression du terrorisme s'affirme une tâche délicate, qu'il faut questionner judicieusement, mais régulièrement.

Que faire? Anticipation et connaissance des milieux radicaux composent le cœur de nos difficultés. C'est pour cette raison qu'il faut associer étroitement les praticiens du renseignement (les services spécialisés) à des académiques et des psychiatres : nous devons comprendre la mécanique de la radicalisation dans les esprits (qu'elle opère sur le Net, en prison ou dans des lieux de prière cachés, et en assimilant les arcanes de leur combinaison dynamique), puis prendre le temps d'analyser les données que produisent le travail clandestin de terrain des forces de l'ordre et celui, quotidien et ouvert, des acteurs sociaux. Ensuite, il convient d'articuler l'ensemble des briques de cette connaissance.

Reste à savoir « jongler » avec les phénomènes d'hybridation (« gangsterrorisme ») et les grandes lignes de partage du monde contemporain (géopolitique et géoéconomie). Dans cette perspective, notons d'ailleurs que si les filières djihadistes, qui ont en partie nourri le conflit en Syrie, sont un sujet évidemment important (d'où désormais le fameux thème des « revenants »), il ne faut pas oublier que ce sont des jeunes Français se radicalisant sur le sol national qui passent le plus souvent à l'acte (sans nier qu'un individu de retour du théâtre d'opération syrien puisse faire de même). Les réseaux domestiques s'inspirent certes d'Al-Qaida ou de Daech, comme on se réclame d'une marque, mais ils trouvent ici les moyens et les motivations du terrorisme.

Si la communauté du renseignement ne peut pas tout, c'est précisément parce que nous sommes en démocratie ! Rien ne le démontre mieux que la loi de 2015 sur le renseignement.

6

Notre système de sécurité n'est pas une police idéologique et totalitaire… Et c'est heureux !

Promulguée le 24 juillet 2015, la loi n° 2015-912 « relative au renseignement » vise à doter l'activité de renseignement – définie à cette occasion comme une « politique publique[1] » – d'un cadre légal qui lui faisait jusque-là défaut. Avant cette date, la France était la seule démocratie occidentale ne bénéficiant pas d'un encadrement législatif propre à l'utilisation des techniques de renseignement – un terrain sur lequel les États-Unis, par exemple, ont légiféré depuis 1968. Les services faisaient donc face à une totale indigence juridique, pouvant aussi bien impacter négativement leur rôle dans la défense nationale que conduire à des dérives liberticides. Au cœur de la loi du 24 juillet 2015, se trouve ainsi l'élaboration d'un processus de contrôle des techniques de renseignement, visant à garantir le respect des droits fondamentaux des citoyens français, sans nuire à l'efficacité des services, notamment dans la lutte contre le terrorisme islamiste. La nécessité de légiférer sur la question était portée sur le devant de la scène politique, depuis plusieurs années, par Jean-Jacques Urvoas, auteur

1. Art. L. 811-1 du code de la sécurité intérieure (CSI), complété par la loi du 24 juillet 2014 (ajout d'un livre VIII intitulé : « Du renseignement »).

notamment d'un rapport parlementaire sur ce sujet en mai 2013, en collaboration avec Patrice Verchère[1].

Dans un contexte difficile d'attentats terroristes répétés sur le sol français et de révélations sur la surveillance de masse opérée par les services américains, la volonté du législateur est double : parvenir à davantage de transparence, afin de clarifier aux yeux de tous les missions des services de renseignement et les moyens à leur disposition ; ainsi que maîtriser les potentielles atteintes aux libertés individuelles, en offrant aux services un cadre de travail qui respecte la vie privée. Les six services[2] dits du « premier cercle » de la communauté française du renseignement y sont désormais soumis, mais aussi les autres « services spécialisés de renseignement […] désignés par décret en Conseil d'État[3] ». La finalité n'est pas de rompre le secret inhérent à l'activité de renseignement, mais bien de « légaliser » celle-ci, grâce à un cadre juridique qui renforce la légitimité des services.

La loi liste les techniques de collecte de données à caractère personnel pouvant être utilisées par les services, comme le balisage de véhicule[4], l'intervention au sein de propriétés privées dans le but d'installer du matériel technique destiné à enregistrer des sons ou des images[5], ou la captation de données informatiques. Plus important, le contrôle des communications s'étend aux opérateurs : les fournisseurs d'accès à Internet (FAI) peuvent être tenus d'installer des dispositifs d'analyse automatique des données (dits « boîtes noires »), garantissant une détection en temps réel des comportements suspects, au moyen d'un

1. J.-J. Urvoas, P. Verchère, *Rapport d'information en conclusion des travaux d'une mission d'information sur l'évaluation du cadre juridique applicable aux services de renseignement*, n° 1022, Assemblée nationale, 2013.
2. Voir note 2, p. 185.
3. L. 811-2 CSI.
4. L. 851-6 CSI.
5. L. 853-1 CSI.

algorithme. Activable uniquement dans le cadre de la lutte contre le terrorisme, ce procédé permet aux services de rassembler et d'exploiter les métadonnées[1]. En parallèle, le « dispositif technique de proximité », ou IMSI Catcher, rend possible la captation en temps réel de correspondances électroniques et de conversations orales, chez l'habitant ou dans son véhicule, ainsi que le recueil de numéros d'identification auprès de services de télécommunications[2]. Enfin, la loi du 24 juillet 2015 introduit une nouvelle base de traitement de données relative à la lutte contre le terrorisme, le fichier judiciaire des auteurs d'infractions terroristes (FIJAIT), qui recense les personnes condamnées dans ce cadre et les oblige à justifier leur adresse et leurs sorties de territoire. Appréhendée au cas par cas, chacune de ces techniques peut sembler liberticide. C'est pourquoi le texte doit être lu dans sa globalité, pour ne pas dissocier l'aspect technique des objectifs et des procédures de contrôle correspondants. Par ailleurs, le fait d'identifier précisément lesdites techniques concourt à proportionner leur usage et à conditionner leur mise en œuvre à des situations définies.

Le cadre dans lequel ces techniques de renseignement peuvent être mises en place est défini par la loi : elles doivent répondre à une nécessité absolue au regard de l'enjeu concerné (« prévention du terrorisme », mais aussi « intérêts majeurs de la politique étrangère », « violences collectives de nature à porter gravement atteinte à la paix publique » etc.). L'article L. 801-1 du code de la sécurité intérieure, créé par la loi du 24 juillet 2015, dispose que « l'autorisation et la mise en œuvre sur le territoire national des techniques de recueil de renseignement [...] ne peuvent être décidées que si elles sont justifiées par les

1. L. 851-3 et L. 851-4 CSI.
2. L. 851-7 CSI.

menaces, les risques et les enjeux liés aux intérêts fondamentaux de la Nation et les atteintes qu'elles portent au respect de la vie privée sont proportionnées aux motifs invoqués». Le spectre des techniques à disposition des services de renseignement est donc élargi dans le respect des principes de subsidiarité (à savoir s'il s'agit de l'unique moyen d'obtenir le renseignement) et de proportionnalité.

Cet éventail de possibilités s'accompagne d'une procédure visant à contrôler la légitimité de l'action des services. Une fois les demandes adressées au Premier ministre, ce dernier attend l'avis de la Commission nationale de contrôle des techniques de renseignement (CNCTR) avant de donner ou non son accord. Le cas échéant, l'autorisation de mise en œuvre des techniques est valide pour une durée maximale de quatre mois. La CNCTR, qui succède à la Commission nationale de contrôle des interceptions de sécurité (CNCIS), est une autorité administrative indépendante (AAI) composée de neuf membres : deux députés, deux sénateurs, deux membres du Conseil d'État, deux magistrats de la Cour de cassation et un représentant de l'Autorité de régulation des communications électroniques et des postes (ARCEP). Un avis lui est demandé avant toute autorisation de mise en œuvre de pratique d'écoute ou de surveillance, mais il n'est pas contraignant. La commission ne doit pas pouvoir bloquer une opération d'importance capitale pour la sécurité nationale, pour deux raisons majeures : elle ne détient pas nécessairement toutes les informations qu'ont en leur possession les services de renseignement, et ce type d'opération doit pouvoir s'effectuer dans un délai très court. Il est donc logique que l'AAI n'ait pas la capacité de geler tout un système historiquement basé sur le contrôle direct, c'est-à-dire relevant de la hiérarchie. En parallèle de cet avis préalable, la CNCTR a néanmoins la possibilité de demander à être informée de tout ce qui lui semble utile, lors de la mise en œuvre de la technique de renseignement ou au terme de l'opération. En définitive, la commission fait office de garde-fou – sa seule capacité potentiellement contraignante étant de saisir le Conseil d'État. Insistons sur ce point : cette capacité de recours n'est pas négligeable, car la plus haute juridiction administrative rassemble pour l'occasion un collège de spécialistes habilités au « secret défense ». Il est autorisé de contourner l'avis consultatif *a priori* de la commission dans les « cas d'urgence absolue[1] » : l'autorisation du Premier ministre peut alors être délivrée sans le point de vue de la CNCTR – laquelle doit cependant en être informée immédiatement et dispose du droit de conseiller l'arrêt immédiat de l'opération. Cette procédure d'urgence ne peut s'appliquer à des techniques d'écoute mises en place à l'encontre d'un parlementaire, d'un journaliste, d'un avocat ou d'un magistrat ; elle est limitée à des atteintes particulièrement graves à l'ordre public.

Déjà controversée au cours de son processus d'élaboration, la loi sur le renseignement a violemment été attaquée par des organisations civiques, des médias et des acteurs du numérique, car elle participerait à l'établissement d'une société de surveillance de masse, portant atteinte au respect de la vie privée, au secret des correspondances et à l'inviolabilité du domicile. Trois dispositions ont ainsi été censurées par le Conseil constitutionnel, notamment la procédure d'urgence « opérationnelle » ouvrant la possibilité de se passer de l'autorisation préalable du Premier ministre. La loi apporte pourtant une réponse juridique au flou qui entourait dans le passé l'action des services de renseignement : grâce à elle, ceux-ci ne constituent plus un « État secret » quasi autonome ; en d'autres termes, la hiérarchie des agents français ne fait plus « ce qu'elle veut ».

1. 1° et 4° de l'article L. 811-3 CSI.

La loi officialise le passage d'une vision organique du renseignement à une définition fonctionnelle : chaque service est autorisé à utiliser telle ou telle technique dans un cadre précis.

La logique est celle de la *compliance*, le renseignement doit se plier aux normes pour devenir véritablement un outil de politique publique – expression employée pour la première fois en France en préambule de la loi du 24 juillet 2015. Ce socle législatif vient contrebalancer, sans pour autant remettre en cause, le pilotage de l'exécutif – garant de la réactivité nécessaire dans le contexte actuel de lutte antiterroriste. Le droit au juge n'est pas pour autant atteint : le juge administratif garantit désormais que les services de renseignement respectent le droit. Le rappel de l'importance du respect de la vie privée, dans l'article premier, éclaire l'équilibre sur lequel se fonde la loi. Le Conseil constitutionnel le rappelle dans sa décision : un équilibre entre « la prévention des atteintes à l'ordre public et des infractions, nécessaire à la sauvegarde de droits et principes de valeur constitutionnelle » et de « l'exercice des droits et libertés constitutionnellement garantis[1] ». Bien sûr, les techniques de renseignement détaillées dans le texte de loi sont intrusives, mais l'encadrement procédural mis en place et l'effectivité du droit au juge garantissent le respect de l'État de droit. En cela, la loi du 24 juillet 2015 rappelle bien que la liberté est la règle, et l'atteinte à la liberté l'exception. Cette illustration peut servir de modèle à la caractérisation de la contrainte juridique, dans laquelle les forces de sécurité encastrent en permanence leur action. Chaque jour, il faut respecter la bonne articulation entre droit et efficacité, savoir remplir la mission tout en préservant l'esprit des lois.

1. Décision n° 2015-713 DC du 23 juillet 2015, Loi relative au renseignement.

Fuir l'urgence

Trouver un équilibre acceptable dans la réponse au terrorisme nous rappelle régulièrement que nous vivons dans un État de droit, ce qui devrait nous inspirer et nous rassurer, tout en nous dissuadant de multiplier les basses polémiques. Les actions de sécurité doivent donc s'inscrire dans le cadre strict de la loi et du respect des libertés individuelles. C'est une contrainte nécessaire et forte, dont l'Europe peut s'enorgueillir, mais qui impose bien sûr du formalisme et une grande intelligence de la part de l'appareil de sécurité.

Pour illustrer ce questionnement, citons un seul exemple, emblématique. Celui des débats sur la loi Collomb, renforçant la sécurité intérieure et la lutte contre le terrorisme (promulguée le 30 octobre 2017). Le but du texte était effectivement d'en finir avec l'état d'urgence (entré en vigueur le 14 novembre et prorogé une nouvelle fois jusqu'au 1er novembre 2017), c'est-à-dire d'en intégrer certaines dispositions dans le droit commun. Bien évidemment, on a vu se profiler le débat entre défenseurs des libertés individuelles et partisans d'une action plus « musclée » contre des individus suspectés de préparer des attentats. Tout s'est polarisé autour de cet article : « Aux seules fins de prévenir des actes de terrorisme, toute personne à l'égard de laquelle il existe des raisons sérieuses de penser que son comportement constitue une menace d'une particulière gravité pour la sécurité et l'ordre publics et qui, soit entre en relation de manière habituelle avec des personnes ou des organisations incitant, facilitant ou participant à des actes de terrorisme, soit soutient ou adhère à des thèses incitant à la commission d'actes de terrorisme ou faisant l'apologie de tels actes, peut se voir prescrire, par le ministre de l'Intérieur, les obligations prévues au présent chapitre.» Que seront ces raisons sérieuses? De quoi faut-il discuter au bout du compte? La France dispose d'une législation pénale extrêmement développée en matière de lutte contre le terrorisme. Peut-être pourrait-on en exploiter toutes les possibilités? De la même manière, il convient en effet de respecter un certain équilibre entre le rôle de l'autorité administrative et celui de l'autorité judiciaire. Par conséquent, ce que l'on souhaite, aujourd'hui, c'est que le pouvoir exécutif puisse justifier de la nécessité de cette loi au regard de contraintes opérationnelles que pourrait ne pas satisfaire le cadre pénal actuel. Ici, nous retrouvons l'autre aspiration – tout à fait normale – qui rassemble les partisans d'une réponse forte aux attentats islamistes.

Bref, est-il pertinent de persévérer dans l'état d'urgence en donnant le sentiment que l'on en sort?

La question se pose effectivement : toutefois, il faut éviter les polémiques usuelles, qui mobilisent des postures politiciennes indifférentes au fond du dossier et à l'intérêt de notre pays. Le pire se reproduit souvent : un dialogue de sourds sature l'espace médiatique, empêchant l'émergence des bonnes problématiques. Car les deux côtés expriment une finalité légitime : la protection des citoyens dans un camp, le respect des fondamentaux de l'État de droit dans l'autre. L'état d'urgence est par définition une situation d'exception à vocation temporaire : le prolonger indéfiniment se révèle structurellement malsain dans une démocratie libérale. Il convient donc d'en sortir sans en transférer le contenu tel quel dans le droit commun (ce qu'a expliqué sur le fond la très riche note du think tank L'Hétairie[1]). Quel est le sujet finalement capital? Celui de la question clé que tous les citoyens se posent : la lutte

1. Parue le 22 septembre 2017 : «Projet de loi Collomb : l'injustifiable agonie de nos droits».

antiterroriste est-elle efficace ? De ce point de vue, il apparaît logique – ce que stipule la loi – de vouloir fermer les lieux de culte où une idéologie radicale totalement décomplexée favorise le basculement dans la violence. Tout comme il est raisonnable de donner aux préfets les moyens de sécuriser particulièrement une zone qu'un événement spécifique (un concert, une manifestation sportive ou festive de grande ampleur) hausse au rang de cible potentielle évidente. Le Bataclan ou Manchester (concert d'Ariana Grande) nous ont montré la pertinence d'une sécurisation adéquate de ce type de rassemblement. On peut en revanche être plus dubitatif quant à l'efficacité de ce que l'on appelle l'« assignation à résidence » contenue dans le projet. Face à un individu que l'on croit sérieusement dangereux, on perçoit difficilement comment un « pointage » régulier dans un commissariat ou une unité de gendarmerie l'empêcherait de passer à l'acte dans les intervalles… Néanmoins, ayons l'honnêteté de reconnaître que le fait de savoir si l'autorité administrative prime insupportablement l'autorité judiciaire est une interrogation d'experts qui intéresse peu nos compatriotes, face à la réalité de la menace…

Que conclure ? Envisager ce texte de manière expérimentale (ce fut la philosophie retenue) permettra au moins d'observer sur le terrain si ses résultats sont positifs ou peu significatifs. Afin d'apporter une contribution utile et pragmatique au débat, il vaut mieux éviter de gloser en vain. Cette loi appelle un regard vigilant et finement (voire sévèrement) évaluateur, non un pugilat idéologique qui se révélera stérile et ne fera finalement bouger aucune ligne. Si les dispositions prévues dans ce texte se révèlent sans pertinence ou particulièrement inquiétantes pour l'évolution de l'État de droit, il faudra en tirer des conséquences immédiates. Et l'on pourra aussi profiter de cette phase pour essayer de fonder enfin une doctrine de sécurité nationale raisonnant véritablement sur la question de la lutte antiterroriste (qui en constitue une partie désormais importante, mais non exclusive).

À cette occasion, il serait fondamental de cristalliser une position solide sur le niveau de performance de l'arsenal pénal antiterroriste. Peut-être est-il tout simplement adapté et mérite-t-il juste d'être appliqué avec davantage de constance, de cohérence et de fermeté ? Il serait reposant d'éviter à l'avenir les querelles interminables sur les outils législatifs autorisant ou non une lutte couronnée de succès contre les intégristes de tout poil.

De manière générale, il serait d'ailleurs judicieux de s'intéresser à l'ensemble de notre doctrine de sécurité nationale, dans laquelle s'inscrit le combat antiterroriste (qui n'en est que l'une des parties). Il est urgent de construire autrement la sécurité des Français, avec des perspectives budgétaires cohérentes et durables (qui mettent notre appareil de force – de sécurité nationale – à l'abri d'arabesques financières totalement contraires à l'efficacité et à la poursuite d'une stratégie crédible) et une analyse des menaces du temps présent connectée au réel et dégagée de tout politiquement correct ou de toute sclérose idéologique.

Résilience plutôt qu'auscultation

Car il ne faut pas se faire d'illusions : notre problème concerne d'abord le fonctionnement de notre société. Les réponses sécuritaires ne peuvent seules faire disparaître le problème de la radicalisation au sein de nos territoires. Si un individu particulièrement dangereux pointe trois fois par semaine au commissariat ou dans les unités de gendarmerie, rien ne pourra l'empêcher de commettre l'irréparable en dehors de ces rendez-vous obligatoires avec les forces de l'ordre… C'est sur ce qui a donné naissance à cette folie idéologique et sectaire qu'il faut travailler. Comme le soulignait à très juste titre Patrick Calvar, patron de la DGSI, dans son audition devant la commission d'enquête de l'Assemblée nationale, le 24 mai 2016, il s'agit d'organiser des retours d'expérience « sans esprit partisan ni polémique pour essayer de comprendre ce qui a marché, ce qui a moins marché, bref, pour réaliser une sorte d'autopsie. Or nous sommes systématiquement confrontés à des attaques infondées, non documentées et mal intentionnées. Certains, certes, posent les vraies questions, et il est normal que, dans une démocratie, on rende compte et qu'on essaie de progresser. Les attentats de 2015 représentent un échec global du renseignement. Il faut faire très attention au fait que les jeunes, dans mon service, vivent très mal qu'on puisse laisser des familles imaginer que leurs proches sont morts à cause d'incompétents. Il faut s'interroger sur la capacité de résilience de la société. […] Nous sommes supposés être responsables de tout. Et si vous créez un climat d'anxiété et de peur dans les services, c'est très dangereux : on peut être tenté par la fuite en avant ou l'abdication. Ce n'est pas le cas aujourd'hui, mais les personnels ont besoin d'un peu de soutien, même si, je le répète, un attentat est un échec et même si nous devons, par conséquent, nous interroger sur les raisons pour lesquelles nous n'avons pas pu l'empêcher[1] ».

On le voit, il ne s'agit pas d'ausculter sans répit les services de renseignement. Ce dont il est question, c'est de notre capacité à comprendre véritablement quel combat nous menons. Sur ce sujet, des progrès restent à faire.

1. « Rapport de la commission d'enquête de l'Assemblée nationale relative aux moyens mis en œuvre par l'État pour lutter contre le terrorisme depuis le 7 janvier 2015 », 5 juillet 2016, président Georges Fenech et rapporteur Sébastien Pietrasanta.

7

On ne peut pas comprendre le djihadisme en lisant le mode d'emploi de la guerre froide !

Revenons encore une fois sur la quête du sens, primordiale. Se forger une grille de lecture de l'adversaire, décrypter la menace, mesurer le défi qui nous est lancé et pouvoir le relever exigent de saisir la nature de l'ennemi. Les États-Unis ont longuement échoué dans cette tâche, ils s'y essaient aujourd'hui laborieusement, avec un succès mitigé ; la France se révèle beaucoup plus performante, bien que cela demande un effort de chaque instant que les professionnels dédiés s'acharnent à maintenir constant. Désormais, c'est notre appareil d'État tout entier et l'ensemble de la société civile, des entreprises et des citoyens qui doivent ouvrir les yeux pour remettre le terrorisme islamiste à sa juste place et discerner un danger bien plus difficile à conceptualiser et à affronter : l'armée furtive salafiste.

La puissance de sable

Retournons aux sources. Avec leur « guerre globale contre le terrorisme », les États-Unis se sont engagés dans une impasse, dès le 12 septembre 2011. Les raisons sont multiples. La plus évidente ? Avoir mobilisé contre eux l'ensemble du monde arabe, en apparaissant comme des « croisés » résolus à conquérir le Moyen-Orient, afin de le refaçonner à leur guise en installant des démocraties d'un coup de baguette magique tirant en rafales, ainsi qu'en multipliant les campagnes de communication – ou plutôt de désinformation – expliquant le bien-fondé de leur vaste entreprise de *nation-building* en Afghanistan, puis en Irak. Quant à soutenir – contre toute forme élémentaire de vraisemblance – que Saddam Hussein était le complice de Ben Laden, on s'interroge encore sur le cynisme de l'administration Bush : comment peut-on en arriver là ?

Toutefois, l'erreur la plus lourde de conséquences, opérationnellement parlant, a consisté à présenter Al-Qaida comme une organisation... Dans un tel sens, Al-Qaida n'existe pas ! Aucune bureaucratie à l'occidentale, composée de directions, de sous-directions et de bureaux, de pyramide hiérarchique articulant tous les individus dans une chaîne d'obéissance univoque, fondée sur des textes législatifs et administratifs, des lois, des décrets, des circulaires et des règlements. Pas d'ordre écrit prescrivant à chacun, dans les moindres détails, ce qu'il doit faire, dans quels délais et en indiquant une procédure de « reporting » et d'évaluation des résultats ou de la performance de chaque niveau de l'organigramme.

Al-Qaida doit se concevoir comme un réseau, pas une structure. Les meilleurs spécialistes l'ont répété des années durant ; à commencer par Gilles Kepel : « La base (telle est la signification du terme arabe *al qa'ida*) n'est pas tant territoriale que "base de données" rassemblant les djihadistes connectés par Internet à travers toute la planète[1]. »

Nous autres Occidentaux peinons à concevoir d'autres modes d'articulation entre les êtres humains que ceux auxquels nous accordons une suprématie absolue depuis un

1. Gilles Kepel, *Fitna*, Gallimard, 2004.

siècle (l'époque du taylorisme et du fordisme). La standardisation, la « rationalisation » à outrance des fonctions, la division poussée du travail social qui animent idéologiquement l'ensemble de l'organisme social européen et américain altèrent fortement notre capacité à discerner et accepter des modèles différents. Un puissant phénomène de scotomisation (refus des hypothèses et réalités dérangeantes) nous entraîne à défigurer le réel. Le courant islamiste fonctionne selon d'autres règles. Le mal est profond, qui nous empêche de regarder vraiment, de voir ce que l'on voit, dirait Alain Finkielkraut.

« La persistance des filières du terrorisme islamiste, poursuit Kepel, pose à Washington un problème majeur d'*intelligence* aux sens français comme anglais de ce terme : non seulement les moyens utilisés pour les anéantir paraissent *in fine* inadéquats, inadaptés, mais l'interprétation même du phénomène est manquée[1]. » Washington continue en effet à penser le nouvel échiquier planétaire postsoviétique avec la grille de lecture « guerre froide ». Déguiser Oussama Ben Laden en Lénine islamiste a fabriqué l'échec américain d'après le 11 Septembre – du concept de « guerre globale au terrorisme » à l'invasion de l'Irak en 2003.

L'islamisme n'est pas le fils spirituel du soviétisme agonisant : tout au contraire, il incarne une relève idéologique, une option qui transcende l'alternative capitalisme/communisme. Le djihadisme n'a pas davantage de parenté avec les groupes gauchistes terroristes des années 1960, 1970 ou 1980. Il ne ressemble à rien de connu depuis la fin de la Seconde Guerre mondiale. Inutile aussi de chercher derrière les « cavaliers sous la bannière du Prophète[2] » des

1. Gilles Kepel, *Fitna*, *op. cit.*
2. Titre du livre d'Ayman al-Zawahiri.

« États voyous » (*rogue states*), l'Afghanistan des talibans, l'Irak et l'Iran, qui joueraient le rôle de l'« axe du mal », quasiment jumeau de l'« Axe » de 1940 (Allemagne-Italie-Japon). Certes, le *storytelling* séduit : la continuité du mal, du nazisme au djihadisme, de Hitler à Saddam Hussein en passant par Staline, satisfait pleinement le fantasme américain du manichéisme. L'ennemi satanique, éternel et identique à lui-même sous ses multiples masques, organisé comme un empire du mal, défiant l'empire du bien de la bannière étoilée, symétrique et ultra puissant, permet une victoire relevant du triomphe téléguidé par Dieu qui, comme chacun sait, est américain… Seul problème – de taille –, la « GWOT » n'a jamais été un épisode de *Star Wars*, Ben Laden n'est pas Dark Vador, Bush pas davantage Luke Skywalker, la Force ne coule pas dans ses veines, Paul Wolfowitz, Dick Cheney, Donald Rumsfeld et toute la bande des néoconservateurs ne forment pas le conseil de l'ordre Jedi, et les moudjahidine ne sont pas comparables aux *stormtroopers*… Contrariant indubitablement, mais la vérité nous contraint précisément à ranger soigneusement nos désirs ou nos névroses dans un coffre à jouets pour éviter de blessantes déconvenues. On appelle ça la morsure du principe de réalité…

Mais voilà, l'administration Bush déchoit si elle admet « traquer une bande de barbus hâves en planque dans des grottes, des chambres de motel et des appartements de banlieue, fussent-ils équipés de téléphones par satellite et pourvus de comptes en banque disséminés dans divers paradis fiscaux et autres places offshore de la planète[1] ». Culturellement, le complexe militaro-industriel piloté par la Maison Blanche a besoin d'un État, d'un bon gros monstre, dont la colonne vertébrale est constituée par un territoire doté d'institutions, d'organes de pouvoir

1. Gilles Kepel, *Fitna*, *op. cit.*

hiérarchisés, d'un chef, et dont les membres s'appellent l'armée de terre, de l'air et la marine. Se cantonner à pourchasser une « ONG terroriste sans statut ni siège social », même terriblement dangereuse, manque de sérieux et de lustre, de panache hollywoodien et de *hard power*… Pour aller au bout des choses, comment valoriser ainsi l'Amérique ? Ou plutôt comment admettre qu'une escouade de types en kurtas, équipés de quelques kalachnikovs et de cutters, puissent préparer tranquillement le 11 Septembre durant deux ans, monter une équipe de dix-neuf kamikazes, détourner des avions et mettre en échec la « seule nation indispensable au monde » (Madeleine Albright) ?

Douloureuse remise en cause que les États-Unis renâclent aujourd'hui encore à entamer (et à laquelle le lamentable Donald Trump ne consentira jamais). Finalement, le bilan opérationnel fait froid dans le dos : « Par la facilité d'un surnom imagé et réducteur (Al Qa'ida) qui réifie la fluidité même de ce réseau, on occulte sa principale caractéristique et la source de sa force. Surnommer crée l'illusion d'identifier l'adversaire en s'en figurant la représentation. Celle-ci est pourtant largement factice, et se satisfait d'une image au lieu de pousser l'analyse, s'arrête à une prénotion commune au lieu de chercher un concept opératoire qui intègre la complexité du réel et contraint à refondre les catégories cognitives préalables[1]. »

Alain Bauer et Xavier Raufer ont démonté le même mécanisme fatal de « sublimation » de l'adversaire dans *L'Énigme Al-Qaida*[2]. Cette dernière appartient au mythe. La bureaucratie Al-Qaida relève du « mirage médiatique », de la manipulation politicienne néoconservatrice (il fallait réagir au 11 Septembre – et le faire voir médiatiquement – en « abattant » un ennemi visible et prétendument fort), et du

1. Gilles Kepel, *Fitna*, *op. cit.*
2. *Op. cit.*

handicap stratégique américain à penser l'ennemi lorsqu'il diffère de soi. Al-Qaida deviendra au plus une marque, une «franchise», jamais un monolithe, une pyramide ou un grand groupe avec son encadrement *corporate* et un compartimentage en modèle fonctionnel ou divisionnel!

Al-Qaida? Une double figure de rhétorique aux yeux de Gilles Kepel : «C'est d'abord une métonymie de ce rassemblement d'islamistes s'entraînant sur le même lieu au djihad [Afghanistan/Pakistan]. Mais ce sera aussi, par dérivation, la métaphore de cette base, dispersée à la surface du globe et maintenue ensemble par les liens et sites en ligne, une "base de données", un microcosme de l'*Oumma* où se retrouvent des "frères en islam" des Philippines à la Mauritanie[1].» Même interprétation chez Michaël Prazan : durant la guerre en Afghanistan, Azzam «donne les clefs» d'un camp d'entraînement à Ben Laden près de Jalalabad. Appelé Al-Massada, ce camp a vite été surnommé «la Base» (Al-Qaida) par les combattants arabes. Parallèlement, le terme devient symbole sous la plume du même Azzam – habité par la pensée de Sayyid Qutb –, dans un éditorial de sa revue mensuelle : «Tout principe a besoin d'une avant-garde qui le porte plus loin et, tout en s'introduisant dans la société, accepte de lourdes tâches et d'énormes sacrifices, écrivait-il. Aucune idéologie, céleste ou terrestre, ne peut se passer de cette avant-garde qui donne tout ce qu'elle possède, afin de lui assurer la victoire. Elle porte le drapeau tout le long d'un chemin difficile et sans fin, jusqu'au moment où elle atteint concrètement sa destination, puisque Allah veut qu'elle y parvienne. C'est *Al-Qaida al Sulbah* ("la base solide") qui constitue cette avant-garde pour la société espérée[2].» Seule l'Histoire autorise l'éclaircissement conceptuel et opérationnel.

1. Gilles Kepel, *Fitna*, *op. cit.*
2. Michaël Prazan, *Frères musulmans*, *op. cit.*

Le djihadisme mondial est une nébuleuse. Il se compose de filières, de réseaux et de liens personnels. Une idéologie puissante, néanmoins traversée d'intérêts (principalement ceux des pétromonarchies du Golfe), anime cette galaxie, cette force «liquide» dont la conscience est née et s'est forgée sur le théâtre planétaire du djihad, entre 1979 et 2001.

Le mirage afghan

Comprendre le djihadisme impose en effet de remonter le temps jusqu'en 1979, au moment de l'invasion de l'Afghanistan par les troupes soviétiques. «La guerre sainte» s'inscrit d'abord dans une histoire, celle de la profonde méconnaissance psychologique, intellectuelle, idéologique et religieuse des moudjahidine – pères fondateurs du djihadisme contemporain – par les Américains.

Les États-Unis pensaient (à juste titre) que le sable afghan engloutirait l'armée Rouge, comme la jungle vietnamienne les avait perdus dans les années 1960. L'idée semblait astucieuse et la répartition des rôles judicieuse sur le papier : les Afghans et les combattants étrangers du monde arabe affrontaient les soldats, les chars et les hélicoptères de l'Empire soviétique, l'Arabie Saoudite payait, le Pakistan assurait la logistique en devenant la base arrière, et les Américains fournissaient les armes. Hélas, Washington a refusé d'intégrer dans son logiciel «guerre froide» une information capitale. En faisant appel aux islamistes les plus rétrogrades, tel le réseau Haqqani, ils ne traitaient pas avec une résistance afghane en mal de démocratie et de libéralisme (politique et économique), mais bel et bien avec des ennemis farouches de l'«impérialisme occidental» et de l'humanisme athée ou laïc. Pas de différence à leurs yeux entre le Kremlin et la Maison Blanche : les moudjahidine ont simplement et cyniquement choisi de hiérarchiser les luttes et de se débarrasser en priorité de l'envahisseur en acceptant le soutien yankee, avec une parfaite lucidité tactique. Le reste s'en déduit aisément, ou tout au moins se décrypte sans difficulté majeure.

Une fois l'étoile rouge vaincue, le drapeau à brûler devenait la bannière étoilée... Comment expliquer une telle erreur d'analyse ? En évitant le péché irrémissible de l'historien : l'anachronisme. Les chroniques de l'islamisme et du djihadisme salafiste depuis le 11 septembre 2001 nous éclairent sur les motivations, l'idéologie et les acteurs de la violence terroriste islamiste qui sévit depuis la chute des tours jumelles. Certes, l'Occident aurait déjà pu tirer des enseignements utiles de l'épisode bosniaque et algérien des années 1990, mais les illusions du nouvel ordre international obscurcissaient encore les esprits. En tout état de cause, dans la décennie 1980, les pieux Afghans brillaient de mille feux : les chevaliers du Prophète se confondaient, dans l'esprit des Occidentaux, avec les héros de la liberté et les brigades internationales antifascistes, à ceci près que le fascisme totalitaire s'habillait désormais en rouge communiste... En 1988, même Rambo faisait leur éloge !

Le piège de l'anachronisme

La CIA ne se projetait pas dans le futur, elle se remémorait le passé pour interpréter le présent et forger son système d'aide à la décision politico-militaire. Venger le Vietnam et décrédibiliser l'URSS, voilà l'objectif qui guidait l'appareil stratégique de l'Oncle Sam, ainsi que son dispositif de guerre symbolique (idéologique et médiatique). On a gravement sous-estimé les cavaliers afghans d'Allah en les percevant comme de sympathiques vestiges d'un Orient médiéval – quasi romantique et terre d'aventures – qui retourneraient sagement dans leurs montagnes (ou, pour les étrangers, dans leur patrie), une fois les Soviétiques expulsés du pays. Erreur magistrale, néanmoins compréhensible si l'on pense que toutes les nations et tous les peuples de la Terre raisonnent en s'appuyant sur les grilles de lecture de l'affrontement Est-Ouest et partagent sans nuance les convictions idéologiques de l'un ou l'autre camp.

Plaçons ce conflit phare des *eighties* sous le microscope, afin d'avancer davantage dans cette passionnante et dramatique séquence de la genèse djihadiste. Au cœur du combat afghan agissait un homme déterminant, membre de la confrérie des Frères musulmans, Abdallah Azzam. Il a révolutionné le concept de djihad, ou plutôt altéré considérablement son sens, dans le but d'en faire l'arme la plus puissante de l'histoire stratégique de la fin du XXe siècle.

Théologiquement, le djihad (signifiant «faire un effort», «se mettre en tension, en marche vers») désigne d'abord une quête, un chemin spirituel (devenir un croyant chaque jour plus proche de l'obéissance à la volonté divine). On le qualifie alors de «grand djihad». On l'interprète et on ne le décrète dans son sens militaire («la guerre sainte»), en le nommant «petit djihad», que dans des conditions extrêmement restrictives. Considéré originellement comme une obligation collective et défensive, il ne peut être déclaré que par un souverain légitime, afin de protéger un territoire attaqué. C'est un appel aux armes qui concerne une population désignée et non l'intégralité de l'*Oumma*.

Azzam a revisité radicalement ces fondements théologiques (cf. *Rejoins la caravane*, véritable manifeste du djihad afghan, qu'il a écrit en 1987) et affirmé qu'un seul érudit religieux peut légitimement appeler au djihad, tout en martelant sans relâche que celui-ci se définit comme une obligation individuelle. Conclusion ? Si un territoire musulman subit un assaut, chaque musulman de la planète doit prendre les armes pour se porter au secours des croyants agressés. Ainsi s'est ouverte la brèche dans laquelle se sont engouffrés tous les volontaires arabes, appelés les «Afghans» à partir des années 1990, lorsqu'ils sont retournés dans leur pays de naissance ou qu'ils ont migré sur d'autres scènes du théâtre d'opération mondial djihadiste. Abdallah Azzam a complété son dispositif de recrutement par l'arsenal doctrinal, en valorisant la notion de martyre – davantage présente dans le chiisme ou le christianisme, avec le sens de «témoin de la foi», que dans l'islam sunnite –, pour en faire un carburant du moudjahid. S'inspirant de la toute neuve République islamique d'Iran de Khomeini, il a diffusé l'idée que le martyr doit même provoquer sa mort, souhaiter perdre la vie, afin d'emmener avec lui dans la tombe un maximum de mécréants.

Ne restait plus qu'à organiser concrètement la résistance armée aux Soviétiques sur le terrain. Ce à quoi Azzam a travaillé activement en compagnie d'Ayman al-Zawahiri et d'un certain Oussama Ben Laden. Avec l'appui des Américains, ils ont d'abord mobilisé les ressources humaines du territoire afghan et de ses intégristes les plus résolus, puis se sont attachés à construire les bases de ce qui se dévoilerait rapidement comme une véritable internationale djihadiste, à savoir le Bureau des services, le MAK (*Maktab al-Khadamat*), complété par la «maison des volontaires (ou partisans)» (*Beit al-Ansar*). Soutenu par l'Oncle Sam, cet organe souple et très léger, financé par Ben Laden et les Saoudiens, naît en 1984 dans la ville pakistanaise de Peshawar. C'est là que tout commence.

Depuis l'ère Clinton (précisément le 14 août 1996, date de la première note d'information sur l'Islamic Salvation Foundation d'Oussama Ben Laden, dite Al-Qaida), les États-Unis persistent à décrire la franchise du djihadisme salafiste comme une organisation centralisée (une sorte d'IRA islamiste). C'est tout le contraire : Al-Qaida se compose uniquement du fichier informatisé des combattants étrangers venus faire le djihad en Afghanistan dans les années 1980 et de camps militaires où s'entraînaient lesdites recrues avant de rejoindre les moudjahidine. En aucun cas on ne peut l'assimiler à une structure juridique et opérationnelle au sens occidental. Ces éléments (base documentaire et archipel de bases militaires) constituent l'héritage du Bureau des services, du MAK. Celui-ci organisait l'arrivée de volontaires arabes, les accueillait, les entraînait, puis les répartissait dans les unités de combat afghanes.

Au passage, Ben Laden a créé sa propre unité de combat, dotée d'un campement (*al-ma'sada*, la « tanière du lion »). Il a su se faire mettre en scène par le documentariste égyptien Essam Deraz. Les images sont connues : on le voit évoluer parmi d'humbles combattants, faisant ainsi passer au second plan son statut de milliardaire saoudien et se métamorphosant progressivement en icône du djihad. Le MAK est l'embryon de l'internationale djihadiste, dont on retrouve bientôt les membres en Bosnie et en Algérie, dans les années 1990. Le courant djihadiste mondial se définit donc d'abord comme un réseau de combattants, d'hommes liés par la guerre faite ensemble sur les fronts les plus difficiles. Quant à Al-Qaida, Alain Bauer et Xavier Raufer la décrivent parfaitement : « Cette entité fonctionne comme un cancer. Un noyau originel expédie des signaux (ici, des fatwas, des encouragements, des admonestations, des blâmes) à des cellules réceptives, qui ensuite s'animent, prolifèrent – métastasent –, ce qui n'est pas du tout le modèle d'une organisation[1]. » C'est une espèce d'« amicale des vétérans du djihad afghan[2] », des

1. Alain Bauer et Xavier Raufer, *L'Énigme Al Qaida*, *op. cit.*

2. D'après Alain Bauer et Xavier Raufer, les estimations des volontaires partis combattre en Afghanistan dans les années 1980 varient entre 12 000 et 120 000 hommes… Difficile, dès lors, de préciser la taille réelle des réseaux

dizaines de micro-entités interconnectées, coopérant selon une géométrie variable.

Lorsque les services américains imaginent que l'acte de naissance d'Al-Qaida se confond avec une simple réunion à Peshawar, en août 1988, à laquelle participent notamment Ben Laden, Mohamed Loay Bayazid « Abu al-Rhida », Wael Julaidan « Abu Hasan al-Madani » et Mamduh Mahmud Salim « Abu Hajir », ils s'égarent totalement. Ce n'était qu'une énième séance de travail rassemblant des vétérans du djihad afghan à propos de l'envoi de recrues sur une base militaire, avant qu'ils ne partent combattre les Soviétiques et le régime inféodé de Kaboul (quelques mois avant la fin du conflit). Oussama Ben Laden n'a jamais fondé une organisation, il s'est contenté de faire prospérer les ressources du MAK, d'entretenir les liens entre les « Arabes afghans », de fédérer les réseaux et nébuleuses, ainsi que de communiquer sur sa conception du monde et ses intentions.

Cette stratégie lui a fait mettre sur pied en Arabie Saoudite un Front islamique international, destiné à défendre son pays d'origine contre Saddam et à reconquérir le Koweït sans l'aide des Occidentaux. Repoussée par le gouvernement saoudien, cette fédération de mouvances regroupait Jama'a Islamiya, Djihad islamique (tous deux égyptiens), Jaish-e-Mohammed (l'Armée de Mahomet, Jordanie) et Al-Ansar (Cachemire), qui ont pris l'habitude de coopérer, malgré le camouflet de la famille royale.

Ce qui l'a conduit à publier, le 23 août 1996 (depuis Khorasan, en Afghanistan), une déclaration de trente

tissés et de mesurer précisément l'ampleur du danger. Cependant, cela signifie déjà que des milliers d'hommes capables du pire sont en contact les uns avec les autres depuis trente ans. Leur maillage informel d'individus et de microcellules souples s'étend des États-Unis au Pakistan, de la Scandinavie au Soudan, de la Suisse à l'Afghanistan, de l'Allemagne au Canada.

pages, cardinale dans la mesure où elle cristallisait théologiquement son parcours ultérieur. Le texte s'intitulait *Déclaration de guerre contre les Américains occupant la terre des deux Saintes Mosquées – Expulsons les infidèles de la péninsule arabe.* Ce qui l'a également amené, en février 1998, à lancer le « Front mondial du djihad (ou Front islamique mondial) contre les juifs et les croisés », avec Amine Dhaouahri et Ayman al-Zawahiri (chef du Djihad islamique égyptien), Rifaï Ahmed Taha (chef de la Jama'a Islamiya égyptienne), Abdessalam Mohamed (patron du Djihad bangladeshi) et Fazlur Rehman Khalil (chef du mouvement Al-Ansar du Pakistan). En août 1998 avaient lieu les attentats contre les ambassades américaines de Nairobi et Dar es-Salam, qui ont fait près de 300 morts… Le courant djihadiste mondial s'était, par ailleurs, déjà signalé avec le premier attentat du World Trade Center (6 morts, 1 042 blessés), piloté par Omar Abdel Rahman (le « cheikh aveugle ») et Ramzi Ahmed Youssef.

Durant les années 1990, après son retour d'Afghanistan et sa déception liée au refus du royaume d'en faire son défenseur face à l'Irak baassiste, Oussama Ben Laden quitte de nouveau l'Arabie Saoudite en 1991 pour la capitale du Soudan, Khartoum. Il se consacre alors au renforcement de ses liens avec les djihadistes du monde entier, entretenant les réseaux existants et en créant de nouveaux. Nombreux sont ceux qu'il finance. Ayman al-Zawahiri lui rend régulièrement visite. En 1992, il crée un instrument d'influence à Londres, afin de diffuser ses idées et de se rapprocher d'autres représentants de l'islam radical : Advice and Reform Committee (Comité pour le conseil et la réforme), dirigé par Khalid al-Fawwaz. Ce dernier a réalisé par la suite les premières interviews de Ben Laden pour des télévisions internationales.

À l'époque, on qualifie la capitale britannique de « Londonistan » : des djihadistes venus de tous les pays s'y retrouvent. Ce sera le cas jusqu'au lendemain des attaques terroristes à Londres, en juillet 2005. On peut y rencontrer Abou Qatada al-Filistini, Abou Moussab al-Souri, Omar Bakri et Abou Hamza al-Masri. Arrêtons-nous quelques instants sur l'un d'entre eux. Abou Moussab al-Souri, frère musulman d'origine syrienne (naturalisé espagnol après son mariage), est l'auteur en 2005 d'un texte fondamental du djihadisme salafiste, l'*Appel à la résistance islamique globale*, dans lequel il théorise le djihad comme « système et non organisation ». Il développe l'idée que l'avenir du combat de l'islam radical consiste à multiplier les petites cellules décentralisées, mobiles et autonomes. Internet et la vidéo permettent de répandre les idées islamistes, de coopérer à distance et d'inspirer les actions violentes, en se dispensant d'une organisation au sens strict. Opérations militaires, politiques et médiatiques se révèlent intrinsèquement liées. Idéologie salafiste djihadiste et médias se soutiennent mutuellement, explique-t-il en substance. Le Web 2.0, les réseaux sociaux constituent un instrument formidable de propagande et de décentralisation de l'action djihadiste.

Poursuivons le récit des tribulations d'Oussama. Le 18 mai 1996, il quitte le Soudan pour rejoindre l'Afghanistan, terre de ses premiers succès. Il atterrit dans le nouveau paradis du djihadisme, désormais dirigé par le mollah Omar et ses talibans, avec le soutien des services secrets militaires pakistanais. Ses camps d'entraînement d'antan demeurent opérationnels. La préparation du 11 Septembre va commencer. Il entend coaliser tous les « Arabes afghans » et travaille à la constitution du Front islamique mondial de 1998, précédemment mentionné. Ben Laden et al-Zawahiri finalisent alors leur virage stratégique, consistant à privilégier à l'avenir le djihad global, la lutte contre l'« ennemi lointain », plutôt qu'à se focaliser sur les « ennemis proches » (la monarchie saoudienne pour le premier, le régime égyptien pour le second). L'Oncle Sam protégeant ses alliés moyen-orientaux, affaiblir l'un, c'est fragiliser les autres. Par ailleurs, provoquer Washington produira mécaniquement des représailles, dont ils espèrent qu'elles fédéreront les peuples musulmans derrière eux.

Durant ces cinq années, Al-Qaida bénéficiant d'un enracinement territorial, des comités spécialisés se cristallisent (affaires militaires, renseignement, propagande, recrutement, etc.), mais il serait erroné d'en tirer la conclusion d'une bureaucratisation de « la base ». Cette dernière reste un réseau, une vision du monde et une mouvance. En mouvement permanent, elle évolue au gré des rencontres. Notons par exemple que le *9/11 Commission Report* (le rapport de la commission d'enquête du Congrès) précise que Khalid Shaikh Mohammad (KSM) (surnommé le « cerveau » des attentats du 11 Septembre[1]) ne s'associe à Ben Laden qu'en 1999, précisément pour préparer l'opération de 2001, sans jamais lui faire formellement allégeance. Avant cette date (de 1987 à 1992), en particulier durant la guerre d'Afghanistan et juste après, il était un proche du cheikh wahhabite Abdul Rassoul Sayyaf ; on est donc loin des matrices organisationnelles d'une administration ou d'une armée occidentale !

Parallèlement, Ben Laden multiplie les entretiens diffusés par les grands médias arabes, pakistanais et américains. Il ne recule pas devant la mise en scène, le show médiatique : il fait filmer des troupes à l'entraînement dans la montagne, qui le reconnaissent comme chef suprême.

1. Diplômé en ingénierie en mécanique d'une université de Caroline du Nord ; ce qui montre bien (voir plus haut) que la radicalisation ne dépend pas du niveau d'instruction…

Spectacle qui sert au recrutement, comme à la démonstration de force.

À la suite des deux attentats – portant la marque Al-Qaida – du 7 août 1998 au Kenya (Nairobi) et en Tanzanie (Dar es-Salam), les représailles américaines assurent la notoriété planétaire du milliardaire terroriste et lui garantissent un flux de recrues, entretenu par les attaques suivantes contre le destroyer *USS Cole*, en octobre 2000, et contre le pétrolier français *Limbourg*, en octobre 2002.

De la Bosnie à l'Algérie

Tandis que Ben Laden forge son statut d'icône de l'islam radical, les djihadistes trouvent deux nouvelles terres où se battre. En 1992, la guerre civile débute en Bosnie. Des milliers d'étrangers s'y rendent et constituent bientôt la Brigade des moudjahidine. Des vétérans de l'Afghanistan en font partie, mais aussi de nouveaux venus, déjà musulmans ou fraîchement convertis. Le conflit une fois terminé, ils rentrent dans leurs foyers et forment des cellules djihadistes répandues à travers l'Europe. Ici aussi, Al-Qaida prospère, solidifie des réseaux. Les États-Unis et l'Europe assistent une fois de plus, de façon passive, au renforcement de l'Académie du djihad…

Après les accords de Dayton, en 1995, les attentats se succèdent en Bosnie, visant à plonger le pays dans le chaos. Les nations européennes n'échappent pas à l'onde de choc du djihad bosniaque : on se rappelle en France la série de braquages du « gang de Roubaix » en 1996. Ainsi que l'écrit Asiem El Difraoui, « outre l'implantation de réseaux djihadistes en Europe, la Bosnie a joué un rôle fondamental dans l'élaboration du grand récit djihadiste, et tout particulièrement dans ses théories du complot, les djihadistes soutiennent en effet que les accords de Dayton n'ont eu pour seul but que d'empêcher leur victoire dans les Balkans et l'établissement d'un État islamique en Europe[1] ».

Au même moment, en décembre 1991, la victoire du Front islamique du salut (FIS) en Algérie plonge rapidement le pays dans une période de ténèbres. Craignant d'être balayé, le gouvernement suspend le processus électoral et laisse la place à un Haut Comité d'État, dirigé par les militaires. En quelques semaines, des milliers de membres et sympathisants du FIS sont arrêtés et internés, ce qui durcit encore la radicalisation des prisonniers, accroissant plus que jamais l'audience des « Arabes afghans ».

Une nouvelle fois la « Djihad Academy » fait le plein… La répression militaire accentue chaque jour l'escalade de la violence. Le FIS une fois dissous, une partie de ses membres appelle au combat armé : le Groupe islamique armé (GIA) voit le jour, où l'on compte une part insigne d'anciens combattants d'Afghanistan. On connaît bien la suite avec les attentats en France, à partir de 1995. Le GIA porta la violence hors du territoire national, dans le cadre de sa stratégie proprement algérienne de fragilisation – vouée à l'échec – du pouvoir militaire.

Certains membres du GIA choisissent l'option maximaliste, donnant naissance au Groupe salafiste pour la prédication et le combat (GSPC), lequel prête allégeance à Al-Qaida et prend le nom d'AQMI (Al-Qaida au Maghreb islamique) en janvier 2007. Cent vingt mille Algériens trouvent la mort au cours de ce qu'il faut bien nommer une guerre civile. Ce conflit sanglant atteint la France à Noël 1994, lorsque des djihadistes s'emparent d'un Airbus d'Air France, assurant la liaison Paris-Alger. Deux cent

1. Asiem El Difraoui, *Le Djihadisme*, PUF, « Que sais-je », 2016.

vingt passagers se trouvent à bord. Les pirates exécutent trois otages avant que les services de sécurité algériens consentent au décollage de l'avion vers Marseille. À leur arrivée, le GIGN prend d'assaut l'appareil et abat tous les preneurs d'otage. Il semble vraisemblable que le projet des terroristes consistait à projeter l'Airbus contre la tour Eiffel. Le 25 juillet 1995, c'est une bombe qui explose dans la station de métro et de RER Saint-Michel, en plein cœur du quartier Latin (8 morts et 117 blessés) ; le GIA revendique l'attentat.

Ce dernier est le commencement d'une demi-douzaine d'actions réparties entre Paris et Lyon. Au centre de cette flambée de violence, Khaled Kelkal, un Franco-Algérien de vingt-quatre ans, originaire de la banlieue lyonnaise (Vaulx-en-Velin), finalement tué par la police le 29 octobre 1995. Sorte de concentré de djihadiste salafiste européen, son parcours illustre la transition entre le terrorisme islamiste importé et le terrorisme domestique. Lors de vacances en Algérie en 1993, des membres du GIA (des « Arabes afghans », sans doute) le radicalisent assez rapidement, en s'appuyant sur son sentiment d'exclusion ayant entraîné une plongée dans la délinquance (braquages). En prison, il se rapproche de salafistes, apprend l'arabe et achève cette transformation qui lui paraît donner sens à son existence et apaiser son conflit intérieur identitaire. Un cheminement qui deviendra classique la décennie suivante…

La force liquide islamiste

En tout état de cause, du point de vue de la compréhension et de la désignation de l'adversaire, l'Occident est contraint à un changement total de posture au cours des années 1990. Le danger ne vient plus désormais d'« États voyous» utilisant et pilotant le terrorisme comme un instrument supplémentaire dans leur arsenal de nuisances. Il s'enracine dans une force liquide, en mutation constante, capable de s'appuyer exclusivement sur des réseaux humains et des geeks, ou de profiter d'un contexte géopolitique favorable en cas de territorialisation plus ou moins durable du djihad (Afghanistan, Soudan, Algérie, Bosnie, Irak et Syrie). Une idéologie se rétracte et se déploie, investit puis se retire de ses expressions opérationnelles : elle ne meurt pas parce que son véhicule, son vecteur, se transforme. Comme l'eau, elle s'infiltre dans les interstices et trouve toujours un chemin. Contrer une idée exige de procéder à son assèchement, de lui retirer les terres fertiles dans lesquelles elle prospère et trouve de quoi grandir. Il importe dès lors de ne pas confondre ses incarnations conjoncturelles avec son essence, tout en se montrant capable de la priver de ses sources de carburant…

Dans le passé, l'ennemi disposait d'une idéologie totalitaire, répandant l'intolérance et la mort, mais il persistait dans une identité clairement décryptable, possédait tous les attributs d'une «puissance du mal», à l'organisation et aux moyens lisibles, dotée de limites stables et facilement visibles (des frontières, notamment, un potentiel militaire traditionnel, un modèle organisationnel – administratif – aisément compréhensible, etc.). Aujourd'hui, l'ennemi salafiste djihadiste change régulièrement de visage et de comportement. Il s'adapte et évolue vite. Or les États ne sont pas naturellement configurés pour suivre ce rythme extrêmement dynamique. Cette agilité de la cible leur demande une adresse de félin ou de chevalier Jedi, chacun choisira sa référence… Le tempérament bureaucratique ne s'avère pas compatible avec l'islamisme violent du siècle digital, rompu à l'exercice de l'influence numérique, connaissant de façon intime, de l'intérieur, les faiblesses des sociétés ouvertes, et ne reculant devant rien pour exploiter les vulnérabilités les plus criantes de l'Occident. À commencer par son goût inaltérable et trouble pour le spectacle de la peur.

8

Médias et terrorisme islamiste : un cercle vicieux qui favorise la guerre de l'information djihadiste

Puisque les médias participent largement à la perception des problématiques de sécurité, et à la réputation des différentes organisations et personnes qui en constituent les acteurs, il paraît évident qu'il faut bien appréhender la mécanique du « spectacle » s'emparant de la question de l'insécurité, et donc du terrorisme en particulier. Pourquoi ce spectacle de la peur qui saute aux yeux de chacun d'entre nous ? Pourquoi cette mise en scène du crime, plutôt que sa compréhension profonde – étape nécessaire à la lutte contre toutes ses formes ? Parce qu'une collectivité désenchantée doit se divertir pour oublier, à chaque instant, que nul projet ne finalise son futur. Lorsque l'on ne croit plus en demain, autrement dit quand rien ne suscite d'espérance, il faut passer le temps… Et rien n'attire plus le spectacle que le malheur et le crime, c'est-à-dire l'insécurité… ! Dès lors, la machine médiatique peut tourner à plein régime. On en connaît les mécanismes. D'abord, un déluge informationnel permanent, qui se focalise sur l'événement au détriment de l'analyse. De ce fait, la recherche absolue du scoop abolit toute mise en perspective. Ensuite, l'uniformité de l'*infotainment*, puisque le monde des journalistes est un milieu fermé et que le risque de conformisme s'avère immense. Enfin, sur le dogme du quatrième pouvoir se renforce systématiquement une véritable « idéologie journalistique » qui rend toute critique extérieure difficile, concernant la qualité de processus de fabrication de l'information.

L'infotainment terroriste

Conséquence ? Il y a désormais peu d'espace pour le journalisme d'investigation, au profit d'un véritable « journalisme d'inquisition » (prenant à la fois la posture du juge et de l'intellectuel), dont sont souvent victimes les services de sécurité et de renseignement. Précisément parce que tout cela est, hélas, devenu un spectacle... Cette inquisition vise à créer le show, à entretenir l'audimat. C'est la même dynamique qu'illustre la disparition de la hiérarchie de l'information, l'égalisation de tous les événements et de tous les genres. Une seule catégorie existe en réalité : l'*infotainment*... De ce fait, seul le criminel compte parce qu'il est malheureusement le « héros », le personnage principal, dont les médias retiennent le nom, le confiant à l'Histoire, au détriment des victimes, dont bientôt chacun oubliera l'identité... Le magazine *Rolling Stone* l'a illustré à la perfection en réservant sa couverture d'août 2013 au terroriste de Boston, Dzhokhar Tsarnaev... On éprouve une certaine sensation d'irréalité en le voyant assimilé à une sorte de rockeur désinvolte.

Le 18 février 1976, Roger Gicquel lançait en ouverture du journal télévisé son fameux : « La France a peur »... À Troyes, un enfant, le petit Philippe Bertrand, avait été enlevé puis tué par Patrick Henry, qualifié alors – pour reprendre les mots exacts de l'époque – de « malade mental ». Le présentateur vedette mettait cependant en garde contre l'envie de vengeance expéditive. Sans doute sans le vouloir venait-il toutefois de marquer symboliquement l'entrée dans l'ère du show sécuritaire… Du journal de 20 heures à la diffusion, *via* les canaux médiatiques, des légendes urbaines (des histoires fausses, *a priori* vraisemblables et possédant des variantes), il ne s'agit désormais que d'assurer le bon fonctionnement du théâtre de l'angoisse, qui fascine les spectateurs. La télévision et Internet ne sont plus la forme moderne de l'œil divin, l'arme du Big Brother à l'ancienne, mais les instruments de l'observation de tous par tous : en témoignent les émissions d'exposition de la vie privée (cf. *Loft Story* puis *Secret Story*)… Par conséquent, l'information dite sérieuse tend aujourd'hui à utiliser les mêmes recettes de transformation de faits en légendes, à savoir l'amplification, le déplacement et la reconstruction. Légendes qui alimentent par la suite de nombreuses paniques (alimentaires, technologiques, etc.).

Que penser, au bout du compte ? Faisons l'hypothèse, assez solide, que l'insécurité ne se confond pas avec le spectacle de l'insécurité. La première est une question liée à l'extension de la société de défiance, la seconde un show business… Ce qui est certain, c'est que le spectacle contemporain de la peur altère considérablement les faits et biaise l'analyse. Notre société n'est pas plus violente aujourd'hui qu'hier : mais cette violence se développe désormais sous des formes extrêmement variées et se répand dans de nouveaux espaces sociaux ou privés. À une violence de très haute intensité localisée dans le temps, a succédé une violence de plus basse intensité, quasi permanente, à la fois diffuse et formant des abcès de fixation (dans les quartiers dits sensibles, par exemple). Cette évolution exige dès lors d'être minutieusement décryptée : l'avenir de notre nation en dépend. Et la sphère médiatique – parce que c'est sa nature, sa finalité – tente de nous l'interdire… Terroristes et criminels en tout genre ont compris cette triste vérité : les médias n'expliquent pas grand-chose de la violence, ils contribuent paradoxalement au « succès » du mal, en lui offrant sa plus belle victoire, un écho éternel, une trace de la fascination qu'il exerce…

On en conclut aisément que la logique du spectacle ne facilite pas, entre autres, la compréhension de la thématique du terrorisme. Le traitement médiatique des attentats s'enracine dans une focalisation informationnelle de quarante-huit heures, suivi d'un désintérêt tout aussi brutal. Certes, à intervalles réguliers, nous aurons quelques nouvelles de l'« avancée de l'enquête ». Mais, globalement, les médias passent à autre chose. La vie médiatique contemporaine repose en grande partie sur ces moments de direct où la tension, à son paroxysme, rive à leurs écrans les spectateurs, hypnotisés par le sensationnel et la frénésie. Toutes les caméras sont sur les lieux, les chaînes diffusent en continu des flashes. Société de l'information, dit-on ? À condition de bien mesurer ce que cette formule signifie. Elle désigne tout ce qui est porté à la connaissance d'un public, plus ou moins étendu. Ce n'est pas pour autant que l'ensemble des contenus qu'elle véhicule éclaire le réel…

D'une certaine manière, cela est compréhensible et fatal. Ce qui pose en réalité un problème, c'est la saturation de nos écrans par les images et les discours durant les premières heures. Pourquoi cela introduit-il une difficulté fondamentale ? Parce que cette surexposition temporaire virale nuit à l'intelligence du phénomène djihadiste. D'abord parce que l'on concentre l'attention sur le terroriste, au risque de le « starifier » auprès de ses imitateurs potentiels. Seul le criminel compte car il est, hélas, le personnage central, dont les médias retiennent le nom… Deuxièmement, nous nous acharnons à vouloir faire du phénomène de la violence intégriste un mécanisme simple, par exemple sur le modèle suivant : un radicalisé, un commanditaire, un commando, des armes automatiques, des cibles prévues de longue date, etc. Tout cela parce que la société du spectacle a besoin de catégories simples. L'ère de l'information apparaît trop souvent comme une fable : elle entretient l'illusion que chacun de nous bénéficie en temps réel de toutes les données possibles. Nous vivons dans l'illusion de l'immédiateté, de la transparence du réel et de la disponibilité totale du savoir. À bien y regarder, le bombardement ininterrompu de données brutes ou faussées ressemble fort à une régression de la culture démocratique et de la diffusion de l'esprit critique : il ne favorise pas l'apprentissage et le progrès cognitif, mais répand le *sentiment de savoir…*

Le phénomène d'addiction à l'information, dont rendait compte Michel Lejoyeux dans *Overdose d'info*[1], repose sur la consommation boulimique d'actualités, d'abord véhiculées par le JT et les chaînes d'information en continu, puis aujourd'hui par les alertes d'une extrême brièveté envoyées sur nos smartphones. L'objectif est simple : être au courant, plus que comprendre. Cette addiction prend des formes analogues à un syndrome physiologique. En effet, l'hypocondriaque estime que son corps est malade ; l'hypocondriaque médiatique est, quant à lui, convaincu que le monde entier est malade, vit dans l'angoisse permanente. Le média relaie la somme de toutes les peurs, accentuant les menaces les plus « proches » (dans le temps et l'espace) et négligeant les menaces à plus long terme. Internet a ouvert en grand le robinet informationnel : il n'y a plus de tri préalable ; c'est quasiment le « score » réalisé par un sujet qui va en déterminer le caractère stratégique. De surcroît, en quelques années, les acteurs de l'information se sont multipliés, sans pour autant faire office d'antidote à la standardisation des messages. La facilité à éclipser pendant

1. Michel Lejoyeux, *Overdose d'info. Guérir des névroses médiatiques*, Éditions du Seuil, 2006.

une longue période un ensemble de faits, au profit d'une «actualité», puis à l'évacuer sans délai au bénéfice d'un autre sujet, s'avère problématique. L'excès de données aboutit paradoxalement, mais sûrement, à une carence d'informations à valeur ajoutée, porteuses de sens. Une information utile se construit notamment grâce à une activité de veille rigoureuse. Personne ou presque n'étudie sérieusement et longuement une question, mais tout le monde a un avis sur l'instant...

Aux yeux d'un assez large public, le djihadiste (celui qui partait en Syrie ou assassinait des innocents en Europe) appartient au camp des fous, mérite sa place à l'asile, ou devrait pourrir en prison depuis des années, étant donné qu'il serait un «criminel-né»... Quel autre avis pourrait-il avoir? Les médias, lors de chaque attentat, bourdonnent frénétiquement en fredonnant inlassablement la même chanson : l'auteur est un déséquilibré ou un délinquant connu des services de police, fiché S, radicalisé! Notons que le cumul est possible : un psychopathe, voyou et intégriste, c'est encore mieux... Le téléspectateur en déduit logiquement qu'il convient d'interner tous les fichés S (dans des prisons ou des camps dédiés, peu importe) et de garder à l'œil les «malades mentaux», puisqu'ils risquent de devenir dangereux. On placera peut-être bientôt des patrouilles Sentinelle devant les centres médicaux et les pharmacies pour repérer les dépressifs et les empêcher de nuire, avant qu'ils ne se transforment en kamikazes sous Tranxène...

La dictature du spectacle

Pourquoi sommes-nous arrivés à une telle impasse? En raison de ce que j'exposais précédemment : l'audience, la nécessité de scotcher M. et Mme Tartampion sur leur canapé, devant l'écran (ou face à leur smartphone). Et seul ce qui est caricatural fascine immédiatement, permet d'exciter les passions primaires et de rendre dépendant du cycle des images et des commentaires successifs. Tout raisonnement qui ne se traduit pas facilement en images et formules chocs ne compte pas, n'existe pas, car il ne présente aucun intérêt pour les journalistes animant un plateau télé… Non parce qu'ils n'y comprennent rien ou ne s'intéressent pas au sujet (j'en croise beaucoup avec lesquels les conversations hors antenne se révèlent très stimulantes), mais bel et bien parce que la logique structurelle des médias contemporains les pousse à la mise en scène, à la fabrication d'un show. Il faut donc descendre mécaniquement la liste de tous les items de la théâtralisation méthodique, régulièrement déployée par les pivots du système moderne de l'information et de la communication de masse. Construire le *storytelling*, « raconter une bonne histoire », facile à assimiler, rythmée, mobilisant les affects et les passions, enchaînant les « moments forts » et les « intrigues », illustrée par des témoignages, des reportages et des vidéos d'amateurs, voilà l'impératif absolu, l'urgence de chaque instant.

Que faire face à une telle dynamique structurelle ? *A priori*, pas grand-chose… Les logiques à l'œuvre semblent trop puissantes : le spectateur est hypnotisé et les médias veulent faire de l'audience. Persévérer dans le dialogue entre les uns et les autres, tenter de diffuser de l'expertise dans le « débat » médiatique pour freiner l'inflation nihiliste des productions les plus délirantes de la machine féroce du divertissement, c'est l'unique but que l'on peut se fixer, en restant conscient des limites d'une telle approche.

À cet égard, dans le cadre d'un dialogue sociétal souvent trop passionné et manquant de connaissances solides sur la sécurité globale de la nation, des structures dédiées à la rencontre des expertises (à la fois instruments de formation et de recherche) pourraient apporter un peu de raison à la couverture informationnelle du sujet du djihadisme. Toutefois, il n'existe pas aujourd'hui de structure bénéficiant du profil, de l'indépendance vis-à-vis du politique et de la notoriété nécessaire pour remplir pleinement ce rôle. De plus, dans un contexte budgétaire difficile, l'État ne peut apporter que des moyens limités.

Tant qu'un organe *ad hoc* n'a pas été créé, et si l'on élaborait une stratégie de développement capable de gérer ces contraintes tout en permettant un meilleur déploiement des potentialités des structures actuelles, voici les huit axes sur lesquels elle devrait reposer :

1. Repenser le travail collectif des organismes existants pour cristalliser et rendre pleinement visible une expertise sur les thèmes stratégiques suivants, fortement médiatisés : défense et géopolitique, guerre économique, lutte antiterroriste, incivilités, délinquance et violences urbaines, criminalité organisée, réponses pénales (justice et monde pénitentiaire), cybersécurité, protection des entreprises et gestion de crise. Ce qui n'exclut absolument pas d'autres thèmes, mais établit simplement des points d'effort prioritaires. Il est à noter qu'une telle réorganisation permettrait de réduire certaines dépenses et de maximiser l'efficacité de la dépense publique, tout en augmentant les ressources propres.

2. Investir le cybermonde et le «système solaire» intellectuel orbitant autour du pôle interministériel compétent (Éducation nationale et jeunesse, enseignement supérieur, recherche et innovation, culture, numérique) pour faire connaître de façon décisive l'expertise de ce dispositif au sein de la société civile (la notoriété passant aujourd'hui par une occupation claire de ce terrain majeur de la communication). La construction d'un site de contenus, interactif, et d'une présence (pas anecdotique mais stratégique)

sur les réseaux sociaux en constitue la base. Cela va de pair avec le renforcement vigoureux de la politique de publication et d'édition (contenus papier et numériques). Le champ académique connaît encore trop peu ces milieux dédiés à l'approfondissement des connaissances liées à la sécurité nationale. C'est par la recherche que cette ignorance mutuelle pourrait être combattue. Ce qui débouche bien sûr sur la nécessité de construire des partenariats avec des universités, grandes écoles et think tanks formant des acteurs structurants du débat académique.

5. La construction d'une authentique politique de communication. Un plan de communication, étalé sur au moins trois ans et visant un ensemble de supports ou vecteurs, s'avère indispensable : Web 2.0, presse écrite et en ligne, revues spécialisées, émissions télévisées spécialisées, événementiel, etc.

6. Le développement à l'international s'impose comme une ambition indispensable – à commencer par l'échelle européenne. Dans le débat mondial sur les questions de sécurité globale, de nombreux think tanks anglo-saxons monopolisent la création et la diffusion de concepts. Il s'agirait de tisser des collaborations avec des organismes européens similaires, et de s'inscrire plus fortement dans la communication internationale et l'édification de doctrines sur ces sujets.

7. Accroître fortement l'interaction avec le secteur privé, laquelle reste encore mineure. Des programmes « sur mesure » de formation et de recherche pourraient notamment être proposés à des entreprises des secteurs stratégiques.

8. Diffuser sérieusement les fondamentaux d'une culture de sécurité dans l'Éducation nationale.

Toutefois, cette feuille de route ne serait qu'un pis-aller. Il convient de forger des acteurs du débat sur la sécurité nationale qui ne se vautrent pas dans la soumission aux gouvernements du moment, tout en s'affirmant parfaitement constructifs, aucunement vindicatifs et dénués d'usines mentales à petits calculs partisans, reflets des intrigues politiciennes... L'État a besoin d'une expertise honnête, pas d'une cour de fonctionnaires-théoriciens lyssenkistes, se livrant à l'exégèse de discours ministériels pour savoir comment ils pourraient mieux plaire au Prince, en se fichant comme d'une guigne de la cohérence intellectuelle la plus élémentaire – j'ai assisté à une telle scène sous la présidence Hollande, à l'École militaire : j'ai été contraint d'observer en pleine action un préfet se livrant à un exercice de commentaire de texte, qui m'a donné à la fois envie de rire et de pleurer...

Bien entendu, la construction de cette capacité de réflexion requiert une volonté de valorisation des sujets de sécurité et de ses acteurs. Il apparaît clairement, depuis plusieurs décennies, que le débat public en matière de sécurité se structure autour d'acteurs intellectuels, académiques, médiatiques, sociaux et contestataires, *a minima* partiaux, voire franchement hostiles aux forces de l'ordre. Ces dernières subissent des attaques réputationnelles incessantes, face auxquelles les acteurs neutres ou bienveillants représentent une cohorte ridiculement faible, numériquement et qualitativement. Cet espace intellectuel de mise en valeur des professionnels de la sécurité, débouchant sur des expressions médiatiques, doit absolument exister. En 2018-2019, le phénomène des Gilets jaunes a démontré de façon exemplaire qu'un retournement spectaculaire du traitement accordé à l'appareil de sécurité dans les médias pouvait s'opérer en quelques jours, voire en quelques heures. Alors même que les premiers actes mettaient en scène une violence de grande intensité au sein des manifestations, maîtrisée – dans la plupart des cas – avec sang-froid et intelligence par les policiers et les gendarmes, ces épisodes ont été rapidement occultés au profit d'une focalisation orchestrée sur les « violences policières »… Ceux qui tentaient de tenir un autre discours sur les plateaux de télévision et dans des tribunes de presse écrite représentaient une minorité, quasiment pointée du doigt, et ont eu le plus grand mal à donner de l'écho à leurs points de vue.

Se pose donc la question des moyens de rétablir de l'équilibre dans ce débat capital, crucial pour la stabilité institutionnelle et le maintien de l'ordre public. Comment ? En rassemblant les personnes, les vecteurs et le centre névralgique d'initiative qui permettront de lancer, susciter et organiser la production et la diffusion d'analyses s'opposant aux dynamiques de guerre de l'information et de manipulation des perceptions, aux opérations de désinformation, de contamination des réalités du terrain par des fake news. Il s'agit désormais de fournir un effort décisif pour expliquer le travail des forces de sécurité, pour vulgariser une culture de sécurité nationale sans la caricaturer.

Plusieurs orientations doivent être retenues comme axes stratégiques de développement d'une réflexion sur la thématique sécurité :

— L'analyse des forces de sécurité dans leur ensemble sous l'angle de la bienveillance républicaine (éloignée de toute forme de complaisance), laquelle postule que les policiers et les gendarmes défendent la démocratie et l'État de droit. Ils méritent donc à ce titre une valorisation permanente de leurs missions, une légitimation systématique de leur fonction sociale, qui permettent seules, dans un second temps, d'émettre des critiques fondées lorsqu'elles sont nécessaires, mais en s'inscrivant toujours dans un format et une tonalité constructifs. Aucune stigmatisation ne doit pouvoir en découler.

— L'attention particulière à toutes les radicalités politiques (ultragauche, ultradroite et islamisme), qui attisent dorénavant la violence de notre société et constituent par conséquent un véritable danger pour l'ordre public.

— Mettre l'accent sur la sécurité publique, le maintien de l'ordre, socle de toute politique de sécurité et sujet par excellence de concentration du regard médiatique. La tranquillité publique se situe au cœur de la prospérité et de l'évaluation citoyenne de l'autorité gouvernementale.

— L'attention prioritaire accordée au cybermonde, réseaux sociaux en tête. L'univers digital contribue à la montée en puissance de la violence, *via* différentes mécaniques numériques qu'il faut urgemment apprendre à diagnostiquer, pour parvenir à les enrayer.

— Encourager la transversalité de réflexion entre policiers, gendarmes, magistrats, intellectuels, praticiens du privé et universitaires. Il en naîtra des perspectives enrichies et des propositions astucieuses. Se développera du même coup un discours musclé et positif sur la sécurité et ses acteurs.

Actuellement, aucun acteur institutionnel ne peut engager un tel travail. Le ministère serait d'emblée décrédibilisé, perçu comme juge et partie, maître de propagande, tandis que les entités satellites se révèlent incapables de faire écho durablement dans les médias et de travailler de façon efficace et indépendante, donc crédible, aux yeux du public et des journalistes.

Pour ces différentes raisons, d'autres organisations semblent plus appropriées comme centre d'impulsion (modèle think tank) d'une initiative informationnelle en faveur de la « galaxie sécurité ». Les territoires sont plus que jamais l'échelon pertinent pour réaliser ce travail. On peut imaginer qu'une telle action se déploierait de la façon suivante :

L'organisation de formations *ad hoc* relevant du séminaire/coaching/groupe de travail, à destination de hauts potentiels du ministère de l'Intérieur, de policiers et de gendarmes. Ils y produiraient des argumentaires, des éléments de langage, des pistes stratégiques d'évolution des politiques de sécurité du plus haut intérêt pour Beauvau. Et ils s'y familiariseraient de surcroît avec les techniques, méthodologies et connaissances permettant de maîtriser le «thème sécurité» dans l'espace social, médiatique et académique.

— La découverte des sujets de sécurité (largement méconnus) par les élus, les cadres territoriaux, les journalistes et les entreprises, dans l'objectif de participer à la création du «continuum» et dans celui de «positiver» le sujet, ainsi que de valoriser les forces publiques et leur action.

— La réalisation de travaux et le pilotage d'une stratégie de communication d'influence dans les médias et la société civile (contenus éditoriaux, partenariats, colloques, présence télévisée, etc.).

Depuis de nombreuses années, il me semble que cette direction apporterait un peu d'intelligence, de bon sens et de sérénité dans les différentes enceintes où s'expriment des paroles sur la sécurité nationale. Mais peut-être est-ce un rêve, car je ne vois toujours rien venir sur ce front…

Démagogie

Au bout du compte, je crois fermement que l'appel permanent à la réforme des «services» manque notre sujet, à savoir l'amélioration constante de l'efficacité dans la lutte contre le salafisme djihadiste et la préservation parallèle des fondamentaux de l'État de droit. Vincent Nouzille[1],

1. Vincent Nouzille, *Erreurs fatales. Comment nos présidents ont failli face au terrorisme*, Fayard/Les Liens qui libèrent, 2017.

Christophe Dubois et Éric Pelletier[1] ont réalisé, dans leurs ouvrages respectifs, un solide diagnostic, fort instructif et indiquant d'authentiques marges de progrès. À l'échelle des responsables politiques, les lire et en tirer quelques pistes de méditation et d'action me paraît essentiel.

Cependant, l'univers du renseignement n'a pas à rougir de son bilan, même si l'on ne doit pas dissimuler plusieurs échecs de poids depuis 2012. Toutefois, il convient de se mettre d'accord sur la signification que l'on prête au terme d'« échec ». Dans la mesure où l'on ne peut surveiller un suspect mis en examen, condamné ou placé sous contrôle judiciaire, où un fiché S ne peut être traité comme un coupable, et puisque le radicalisme idéologique ne constitue pas un délit ou un crime dans notre pays, peut-on demander aux services de renseignement d'endosser la responsabilité des attentats, lorsqu'ils se produisent malgré leurs efforts ?

Je ne pense pas. Les contraintes qui les limitent protègent la démocratie. Par conséquent, il faut accepter de vivre dans une société par définition vulnérable, puisqu'elle refuse légitimement de sombrer dans l'arbitraire. La contrepartie de la liberté s'appelle le risque. Un risque de surcroît acceptable, car les « espions » veillent, précisément, et que le « job » se révèle globalement bien fait.

La volonté politique, quant à elle, le désir sincère de s'approprier la problématique de sécurité nationale manquent souvent à ceux qui nous gouvernent. De ce point de vue, les années Hollande ont été une catastrophe pour notre pays. Le travail mené par des régaliens convaincus comme Bernard Cazeneuve, Jean-Yves Le Drian ou Jean-Jacques Urvoas (que l'on partage ou non leurs choix techniques, législatifs, opérationnels, politiques, etc.) ne

1. Christophe Dubois et Éric Pelletier, *Où sont passés nos espions*, *op. cit.*

pouvait être compensé par un Président joignant l'incompétence sécuritaire à la démagogie, au manque de courage politique et aux calculs électoralistes dérisoires. La sécurité de nos concitoyens se construit d'abord sur la volonté infaillible de traiter en profondeur les causes de l'insécurité, les menaces prioritaires, et de donner à l'État les moyens de relever un tel défi. Il a démontré durant cinq ans que cette détermination lui manquait, que le rôle de leader, de chef, ne lui convenait guère. Élève de l'immobilisme chiraquien (sans le talent et la proximité du feu maître avec son peuple), il a appliqué avec une rigueur tatillonne la politique de la posture arrogante, politiquement correcte et sans effet sur le réel.

Néanmoins, il faut bien avouer qu'une personne convaincue à la tête de l'État ne suffit plus à défendre les Français des périls les plus préoccupants. C'est la nation entière qui doit contribuer à la protection collective. La coproduction de la sûreté de chacun et de tous, l'édification du «continuum» de sécurité nationale comptent au nombre des piliers de la responsabilité civique individuelle. Nous sommes seulement à l'aube d'une telle révolution copernicienne.

Troisième partie

Plaidoyer pour la « société de vigilance »

9

Des opérations extérieures au dispositif Sentinelle : les armées sont-elles efficacement employées dans la lutte contre le terrorisme ?

Si l'on s'en tient à l'idée que l'on combat le salafisme djihadiste et l'islamisme (l'islam politique) d'abord parce qu'il produit du terrorisme, on entame inévitablement la réflexion en s'interrogeant sur la pertinence des opérations militaires françaises à l'étranger ; puis on en vient à l'utilisation « intensive » des forces armées sur le territoire national (à travers l'opération Sentinelle issue du plan Vigipirate), qui constitue finalement l'extension d'une conception « guerrière » de la lutte contre le djihadisme.

Avant d'analyser et d'évaluer cette posture, précisons les faits. Les armées sont donc doublement engagées dans la lutte contre le terrorisme : en opération extérieure (OPEX) au Sahel et au Levant, mais aussi sur le territoire national. Ces deux « théâtres » méritent d'être décortiqués pour constater si, oui ou non, nos forces armées sont employées avec efficacité dans le cadre de la lutte contre le terrorisme. Ils ne peuvent cependant pas être mis sur le même plan : la présence opérationnelle des armées sur le territoire français reste théoriquement un dispositif d'exception, qui doit contrer un type de violence (le terrorisme) bien différent de celui auquel font face les militaires engagés en OPEX (une forme de guérilla[1]).

Soldats perdus ?

Concernant Sentinelle, est-il véritablement efficace de confier à l'armée une mission de sécurité publique visant à prévenir les actes terroristes ?

Une partie de la réponse se trouve dans l'origine même de cette mission intérieure (MISSINT), devenue « opération intérieure » (OPINT). Le « contrat opérationnel de protection » défini dans le *Livre blanc* de 2008 délimitait les contours du déploiement des armées sur le territoire national, prévoyant de placer jusqu'à 10 000 hommes sous l'autorité civile des préfets. Les postes budgétaires débloqués ont été mis à profit à la suite des attentats de janvier 2015, alors même que le rôle que doivent jouer les militaires sur le territoire n'était pas précisément déterminé. Il en est ressorti un bilan pour le moins mitigé : les militaires chargés de protéger des lieux sensibles, statiques, sont davantage devenus des cibles de choix pour les djihadistes que des remparts face à la violence terroriste. À cela s'ajoutent les difficultés de coopération entre le ministère de l'Intérieur et celui des Armées, reflétant les importantes différences de fonctionnement entre les deux organisations – la première étant habituée à sécuriser de nombreuses manifestations partout sur le territoire, alors que la seconde excelle dans la planification centralisée (CPCO) minutieuse d'un faible nombre d'opérations plus complexes.

1. Voir https://www.lefigaro.fr/international/sahel-l-operation-barkhane-contre-attaque-et-le-fait-savoir-20191225 et « À la poursuite des djihadistes », *Le Parisien*, 22 novembre 2019.

Si le dispositif n'est pas remis en question, c'est pour une raison simple : son «effet de cliquet» rassurant, sans doute nécessaire au cours de l'année 2015, répond à un réflexe politique dont l'efficacité opérationnelle incontestable ne semble pas la priorité[1]. Dans l'urgence post-attentats de *Charlie Hebdo*, l'impact psychologique important de la mobilisation des armées pouvait avoir du sens. La pérennisation du dispositif, presque inchangé quatre ans plus tard, offre matière à débat, tant il est insatisfaisant pour plusieurs raisons. La première découle d'un principe fondateur de la République, une dissociation pensée par Rabaut et Guibert : la sécurité intérieure, «force du dedans», se distingue de la sécurité extérieure, «force du dehors». Au sein des frontières nationales, la lutte contre le terrorisme est l'apanage des forces de l'ordre (police et gendarmerie, y compris les unités spéciales), des services de renseignement et de la justice. Cette prérogative n'est confiée à l'armée que si l'état de siège ou la défense opérationnelle du territoire (DOT) est décrété.

Historiquement, les armées ne sont donc pas destinées à intervenir sur le territoire national, où l'ordre est assuré par des forces de sécurité contrôlées par l'autorité civile (préfets). Une autorité à laquelle se retrouvent pourtant soumis les militaires de Sentinelle, par le biais d'un cadre juridique strict, mais imparfait et sans doctrine d'emploi. Les forces armées concernées voient leur rythme habituel (opération-repos-entraînement) bousculé par des missions peu gratifiantes, et surtout pour lesquelles elles ne sont pas préparées. Les militaires ne sont pas autorisés à mener des fouilles ou à arrêter des suspects (c'est heureux), ils sont

1. Christian Chocquet et Éric Delbecque, *Quelle stratégie contre le djihadisme? Repenser la lutte contre la violence radicale*, VA Éditions, 2019.

cantonnés à la légitime défense – une règle d'ouverture du feu qu'ils connaissent mal.

La capacité de projection de l'armée de terre et les compétences associées aux OPEX s'en trouvent certainement impactées. Sentinelle est un jeu à sommes négatives pour l'état-major des armées, incompétent en matière de sécurité intérieure. Mais aussi pour le ministère de l'Intérieur, qui peine à gérer des effectifs ne répondant qu'à leur propre hiérarchie. Et enfin pour les citoyens, qui perçoivent l'« opération » comme indispensable, alors que la mesure, très coûteuse, relève uniquement d'un « rassurisme » qui n'a pas su céder sa place au rationnel.

La répartition ponctuelle de militaires sur le territoire, en dernier recours, en tant que « réservoir de forces[1] » dans le cas d'agressions répétées et éparses que les services de sécurité intérieure ne parviennent pas à contrôler, ne pose pas de problème de fond. Une doctrine d'emploi peut alors être établie pour une durée limitée, qui serait respectée – sans quoi le dispositif perd son sens. Sur un temps court, le partage des tâches, tant décisionnel qu'opérationnel, entre autorités civiles et militaires peut être clarifié, et la capacité de déploiement de l'armée de terre ne serait pas affectée. Or le rapport du ministère de la Défense de 2016 sur les « Conditions d'emploi des armées lorsqu'elles interviennent sur le territoire national pour protéger la population » ne remédie à aucune des lacunes constatées. Les militaires ne sont que des cibles particulièrement visibles, rassurantes pour la majorité, mais inopérantes pour les connaisseurs du maintien de l'ordre.

1. Rapport d'information n° 794 (2015-2016), par MM. Olivier Audibert Troin et Christophe Léonard, fait au nom de la Commission de la défense nationale et des forces armées de l'Assemblée nationale, « sur la présence et l'emploi des forces armées sur le territoire national », 22 juin 2016.

Le syndrome de la ligne Maginot

Un autre effet pervers de l'opération Sentinelle consiste à légitimer les djihadistes eux-mêmes. Face aux services de police et de gendarmerie, les terroristes sont assimilés à des criminels ; face à l'armée, ils deviennent les combattants qu'ils s'imaginent être…

Le déploiement des militaires en France crédibilise les combattants islamistes en les faisant devenir un ennemi symétrique, un feu collectif auquel il faut faire la guerre. Pour un terroriste, attaquer un militaire dans une gare devient l'acte de guerre par excellence. Le voir combattre un soldat laisse à penser que le territoire français est devenu une zone de guérilla, voire une terre de djihad. Bien exploitée par la propagande de Daech, cette idée dessert notre capacité de lutte contre le terrorisme en provoquant plus d'attentats qu'elle n'en empêche, car la « ligne Maginot » Sentinelle est *de facto* facilement contournée par les terroristes.

In fine, les 10 000 postes budgétaires prévus pour l'opération Sentinelle serviraient davantage la lutte contre le terrorisme au sein des services de renseignement, de la police ou de la gendarmerie – notamment les forces mobiles et les CRS, qui savent être « visibles », tout en pouvant concrètement assurer le maintien de l'ordre.

Dès lors, tout le système doit être repensé : ce n'est pas en rajoutant quelques milliers d'hommes à Sentinelle que se révéleront des solutions miracles. Les armées tirent leur force du collectif ; cette extrême cohérence d'ensemble doit être mise à profit, plutôt que de voler en éclats en saupoudrant le territoire national de patrouilles en armes lourdes. Garder une capacité de projection à l'intérieur de nos frontières est capital, mais un tel dispositif parsemé, qui n'exploite pas les compétences des militaires et aggrave les tensions internes, nuit autant à notre réponse globale face au terrorisme qu'aux OPEX elles-mêmes.

De Barkhane en Chammal

Les opérations extérieures, justement, constituent le premier emploi des forces armées dans la lutte contre le terrorisme, et inversement : toutes les missions d'envergure sont aujourd'hui dédiées à la lutte contre des groupes djihadistes. Trois stratégies peuvent être à l'œuvre : une assistance aux soldats locaux, une volonté d'entraver les troupes ennemies à l'aide de frappes aériennes et des forces spéciales, ou une recherche plus directe de destruction d'un proto-État terroriste.

Les opérations extérieures actuelles relèvent davantage de l'engagement en réaction à une menace qui plane sur le territoire français que d'un choix politique altruiste, comme cela peut être le cas d'une opération de maintien de la paix. En janvier 2013, lorsque des groupes djihadistes s'approchent dangereusement de Bamako, le déclenchement de l'opération Serval ne répond pas seulement à une volonté d'aider les forces armées maliennes : l'OPEX est directement liée à la menace terroriste. Cette situation ne fait que s'accentuer avec les opérations Barkhane (qui prend en août 2014 la suite de Serval et d'Épervier dans la bande sahélo-saharienne) et Chammal[1] (la participation de la France, à partir de septembre 2014, à la coalition qui combat l'État islamique en Irak et en Syrie). Le Sahel est donc le premier théâtre d'activité des armées françaises (4 500 soldats pour Barkhane), devant la zone

1. Voir Nicolas Barotte, « L'opération "Chammal" de la France fait face à un nouveau défi stratégique », in *Le Figaro*, 31 octobre 2019.

irako-syrienne (1 000 soldats pour Chammal, la priorité étant donnée aux frappes aériennes).

Depuis 2013, le déploiement des forces françaises à l'extérieur du pays se fait au-delà des contrats opérationnels. Déployées de cette façon, les armées peinent à se régénérer, la préparation opérationnelle des forces – déjà mise à mal par Sentinelle – est réduite, et les matériels s'usent[1]. Pour autant, avec un coût total d'environ 1,3 milliard d'euros en 2018, les opérations simultanées récentes (deux ou trois théâtres majeurs) ont globalement été des succès militaires. Différents groupes djihadistes ont en effet été repoussés au Mali, les territoires occupés par Daech en Syrie et en Irak ont été reconquis.

Par extension, il est légitime de penser que les groupes terroristes à même de frapper la France sur son territoire ont été au moins partiellement entravés. Si les responsables politiques français sont soucieux de ne pas répéter l'erreur américaine en Irak – qui avait conduit à former de nouvelles terres de djihad, vers lesquelles bien des musulmans ont afflué –, les OPEX s'enlisent aujourd'hui à la recherche d'une stabilité bien difficile – sinon impossible – à obtenir.

Serval s'est révélée particulièrement efficace pour répondre à l'immédiateté de la menace de constitution d'une arrière-base terroriste au Mali, en annihilant la structure djihadiste. Mais la recomposition des groupes islamistes, que l'on observe aussi dans la zone irako-syrienne face à la coalition, empêche l'opération militaire d'être décisive sur le long terme.

Pour cela, il faut agir sur les causes profondes du terrorisme, c'est-à-dire les tensions politiques et religieuses locales, à travers des modes d'action diplomatiques – qui,

1. « Le financement des opérations extérieures : préserver durablement la capacité opérationnelle de nos armées », Rapport d'information n° 85 (2016-2017) de M. Dominique de Legge, fait au nom de la commission des finances du Sénat, déposé le 26 octobre 2016.

on s'en doute, pourraient nuire aux intérêts économiques français dans certains pays. Les conditions sont-elles toutes réunies pour cela ? Probablement pas. Il est néanmoins possible d'employer mieux nos forces à travers une approche globale davantage préparée et coordonnée, fondée sur une compréhension des motivations de nos ennemis dans ces zones, et un intérêt particulier pour le pilotage des transitions politiques qui succèdent aux affrontements militaires[1].

La tendance montre que nos armées se transforment en corps expéditionnaires incapables de s'installer sans s'enliser, car exempts de toute profondeur stratégique. Être capable de se projeter dans l'urgence ne doit pas empêcher cette réflexion de fond : il nous faut savoir que faire, le « jour d'après » ; savoir comment, dans le temps long, imaginer les « solutions politiques » qui peinent à succéder à nos interventions militaires. Défi complexe, à n'en pas douter, qu'il faut néanmoins s'acharner à relever.

1. « Interventions extérieures de la France : renforcer l'efficacité militaire par une approche globale coordonnée », Rapport d'information n° 794 (2015-2016) de MM. Jacques Gautier, Daniel Reiner, Jean-Marie Bockel, Jeanny Lorgeoux, Cédric Perrin et Gilbert Roger, fait au nom de la commission des affaires étrangères, de la défense et des forces armées du Sénat, 13 juillet 2016.

10

Un partenariat public/privé pour une société vulnérable : un vœu encore pieu !

On l'aura compris, l'instrument militaire rencontre vite des limites dans un combat qui n'est pas une guerre au sens classique. La priorité ? Construire une « société de vigilance », le président de la République a raison, et cette idée réunit beaucoup d'experts du sujet. À rebours des bêtises diffusées à ce propos, il convient d'affirmer avec force que la société de vigilance vise à éviter la société de surveillance ! Elle fait corps avec la doctrine de sécurité du quotidien, fondée sur le continuum public/privé. La société de vigilance ne se confond pas avec une société de délation, à destination totalitaire : c'est même tout le contraire…

Société libre, société vulnérable

Le concept se révèle solidaire d'un autre : la société vulnérable. Nous devons nous habituer à vivre dans des sociétés vulnérables, où la liberté a un prix.

L'attentat de la préfecture de police du 3 octobre 2019, comme celui de Strasbourg, perpétré par Chérif Chekatt le 11 décembre 2018, nous ont rappelé qu'il est impossible de vivre dans une réalité du risque zéro. Les habituelles tentatives de trouver un bouc émissaire ne fonctionnent plus.

Pourquoi ? Parce que nous arrivons au maximum de ce qu'il est possible de faire sans transformer profondément la nature de nos institutions et passer d'un régime démocratique à un régime autoritaire, voire totalitaire si l'on suit les plus déraisonnables. Concernant la sécurité du marché de Noël, rien à creuser d'intéressant pour les inspecteurs des travaux finis : le maximum a été fait pour donner le plus de sûreté possible à ce qui doit demeurer un moment festif. Entre les effectifs des forces publiques et les agents de sécurité privée, la ville bénéficiait d'un dispositif ne devant pas susciter d'infinies récriminations. Voilà des années que le marché de Noël de Strasbourg, comme ceux de beaucoup d'autres cités en France, subit le poids de la menace terroriste. Mais il n'était pas spécifiquement plus exposé en 2018 qu'il ne l'était les années précédentes.

Depuis 2015, nous savons donc parfaitement que les établissements recevant du public, les centres commerciaux, les concerts, les écoles, les églises figurent sur une liste de lieux sensibles qui nécessitent une vigilance particulière. Il s'avère pourtant impossible et non souhaitable de les bunkériser.

Lors de la traque du terroriste, tout a également été fait pour le retrouver au plus vite. Sept cents policiers et gendarmes ont participé aux recherches. Le quartier de Neudorf a été quadrillé ; un appel à témoins lancé. SDAT (Sous-Direction anti-terroriste), RAID, police judiciaire ont redoublé d'efforts pour s'emparer de Chekatt aussi rapidement que possible. Là encore, aucune responsabilité à mettre en cause, sauf à se montrer carrément malhonnête intellectuellement…

Bien entendu, le débat sur les fichés S a ressurgi, de la même manière que d'habitude, pour des raisons bassement politiciennes. Autrement dit pour pouvoir taper sur le gouvernement du moment. Ce qui se révèle assez pathétique dans de telles circonstances. Les professionnels ne cessent de le répéter : la fiche S est un outil de renseignement, de signalement, et non une condamnation. L'essence même de l'État de droit, c'est le refus de la détention sans motif, le rejet de toute atteinte aux libertés individuelles, lorsqu'elle n'est pas judiciairement motivée.

Enfermer tous les fichés S ? On voit bien à quel point cette proposition est absurde et irréalisable. Il faudrait d'abord isoler tous ceux qui le sont pour des questions de radicalisation, puis justifier leur dangerosité (à moins de jeter en prison des individus pour délit d'opinion), et enfin se doter des moyens appropriés pour emprisonner des milliers de personnes, alors même que l'exécution de nombreuses peines pose problème.

On confond finalement deux problématiques. La première est celle de la lutte contre les djihadistes, les radicalisés qui basculent dans la violence pour des raisons multiples, et dont la détection se révèle fort aléatoire. Face à ces porteurs de mort dont le voyage apparaît sans retour, on ne peut opposer que l'expérience de nos forces de sécurité et de renseignement, qui réalisent un travail remarquable et dont le bilan est globalement très positif.

La seconde se définit comme le combat contre le fondamentalisme, lequel nourrit l'appétit pour le chaos et le sang de ceux qui tuent au nom de Dieu, en travestissant les finalités de toutes les religions du Livre. Faire reculer l'intégrisme constitue une œuvre collective à laquelle chacun participe chaque jour et dont le poids ne doit pas peser exclusivement sur les épaules de l'appareil de sécurité nationale.

Les policiers et les gendarmes ne peuvent rien contre le communautarisme ou le refus de la laïcité. Ils demeureront impuissants si les politiques ne prennent pas leurs responsabilités et n'acceptent pas de mettre leurs divergences de côté pour reconquérir les territoires perdus de la

République. Cela en affirmant que les valeurs de la démocratie libérale méritent une lutte résolue contre toutes les manifestations de haine envers la liberté de conscience et l'esprit critique. De la même manière, il faut défendre l'école de la République et rétablir l'ambition de défendre le savoir, l'autorité des enseignants (réduits – dans un nombre insigne d'établissements – à redouter qu'on les braque ou les agresse en classe), bref d'en refaire le sanctuaire de confrontation des idées qu'elle a vocation à être. Devenue le centre d'expression de tous les déchirements sociaux, l'école fait office de thermomètre de la fièvre sociétale qui nous consume.

Sociétés vulnérables, oui. Durant encore bien des années, nous devrons admettre que les intégristes islamistes vont réussir à tuer des innocents, même si ceux qui protègent notre société mettent toute leur énergie à les débusquer et à les empêcher de nuire (très souvent avec succès). Il convient bien évidemment de tenter l'impossible pour anticiper et prévenir, en étant conscient que le risque zéro n'existe pas. Nous ne viendrons définitivement à bout des terroristes qu'en retissant l'unité nationale autour du refus des extrémismes. Mais cela impose une discipline et une volonté commune qui ne souffrent pas les petites querelles politiciennes.

Les fleurs du mal ont des racines

Les idéologies totalitaires ont, hélas, de beaux jours devant elles au XXIe siècle… Le djihadisme salafiste met à l'épreuve les sociétés libérales et démocratiques, parce qu'il tente de nous pousser au raidissement sécuritaire. Son objectif est clair : propager un climat de guerre civile entre les Français, diffuser l'idée que le choc des civilisations existe, et encourager des mesures d'exception enclenchant une ascension vers les extrêmes qui ne peut avoir d'issue. Nous devons, même si cela nous heurte, accepter l'idée que nous vivons dans des sociétés vulnérables. C'est la contrepartie des libertés dont nous jouissons en république. Le risque zéro apparaît comme une illusion, parce que le réel lui-même est incompatible avec cette exigence, mais aussi parce qu'il pourrait justifier un grignotage lent et systématique des droits que nous jugeons les plus essentiels. Le terrorisme islamiste veut d'abord sidérer les esprits, asservir par la peur, imposer l'angoisse en démontrant que personne n'est en sécurité.

Car c'est bien là le sens de tous les attentats que nous avons vécus : il n'y a pas de cible unique. Peuvent être touchés aussi bien des symboles de l'État que sont les policiers et les militaires, des enfants dans des écoles, des jeunes gens dans des salles de spectacle, des familles lors des festivités d'un 14 Juillet, des représentants religieux, des collaborateurs ou des dirigeants d'une entreprise, etc. La liste pourra encore s'allonger, dans la mesure où il s'agit d'ancrer la conviction qu'il n'existe pas de sanctuaire. Finalité que notre époque de saturation médiatique favorise puisque chaque attentat suscite une telle inflammation du cybermonde, comme de la presse écrite et audiovisuelle, que l'événement obtient une résonance sociétale assourdissante. Il ne s'agit pas de faire le procès de quiconque – notamment des journalistes, dans la mesure où une responsabilité collective explique l'« infobésité » –, mais de constater un fait.

Or, je le répète, engager le procès de nos services de sécurité et de renseignement lorsque se produit un drame me semble particulièrement injuste. Non seulement les hommes et les femmes qui servent la France au sein des unités de police, de gendarmerie, de l'armée de terre, de l'air et de la marine manifestent un dévouement sans faille dans des conditions souvent difficiles, mais de surcroît ils ne peuvent apporter une solution globale à un problème qui appelle d'autres mesures que sécuritaires.

Il faut bien évidemment mobiliser toute notre créativité opérationnelle et intellectuelle pour mettre en œuvre les méthodes et les instruments les plus précis visant à anticiper autant que faire se peut les projets d'attentat. Toutefois, les services compétents ne peuvent devenir les boucs émissaires faciles du tissu même de l'existence : la part d'imprévisible que contient inévitablement la liberté humaine. Nous devons donc nous interroger profondément sur les racines du mal, et comprendre pourquoi des individus à peine sortis de l'adolescence vouent un culte à la violence et à la mort, pourquoi ils choisissent la barbarie plutôt que la vie. Nos bourreaux se trouvent parmi les enfants nés sur notre sol. Qu'avons-nous raté ? Voilà la question qu'il nous faut poser de manière obsessionnelle. Non pour justifier je ne sais quelle haine de soi, culpabilisation permanente ou repentance malsaine, mais pour éviter de reproduire les erreurs qui fracturent une nation. De ce point de vue, la mise en accusation permanente du récit national par les élites hexagonales, la panne de l'ascenseur social qui voit croître la reproduction des mêmes noms dans nos meilleures écoles, l'accroissement des inégalités et l'agressivité planétaire d'un capitalisme financier qui ne sait plus garder la mesure forment un faisceau de tendances toxiques à la fabrication d'une saine cohésion nationale, qui se définit comme une solidarité élémentaire entre les membres du corps social.

«Je suis le premier rempart»

Ensuite, il semble naturel d'imaginer que le premier rempart de la démocratie est le citoyen. Ce qui légitime l'idée d'une société de vigilance et celle du continuum. De ce fait, tout ce qui permet de renforcer l'engagement de chacun d'entre nous dans la défense de notre mode de vie s'affirme comme une dynamique positive à développer. Favoriser l'épanouissement de la garde nationale, sur le modèle de la réserve opérationnelle et citoyenne de la gendarmerie nationale, former le plus possible nos compatriotes aux actes élémentaires de la sûreté (vigilance, secourisme, mesures de base de la mise en sécurité de soi-même et d'autrui, etc.), financer la formation des petites structures qui n'ont pas les moyens d'accroître leurs connaissances et savoir-faire en matière de protection (en particulier les PME, les associations, les structures agissant dans l'univers culturel et du loisir, etc.), créer de manière générale une culture de sécurité solide et non paranoïaque se signale comme des actions fortes au service de l'idéal républicain et démocratique. Les pouvoirs publics élaborent une stratégie, indiscutablement, mais les entreprises, les acteurs de la sécurité privée, les associations, les administrations et les simples citoyens en rendent l'effet maximal ou en minorent l'efficacité lorsqu'ils échouent à la relayer. Créer une chaîne de sécurité ne constitue pas une abdication régalienne, mais témoigne de la cristallisation de l'État stratège, si nécessaire à notre temps.

Le niveau de menace ne baissera pas dans un avenir proche. L'affaissement de Daech ne signifie pas que nous en avons fini avec les salafistes djihadistes. Le danger représenté par le radicalisme islamiste demeure entier. Il fonctionne selon un principe de subsidiarité, de décentralisation absolue, qui permet à n'importe quel individu à travers le monde de se réclamer de la « marque » Daech, lorsqu'il commet un attentat.

Par conséquent, les services de sécurité conservent le même niveau de vigilance que par le passé. Il est même essentiel de comprendre que la logique du djihadisme consiste à diffuser l'idée que personne n'est à l'abri, dans un concert ou dans la rue (ce qu'illustre parfaitement le cas de Manchester ou de Londres), qu'il soit civil, militaire, policier ou gendarme.

Il faut répéter sans se lasser que le terrorisme islamiste vise d'abord à produire un effet médiatique et psychologique. Il vit de la peur qu'il inspire. Les quatre années qui viennent de s'écouler depuis le drame de Nice nous ont montré qu'il fonctionnait à bas coût et à moyens rustiques. Aujourd'hui, un couteau ou une voiture suffisent à faire de nombreuses victimes. Par ailleurs, les djihadistes ne renoncent pas pour autant aux ceintures d'explosifs ou aux kalachnikovs. Il s'agit donc de faire face simultanément à l'ensemble de ce spectre de la violence terroriste, en tentant de sensibiliser au mieux l'ensemble de nos concitoyens aux réflexes de vigilance susceptibles de contribuer à la prévention du terrorisme.

Il convient davantage de saisir que tous les rassemblements de grande ampleur, à large couverture médiatique ou à forte notoriété, forment des cibles de choix car ils provoquent une très forte focalisation des médias sociaux et de la presse généraliste, en cas d'attentat. Il s'agit donc de transmettre massivement à la société civile et au monde économique une culture générale de sûreté, autorisant la création d'une véritable chaîne de protection orchestrée par l'État, mais qui ne se résume pas aux seules forces de sécurité publiques. Certes, c'est un coût supplémentaire pour les acteurs économiques, notamment dans le secteur culturel et touristique : c'est néanmoins une logique de bon sens à laquelle nous ne pouvons guère échapper.

À cet égard, Paris organisant les JO de 2024, nous devons intensément préparer un dispositif de gestion des risques à la hauteur de ce type d'événement. Notre pays est en retard dans la diffusion d'une culture de sûreté au sein de la population et du monde de l'économie. Nous sommes encore beaucoup trop convaincus que la sécurité est l'affaire exclusive de l'État : ce temps est révolu ! La sécurité concerne chacun d'entre nous. Les pouvoirs publics conçoivent, pilotent et contrôlent la politique de sécurité de la nation. Mais les participants se sont multipliés, ces vingt dernières années. À une violence diffuse, il faut opposer une résistance globale de la nation. C'est le désir, en chacun d'entre nous, d'une république forte et d'une France rassemblée et sûre de ses valeurs, fière de son histoire et impatiente de construire son avenir, qui fera mordre la poussière aux djihadistes, et non une machine sécuritaire chaque jour plus imposante. Il faut donner aux armées, à la police et à la gendarmerie les moyens financiers et humains de réaliser un travail efficace, ce qui n'est pas toujours le cas (les mois qui viennent semblent d'ailleurs constituer un couloir dangereux budgétairement…), et les soutenir fortement (tous ces hommes et femmes dévoués le méritent grandement), mais il s'agit aussi de faire de chaque citoyen un acteur, à son niveau, de la protection de notre mode de vie.

Réinventer la sécurité

La menace reste présente et des radicalisés basculant dans la violence peuvent frapper à tout moment. Cela ne doit pas susciter une angoisse permanente, mais nous inciter collectivement à l'observation et à la réactivité. Nous sommes par conséquent contraints de multiplier les vecteurs de vigilance, de développer la culture de l'anticipation et du renseignement. Ce qui justifie le projet de police de sécurité du quotidien (PSQ), lancé en février 2018. Il s'avère capital de sortir des polémiques stériles sur le retour de la police de proximité. En tout état de cause, il faut poursuivre dans l'idée stratégique du continuum de sécurité, et associer le niveau préfectoral, les élus locaux, les représentants des entreprises de transport collectif et les professionnels de la sécurité privée. Cela témoigne de l'affirmation d'une chaîne de sécurité nationale qui excède les seules forces publiques. Ces dernières demeurent bien évidemment l'élément central de notre protection collective, mais elles ambitionnent précisément d'être soulagées de missions qui entravent leur focalisation sur l'essentiel, le « cœur de métier », comme on le dit souvent.

L'erreur trop régulièrement commise consiste à prétendre que nous marchons vers la privatisation de la sécurité. C'est tout le contraire : pour que l'univers régalien puisse réaliser pleinement sa tâche de souveraineté, de maintien de l'ordre et de police judiciaire, il doit bénéficier du concours d'une pléiade d'acteurs, dont certains appartiennent au secteur privé. Externalisation de certaines tâches, oui, c'est indiscutable, nous voyons ce processus à l'œuvre ! En revanche, il faut réaffirmer que cette logique de rationalisation ne se confond pas avec une abdication des pouvoirs publics, c'est-à-dire avec une « privatisation » de la sécurité. Tout le dispositif de régulation et de dialogue qui a été créé ces dernières années (CNAPS : Conseil national des activités privées de sécurité ; DCS : Délégation aux coopérations de sécurité) manifeste justement la volonté publique de faire concourir des entreprises spécialisées, correctement organisées et dignes de confiance, à l'ensemble de la dynamique de protection des individus et des sites. Certes, les marges de progrès sont énormes : il faut donc hâter le pas dans cette direction.

L'État reste le chef d'orchestre de la chaîne de sûreté des personnes et des biens. Quant à l'ensemble de la chaîne pénale, magistrats au premier chef, elle s'affirme plus que jamais au centre des politiques publiques de sécurité et de justice. Le but du privé est de faciliter l'action régalienne et de participer à une meilleure sécurisation des espaces privés, des entreprises et de la société civile, en aucun cas de se substituer à des forces de l'ordre. La sécurité s'impose chaque jour un peu plus comme l'affaire de tous, et non pas comme le pré carré des forces de l'ordre, même si elles restent l'acteur clé et directeur du chaînage de protection des personnes et des biens. Nous sommes sortis de l'état d'urgence avec une certaine difficulté. Si nous souhaitons préserver les fondamentaux de notre État de droit et limiter au maximum le recours à des dispositifs juridiques d'exception, il faut – avec énergie – favoriser la collaboration d'un nombre substantiel d'acteurs qui possèdent chacun des avantages spécifiques et des compétences singulières, rendant leur action féconde dans la perspective de la protection commune. Pour y parvenir, il convient plus que jamais de cristalliser cette chaîne d'intelligence collective dans la sécurité, qui peut, seule, atteindre l'objectif vital de diffuser une culture de vigilance formant le meilleur rempart de la république et de ses idéaux.

Serait-il souhaitable que l'appareil de sécurité investisse tous les segments de la puissante demande sociale qui s'exprime en matière de sécurité ? Le bon sens fournit la réponse : non. La police et la gendarmerie, dans un système démocratique, satisfont un besoin simple : permettre aux citoyens de mener une existence paisible, de jouir des libertés individuelles garanties par la Constitution, et sanctionner ceux qui ne respectent pas les lois. La philosophie générale consiste à sécuriser l'espace public et à s'éloigner le plus possible de toute intrusion dans la vie privée. Seule l'institution judiciaire donne aux forces de l'ordre la légitimité de franchir cette frontière fondatrice des démocraties libérales contemporaines. Le socle de cette approche est l'article 544 du code civil, lequel fonde le droit pour chacun d'entre nous de jouir pleinement de sa propriété, de ses biens, en étant tout à la fois délivré de l'arbitraire et de l'agression.

À quoi ressemblerait un pays où des policiers arpenteraient l'ensemble des lieux de vie des habitants, contrôleraient les sacs à l'entrée des magasins, regarderaient les écrans de vidéosurveillance dans les centres commerciaux ou assureraient le contrôle d'accès dans les sièges sociaux des grands groupes? C'est assez clair : on aurait rapidement l'impression de vivre dans un régime totalitaire, sous la surveillance permanente de l'État... Refuser l'existence de la sécurité privée revient à militer pour ce modèle dangereux ou à ignorer l'évolution des mentalités et des besoins. Dans un cas comme dans l'autre, l'aveuglement prévaut. Le mépris de la réalité n'a jamais produit de résultat satisfaisant...

C'est un thème qui va monter en puissance dans les années à venir : celui de la chaîne de sûreté qui relie les pouvoirs publics aux simples citoyens, en passant par des opérateurs privés. L'exemple le plus simple est celui des gardiens dans les HLM[1]. Pourquoi? Afin de lutter contre les dégradations dans les parties communes. Comment? En verbalisant les locataires portés à considérer leur environnement urbain comme une décharge ou à dégrader des équipements au prétexte qu'ils ne leur appartiennent pas. Paris Habitat, le plus gros bailleur de la Ville de Paris, est à l'origine de cette mesure déjà pratiquée à Nice ou Calais. Une brigade d'une centaine d'agents assermentés pourra ainsi constater des faits (par exemple, la dégradation gratuite d'un ascenseur) et dresser des PV contre les locataires à l'origine du saccage. Les amendes peuvent aller de 17 à

1. Cf. Céline Carez, « Paris : des gardiens assermentés pour faire la police dans les HLM », *Le Parisien*, 18 décembre 2017.

3 500 euros. Qui encaissera ? Le Trésor public. Les candidats (uniquement des volontaires) pour faire partie de cette escouade seront essentiellement des gardiens d'immeuble (Paris en compte 1 104) ; il y aura également quelques gérants d'agence et des conseillers sécurité. Au bout d'une formation de douze heures, ils prêtent serment auprès du procureur de la République au tribunal d'instance et peuvent dès lors envoyer leurs PV au même procureur.

Il fallait trouver une parade aux incivilités permanentes, qui fondent le plus souvent les demandes de mutation de logement des locataires. En 2016, 12 500 atteintes au patrimoine ont été relevées par le bailleur, et 47 000 troubles de jouissance ! Pour le moment, ce dispositif demeure une expérimentation. La généralisation dépendra des résultats obtenus. D'abord, il faut que les volontaires persistent dans leur choix, alors qu'aucune augmentation n'est prévue pour les gardiens d'immeuble ; ensuite, planent toujours la peur d'être perçu comme un « flic », l'outil d'un système de dénonciation, ainsi que – bien sûr – l'angoisse d'éventuelles représailles… Tout cela demeure néanmoins gérable, et l'on peut facilement s'assurer d'éviter tout climat de délation. On pourrait encore évoquer l'existence de la SUGE (sûreté ferroviaire) à la SCNF, sorte de police du rail intégrée à l'entreprise elle-même, dont le professionnalisme et l'expertise ne sont plus à démontrer.

Un deuxième chemin, complémentaire de la mobilisation des citoyens, consiste à recourir de manière régulée et pertinente aux sociétés de sécurité privées. Notons que ces dernières représentent aujourd'hui un chiffre d'affaires de 6 milliards d'euros (en 2016) et regroupent 170 000 personnes ; on en compte 6 000 sur le territoire national, et 66 d'entre elles emploient plus de 250 salariés. Les marchés publics forment 25 % du chiffre d'affaires du secteur.

L'avenir appartient aux solutions mixtes, à la coordination des moyens publics et privés au bénéfice de la protection de tous. En revanche, on ne doit pas sous-estimer l'immense travail qui reste à accomplir pour parvenir au fonctionnement harmonieux du continuum (la chaîne globale de sécurité unissant les opérateurs étatiques et les sociétés privées).

Sécurité privée : quelle valeur ajoutée ?

Comment définir la valeur ajoutée primordiale d'un agent de sécurité ? Comme une capacité de vigilance et d'alerte. En matière d'intervention, il ne dispose d'aucune prérogative supplémentaire à celles d'un simple citoyen. Ce dernier (n'importe qui) peut procéder à une « appréhension » (qui n'est pas une arrestation ou une interpellation). Celle-ci reçoit l'encadrement suivant dans l'article 73 du code de procédure pénale (CPP) : « Dans le cas de crime ou de délit flagrant puni d'une peine d'emprisonnement, toute personne a qualité pour en appréhender l'auteur et le conduire devant l'officier de police judiciaire le plus proche. » Quant au crime ou délit flagrant, voici comment le définit l'article 53 du CPP : « Est qualifié crime ou délit flagrant le crime ou le délit qui se commet actuellement, ou qui vient de se commettre. Il y a aussi crime ou délit flagrant lorsque, dans un temps très voisin de l'action, la personne soupçonnée est poursuivie par la clameur publique, ou est trouvée en possession d'objets, ou présente des traces ou indices, laissant penser qu'elle a participé au crime ou délit. »

Les sociétés de sécurité privée s'intègrent ainsi parfaitement dans une logique globale de prévention et de dissuasion, tandis que la police et la gendarmerie (et, à degré complémentaire, les polices municipales) interviennent sur l'ensemble du spectre prévention/dissuasion/répression.

Le partage des tâches et les espaces de coopération apparaissent de ce fait nettement. N'agissant jamais dans le segment répressif, les agents privés facilitent la polarisation des forces publiques sur la sanction et créent une possibilité de renforcement de la logique d'anticipation et de vigilance, de prévention et de dissuasion.

Cette « doctrine » générale d'emploi (comme disent les militaires) suppose en revanche un intense effort de formation. En effet, les agents doivent être en mesure de disposer de toutes les compétences permettant d'assurer ce rôle de veille et de sensibilisation aux précautions et mesures de sécurité/sûreté, ainsi qu'aux comportements réflexes qui construisent une véritable culture de protection des personnes, des biens et des informations au sein des organisations. Cette philosophie opérationnelle entre en résonance totale avec la définition de la sécurité privée donnée par le sociologue Frédéric Ocqueteau : « Un secteur de services guidé par des méthodes d'action qui comprennent enquête, détection, protection et dissuasion, méthodes au service d'une philosophie générale qui consiste à prévenir des risques de pertes (intimité, pouvoir, savoir, influence, prestige) ou de dommages liés aux atteintes à l'intégrité physique (vie, corps), à la propriété matérielle (meubles, immeubles) et immatérielle (valeurs, informations). Ces méthodes visent moins à éliminer les risques qu'à diminuer sensiblement la fréquence d'apparition des pertes engendrées par les accidents, les erreurs, les négligences et les comportements incivils, malveillants ou criminels[1]. »

L'idée sur laquelle semble reposer le secteur de la sécurité privée n'a rien de naturel pour les Français : elle

1. Frédéric Ocqueteau, *Les Défis de la sécurité privée. Protection et surveillance dans la France d'aujourd'hui*, L'Harmattan, 1997.

consiste à admettre que l'État ne peut plus assurer seul la protection des citoyens. Dans un pays jacobin comme le nôtre, c'est un constat difficile à assimiler. Dès lors, un choix se présente à chacun d'entre nous ; on peut soit le déplorer tout en essayant de revenir en arrière (à une époque où l'on prétend que l'appareil étatique disposait véritablement du monopole de la mission de sécurité, mais nous verrons que la situation a toujours été plus compliquée qu'il n'y paraît), soit en prendre acte tout en travaillant à créer une chaîne de sûreté publique/privée, le fameux continuum. Je choisis le second terme de l'alternative. Mais il ne s'agit pas de procéder par l'exposé d'arguments d'autorité. L'objectif de ces pages consiste à démontrer, en faisant face aux objections présentées de bonne foi, que les entreprises de sécurité privée peuvent contribuer à optimiser la tranquillité collective, sans nuire aux principes républicains les plus fondamentaux, et sans que la France se dirige vers un système à deux vitesses, ceux qui ne pourraient pas payer ne disposant pas du même niveau de sécurité que les autres.

À rebours de la crainte d'une privatisation de la tâche régalienne par excellence qu'est la sécurité, j'affirme ici que le développement des entreprises de sécurité privée contribue à la prévention des menaces et répond à des besoins qui ne doivent et ne peuvent pas recevoir de réponse des forces publiques. Pourquoi ? Parce que la vocation de l'État est de protéger l'espace public, de se concentrer sur le maintien de l'ordre, d'assurer la lutte contre les délinquants et de contribuer à en sanctionner les auteurs ; policiers et gendarmes doivent faire face en priorité aux organisations criminelles, réaliser un important travail de renseignement, patrouiller aujourd'hui dans le cybermonde et jouer leur rôle – capital – au sein de la chaîne pénale, dans le but d'enquêter au profit de la justice sur un nombre chaque jour croissant de délits et de crimes.

Trafiquants de drogue, petite délinquance empoisonnant la vie quotidienne de nos concitoyens, lutte contre le terrorisme, contrefaçon, cybersécurité, violences urbaines et dans les stades, etc. On ne compte plus les « missions prioritaires » de l'appareil policier au sens large.

Au bout du compte, il s'agit bien d'inverser la perspective habituelle qui prévaut dans l'analyse de la sécurité privée. Son rôle est aujourd'hui de faciliter l'action des forces publiques, pas de se substituer à elles dans un horizon plus ou moins proche. Apaiser cette crainte légitime doit constituer un objectif prioritaire du secteur marchand de la protection des biens et des personnes. Ce dernier a pour vocation de compléter l'action régalienne, en répondant à une demande qui ne forme pas le cœur de métier de la police et de la gendarmerie. En effet, les « gardes statiques » devant des sites gouvernementaux, la prévention et la surveillance humaine dans des grands magasins ou des sièges sociaux d'entreprises, la protection des personnalités des affaires ou du show-business, et l'escorte de valeurs (bijoux), comme du transport de fonds, ne relèvent pas des missions publiques. En ce début de XXIe siècle, il faut accepter que le rôle de l'État consiste à apporter des solutions aux questions de sécurité nationale et d'ordre public, de lutte contre la criminalité organisée. Non pas à offrir une réponse exhaustive à l'ensemble des besoins de prévention et de protection des organisations privées et des individus confrontés à des problématiques spécifiques. L'omniprésence institutionnelle apparaît budgétairement impensable, mais aussi socialement et politiquement non souhaitable.

Le service public, à commencer par l'appareil de sécurité, existe pour prendre en charge des missions que le privé n'a aucune raison de remplir. Soit parce que aucun bénéfice commercial ne peut en résulter, soit parce qu'elles exigent une parfaite neutralité et que ses servants doivent se tenir loin de tous les intérêts particuliers, en regard de leur caractère stratégique pour le bien-être, la santé et la sécurité des citoyens. En revanche, dans un certain nombre de cas, laisser des entreprises fournir un service de prévention de la menace, d'alerte et d'anticipation d'une crise par la mise en œuvre des actes appropriés, s'affirme pleinement judicieux et responsable.

Lorsqu'une société de sécurité privée agit pour le compte d'un acteur économique, elle contribue en réalité à la création de valeur de celui-ci, tout en lui permettant d'honorer ses obligations en matière de RSE (Responsabilité sociale de l'entreprise). Car la sécurité s'intègre dorénavant à la chaîne de production, lorsqu'on la conçoit dans sa version optimale : elle fait partie des ingrédients de la compétitivité et de l'attractivité d'une firme, d'un territoire et d'un pays. Or il ne revient pas à la collectivité politique incarnée dans le ministère de l'Intérieur de satisfaire cette attente socio-économique capitale. L'État doit demeurer le stratège de la sûreté nationale, le chef d'orchestre et le régulateur de l'ensemble de la politique de protection de la nation, des biens et des personnes, mais il n'est pas nécessaire qu'il s'occupe de tout et partout ! Déléguer une partie des tâches, externaliser intelligemment en se donnant les moyens du contrôle, tout en favorisant une coopération confiante entre les dispositifs public et privé de sécurité, se dessine comme « le » défi passionnant et indispensable à relever.

Bien évidemment, reconnaissons que l'on vient de loin. L'univers de la sécurité privée balbutie encore : se structurer davantage, développer la dynamique de formation et d'élévation permanente des compétences, fortifier les échelons du *middle management* (encadrement intermédiaire), marier harmonieusement le profit et la préservation des individus (deux objectifs dont la combinaison heurte encore une partie de nos compatriotes), affiner la coopération entre les ESSD (Entreprises de service de sécurité et de défense) et les pouvoirs publics, construire des passerelles entre ces deux mondes pour intensifier les échanges de ressources humaines, voilà autant d'objectifs dont il importe de ne pas se cacher le nombre de facteurs critiques de succès à réunir.

Le temps reste proche (la situation n'a commencé à évoluer lentement qu'à partir du début des années 1990) où l'on considérait les ESSD comme des milices patronales ou des antichambres de mouvements politiques extrémistes. L'image de ce milieu a changé au cours des deux dernières décennies, et nous marchons maintenant sur un authentique sentier de découverte mutuelle : les entrepreneurs voient de plus en plus les acteurs privés de la sécurité comme des partenaires indispensables. Certes, la question des prix reste un sujet clé : on peut cependant estimer que le contexte incite à alimenter un optimisme raisonnable. Notre monde se métamorphose, et toutes les parties prenantes (l'État, la société civile, la sphère économique et les prestataires) le savent : l'avenir travaille à rapprocher les intérêts et les responsabilités de chacun.

L'ordre en révolution

De surcroît, le meilleur rempart contre une société de surveillance – sécuritaire – qui menacerait les libertés individuelles repose précisément dans la saine répartition des tâches. On sait, depuis Montesquieu, que seul le pouvoir arrête le pouvoir et, depuis John Emerich Dalberg, Lord Acton (historien et homme politique anglais du XIXe siècle), que le pouvoir absolu tend à abuser (ou corrompre)... Si l'État pénétrait tous les interstices où la société civile réclame de la sécurité, on verrait rapidement se multiplier les dérives.

Soyons extrêmement clairs et répétons que les forces françaises de police et de gendarmerie figurent parmi les plus respectueuses du droit et des libertés, à la surface de la planète ! Cela n'interdit pas les dérapages, bien entendu, mais ils demeurent limités et ne remettent pas en cause l'ensemble du système. Elles disposent en outre d'une capacité de maîtrise d'elles-mêmes, font preuve d'un usage proportionné de la force dans les règlements de situation conflictuelle qui suscite le respect.

Toutefois, il serait intrinsèquement dangereux d'imaginer l'administration garantir la tranquillité de chaque espace de nos existences… La vidéosurveillance illustre parfaitement le raisonnement : des opérateurs privés encadrés par les lois et la CNIL s'avèrent une meilleure option pour la préservation de la vie privée que des agents publics (quelles que soient leurs qualités humaines) qui deviendraient Argos Panoptès, le géant aux cent yeux de la mythologie grecque.

En définitive, il faut inventer les formes que pourrait prendre une heureuse union entre l'État, les entreprises, la société civile et les prestataires de sécurité privée, au service de la conviction que la sphère publique doit conserver la prééminence en matière de sûreté de nos concitoyens. Il s'agit en réalité de bâtir l'édifice qui lui permettra de s'appuyer avec confiance sur des opérateurs marchands, pour certains segments de l'exécution des tâches répondant aux préoccupations de sécurité des Français. La privatisation de la sécurité est une illusion, tout autant qu'un non-sens logique et démocratique. En revanche, l'utilisation astucieuse du privé par le système public représente une chance d'agilité exceptionnelle pour notre pays, une opportunité de réformer en profondeur le management des risques, en maximisant le rapport coûts/efficacité.

Une chaîne d'anticipation et de traitement des incivilités, des délits et des crimes, des moments critiques et des situations dégradées, une continuité de réaction sur l'arc de crise, voilà l'ambition qui doit nous guider collectivement. L'insécurité se révèle toujours un sentiment dangereux, lorsqu'on le laisse prospérer sans élaborer une riposte concrète crédible. La sécurité privée fait partie de l'équation (composée d'atouts et d'inconnues) à résoudre (et donc de la solution), en compagnie du dispositif national, des polices municipales et des donneurs d'ordre privés. D'où l'urgence de multiplier des efforts correctement ciblés l'autorisant à monter en gamme très rapidement. Le niveau de tension auquel sont soumis les effectifs de police et de gendarmerie rend cette démarche pressante. La cartographie des menaces appelle cette reconfiguration de la coopération administrations/ESSD, et la mutation des comportements individuels et sociaux milite pour une complexification féconde de notre stratégie de lutte contre les dangers pesant sur les nations contemporaines.

Indiscutablement, l'ordre républicain apparaît en révolution dans la France du XXIe siècle : ce qui fonctionnait jusqu'au déploiement de la mondialisation, jusqu'à la fin de la guerre froide et jusqu'à l'apparition du cybermonde, du terrorisme de proximité et de l'ère des réseaux, mérite une mise à jour chirurgicale afin de s'adapter aux dangers de ce temps. Notre pays dispose de toute l'intelligence pertinente pour inventer les chemins du progrès et forger la vision d'une nouvelle sécurité pour ce monde en pleine effervescence.

La société de vigilance : maintenir la confiance et rationaliser la peur

Par ailleurs, cette chaîne de vigilance et l'appel aux citoyens, dans la perspective de la protection de tous, répondent aux difficultés de notre appareil de force, dont on ne peut attendre l'inatteignable. Rappelons une fois encore que porter l'uniforme d'un policier ou d'un gendarme à l'horizon 2020 revient à endosser une lourde responsabilité et à vivre un quotidien particulièrement difficile. Contribuer chaque jour au respect de l'ordre républicain relève en effet du défi permanent.

Pourquoi ? Parce que les injonctions contradictoires qui pèsent sur 286 000 « gardiens de la paix » (la police) et « soldats de la loi » (la gendarmerie), réservistes inclus, introduisent une tension extrêmement forte demandant un effort de chaque instant pour être surmonté. En quelques mots, quelle est la problématique ? On attend l'impossible des forces de l'ordre et, dans le même temps, on veut qu'elles offrent le maximum d'espace à l'expression des libertés individuelles ; on les désire tout à la fois omniprésentes et invisibles, patrouillant dans nos rues et discrètes sur l'ensemble des territoires…

Certes, nous aspirons tous, et c'est légitime, à une police efficace, respectueuse de la mentalité démocratique, capable de maintenir la paix dans nos cités et soucieuse de répondre avec tact et discernement aux attentes des citoyens. Comprend-on néanmoins ce que cet horizon idéal et fortement désirable exige de la part des hommes et des femmes qui choisissent de protéger leurs compatriotes ? Et aussi ce que les habitants de notre beau pays – qui n'aiment guère l'autorité et les règles – devraient accepter de réformer en eux pour rendre possible cette image d'Épinal ? Il est probable que non…

Le terme même de « police » témoigne clairement de la charge conceptuelle initiale que porte ce métier. Étymologiquement, le mot vient du grec *politeia*, c'est-à-dire tout ce qui se rapporte à la cité, au gouvernement visant le bien commun (on peut faire la même analyse avec *res publica* en latin). Il renvoie à l'ambition structurante de la Grèce ancienne d'inscrire la cité dans le « Cosmos », un Tout divin qui dépasse infiniment l'humanité. Pour les Grecs et les Romains de l'Antiquité, l'ordre touchait à la sphère métaphysique. Plus prosaïquement (mais ceci est totalement lié à cela), les cités-États du Bassin méditerranéen ne pouvaient se passer de règles organisant le vivre-ensemble, qu'il fallait bien entendu veiller à faire respecter ; celles-ci allaient, à l'époque, de l'hygiène à l'ordre public, en passant par l'approvisionnement, les mœurs et la religion. Définition extensive des règles qui correspondaient à une époque où l'individu vivait sous le regard de la communauté, et où l'on ne connaissait pas la notion de vie privée (la sphère domestique devait, elle aussi, correspondre à un « bien-vivre », même si chacun y bénéficiait d'une réelle indépendance).

On voit donc que l'acception de « police », il y a plus de deux mille ans, se révélait extrêmement large et ambitieuse, sans que l'on constate d'ailleurs l'existence d'une force spécialement dédiée à cette tâche, telle que nous la concevons aujourd'hui. Jean-Marc Berlière et René Lévy nous le rappellent à juste titre : Isocrate, quatre cents ans avant Jésus-Christ, affirmait déjà dans *L'Aréopagitique* : « La police est l'âme de la cité, elle y opère les mêmes effets que l'entendement dans l'homme, c'est elle qui pense à tout, règle toutes choses, procure tous les biens nécessaires aux citoyens, éloigne de leur société tous les maux, toutes les calamités qu'ils auraient à craindre. »

Bien des siècles plus tard, entre 1705 et 1722 exactement, Nicolas Delamare, légendaire figure d'enquêteur

(Louis XIV l'avait chargé de s'intéresser aux malversations financières liées à la construction du château de Versailles), rédigea le premier *Traité de police* où il écrivait la chose suivante : «L'unique objet de la police consiste à conduire l'homme à la plus parfaite félicité dont il puisse jouir dans cette vie... Elle a pour objet d'assurer aux hommes les biens de l'âme, les biens du corps et ceux qu'on appelle de la fortune[1].» Pour résumer, la police rend possible l'intégralité de l'existence sociale et de la vie individuelle, et s'oppose au fond à la menace toujours présente de l'état de nature, décrit par Hobbes.

Progressivement, avec l'émergence de la philosophie des Lumières et la laïcisation de l'État, la police reçoit tout à la fois un sens plus limité et une finalité plus modeste, à savoir maintenir l'ordre et assurer la sécurité physique des personnes et des biens. Ce que traduit parfaitement le *Code des délits et des peines* du 25 octobre 1795 (3 brumaire an IV), à la base de toutes les réflexions ultérieures. L'article 16 stipule que la police a pour mission de «maintenir l'ordre et la tranquillité publique, la liberté, la propriété, la sûreté individuelle». À cette fin, elle se divise en police administrative et police judiciaire. Concrètement, cela signifie qu'il incombe quatre types de missions aux services de sécurité : le renseignement (le recueil puis l'analyse d'informations autorisant l'anticipation), la prévention (ce qui permet la réduction des faits délictueux et criminels), la répression (enquêtes s'intégrant à une procédure judiciaire) et la gestion de crise (maintien de l'ordre, maîtrise de forcenés, interventions pour neutraliser des terroristes ou des membres du grand banditisme).

1. Jean-Marc Berlière et René Lévy, *Histoire des polices en France. De l'Ancien Régime à nos jours*, Nouveau Monde Éditions, 2011.

La première donnée à prendre en compte pour mesurer la difficulté du métier – et donc assimiler l'épaisseur réelle de l'ambition d'être performant en affichant un brevet éternellement virginal de libéralisme démocratique –, c'est le risque physique encouru par les fonctionnaires du ministère de l'Intérieur. En témoignent la mort d'Ahmed Merabet le 7 janvier 2015, lors de l'attentat contre *Charlie Hebdo*, l'assassinat le 13 juin 2016 d'un commandant de police et de son épouse, à leur domicile, à Magnanville (Yvelines), par un homme se réclamant de l'EI, ou encore les événements de Viry-Châtillon (Essonne) du 8 octobre 2016. Ce jour-là, quatre policiers ont été la cible d'une quinzaine de jeunes délinquants défendant « leur territoire » à coups de cocktails Molotov. Ils ont été agressés alors qu'ils effectuaient une mission de surveillance statique, à bord de deux véhicules.

Sur le moment, le gouvernement a proposé d'équiper la police de tenues ignifugées. Si l'on peut comprendre la démarche d'un point de vue technique, elle en dit long sur l'état d'esprit qui règne dans nos sociétés : nous nous sommes progressivement habitués à ce que des représentants de l'ordre subissent des assauts chroniques… Cela commence par des insultes et finit par une tentative de brûler vifs des fonctionnaires en patrouille. Certes, au terme d'une enquête minutieuse, sept hommes entre 16 et 20 ans ont été mis en examen en janvier 2017 pour « tentatives de meurtre sur personnes dépositaires de l'autorité, commises en bande organisée », mais ce type de comportement violent manifeste quelque chose de capital que vivent de nombreux individus en uniforme, à savoir le refus de se plier à des règles sociales au profit d'autres normes, celles de la bande et d'espaces criminalisés échappant totalement à la légalité républicaine. Et puis il faut enfin citer la douloureuse disparition du colonel Arnaud Beltrame, au

Super U de Trèbes, le 23 mars 2018, tué par un terroriste, après avoir sauvé un otage.

En fait, Berlière et Lévy ont parfaitement résumé la situation dans leur remarquable *Histoire des polices en France*[1]. Rationalisant l'histoire de la police comme une longue suite de réformes visant à ajuster l'outil opérationnel à des missions de plus en plus variées et complexes, les deux auteurs déploient l'analyse suivante. À toute époque, la société fait face à des dangers, problèmes et déviances spécifiques. Elle les subit après les avoir enfantés. Pour relever ce défi, elle dispose d'un instrument : la police.

Cette dernière doit maintenir l'ordre, assurer la sûreté des individus, premier bénéfice de la civilisation. Bien que l'on puisse observer des changements de cap ou des incohérences à certains moments, l'évolution de la police sur la durée signale clairement une tendance à unifier, centraliser et étatiser, développer et adapter, professionnaliser et rénover un appareil, dont on fait toujours le procès en efficacité et que l'on juge constamment suspect, dangereux pour les libertés et violent. La police inquiète structurellement… « Or, parce que ce qui était considéré hier encore comme normal paraît aujourd'hui intolérable, on exige plus et mieux d'une institution dont on attend protection, ubiquité, rapidité, omniscience et efficacité sans que pour autant elle empiète sur nos libertés, sur les droits, sur la loi. »

Porter l'uniforme de policier ou de gendarme en 2020, c'est à la fois endosser le rôle d'une sentinelle, confrontée quotidiennement au danger, et se montrer respectueux à tout instant des principes démocratiques et libéraux qui fondent notre régime politique. C'est une double injonction légitime, incontestablement, mais il convient d'en

1. Jean-Marc Berlière et René Lévy, *Histoire des polices en France*, *op. cit.*

mesurer précisément la charge de responsabilité et de stress qu'elle fait peser sur leurs épaules.

Résistance et barbarie

Il arrive, à l'occasion d'événements tragiques, que nous réussissions collectivement à en percer le sens profond, et qu'il nous rassemble : par exemple, en ce triste samedi, le 24 mars 2018, durant lequel est parti le colonel Arnaud Beltrame, puis quatre jours plus tard aux Invalides... Sa mort nous met face à face une fois de plus avec cette barbarie qui naît de notre propre sein. Et elle nous prive d'un homme qui avait décidé de servir les autres et sa patrie. Son absence est lourde pour sa famille, ses proches, ses camarades, et elle marqua aussi la gendarmerie nationale – une vieille dame qui sait pourtant s'adapter avec agilité aux défis de ce siècle, parfois bien étrange ; tandis que lui laissa bien sûr un témoignage capital à nos compatriotes. Car il a prouvé par son sacrifice que l'on peut toujours décider qu'il vaut la peine de se dévouer à des êtres de chair et de sang et à des idées. Les Français n'ont aucun doute sur ce point. L'exemple qu'il a donné ne souffre pas d'interprétation divergente.

Les discussions byzantines sur le fait de savoir s'il a suivi la « procédure » ou le « manuel », sur le respect des normes d'intervention, ont glissé lentement dans la rivière de l'indifférence, et reste simplement la dure et généreuse réalité de l'acte lumineux qu'il a posé, en plein cœur de la violence stupide et meurtrière. Que se serait-il passé si le colonel Beltrame s'en était tenu à l'observation du manuel ? Impossible de refaire l'histoire : on peut néanmoins poser l'hypothèse que le bilan aurait pu s'alourdir.

En tout état de cause, il n'est pas tenable de renvoyer mécaniquement à « ce qui doit se faire en théorie » pour évaluer une situation et déterminer la décision à prendre. Richard Lizurey, ancien directeur général de la gendarmerie nationale, a dit l'essentiel, avec rigueur et humilité, dans la préface qu'il a consacrée au livre de Jacques Duplessy sur le gendarme tombé à Trèbes : « Se mettre entre les mains d'un terroriste voulant tuer n'est évidemment inscrit dans aucun texte de procédure interne et ne le sera jamais. Les procédures sont faites pour permettre l'efficacité des interventions, tout en veillant à la sécurité des militaires. Et c'est ce qu'il faut. D'ailleurs, nous continuerons ! Mais un gendarme prête serment, celui de servir la population, y compris, parfois, s'il le faut, au péril de sa propre vie. Arnaud Beltrame n'a pas appliqué des procédures ; il a fait mieux : il a respecté son serment. Et, ce faisant, il a sauvé une vie, sans doute même plusieurs[1]. »

Cet exemple emblématique nous rappelle l'importance de comprendre l'essence du métier qu'exercent les policiers et les gendarmes, de saisir profondément ce que porte de charge émotionnelle et intellectuelle le maquis d'exigences contradictoires et de pression morale qui s'enchevêtrent en permanence dans leurs esprits et dans leurs « tripes » (on ne peut guère ici employer d'autre mot).

L'équilibre est instable, à chaque instant : intervenir et respecter l'autre (fût-il délinquant), prendre des initiatives et respecter le cadre légal, sauver des vies et ne pas exposer inutilement la sienne, évaluer en permanence des situations complexes aux conséquences multiples (opérationnelles, administratives, judiciaires, morales, médiatiques). Qui peut refuser de reconnaître – si l'on se garde de la passion des jugements hâtifs – la difficulté de leur travail et la qualité de ce qui est accompli dans un contexte problématique ?

1. Jacques Duplessy et Benoît Leprince, *Arnaud Beltrame. Le héros dont la France avait besoin*, Éditions de l'Observatoire, 2018.

Arnaud Beltrame a apporté un démenti absolu à tous ceux qui pensent que notre monde constitue un système où tout doit être prévu. Je comprends parfaitement l'argumentation technique ; je crois en revanche qu'il faut saisir autre chose dans son comportement que l'analyse de situation d'un professionnel de la sécurité. Peut-être a-t-il entrevu une fenêtre d'opportunité pour neutraliser ce barbare ; il a emporté la réponse avec lui, et bien malin qui peut aujourd'hui commenter ce point. Débat sans issue et qui n'atteint pas le cœur des choses. Ce qui est certain, c'est qu'il est devenu un symbole parce qu'il a refusé d'abdiquer et que ce qu'il y avait de plus intime et essentiel en lui a pris la décision d'agir en une fraction de seconde. Afin de sauver la vie d'une innocente et s'opposer de façon instinctive à l'insupportable.

Qu'est-ce qu'un symbole ? Une force qui nous pousse en avant, nous encourage à agir et à choisir, à affirmer par des gestes et des mots les valeurs qui nous structurent. Arnaud Beltrame apparaît par conséquent comme un puissant symbole, car il a affirmé notre conviction la plus profonde : la résistance aux idéologies liberticides et meurtrières s'impose comme un devoir, une condition même d'existence. Peu d'individus sont capables d'une telle force d'âme dans l'action. Il figure dans les rangs de cette noblesse admirable, la seule qui compte.

Par ailleurs, l'hommage national rendu au colonel Beltrame aux Invalides fait saisir par contraste quelque chose de déterminant sur les théâtres d'opération du combat contre le terrorisme islamiste. Le cœur de l'opposition entre eux et nous repose dans la place que nous donnons à l'homme dans le monde et dans notre conception de l'ordre spirituel. Cette matrice intellectuelle et existentielle détermine à son tour une logique politique et, au bout du compte, opérationnelle. Pour ces barbares qui se prétendent des combattants et des esprits religieux (mais méritent simplement l'appellation de criminels), l'individu – homme, femme ou enfant – ne compte pas. L'idéologie prime tout. Que prétend celle-ci? Que le libre arbitre n'existe pas, que la foi s'impose aux cœurs, aux esprits et aux corps. Le «Tout» règne sur chacun d'entre nous, la divergence est une faute, et il existe une frontière claire qui sépare les «croyants vertueux» des «mécréants», promis aux pires tourments… Asséchante et insoutenable vision de l'univers et de l'humanité!

L'héroïsme d'Arnaud Beltrame pointe le doigt vers l'exact contraire, à savoir l'idée que toute vie est précieuse, et que la liberté de conscience et de parole fonde une existence humaine et sociale saine, réussie et prospère. Ses convictions les plus intimes, spirituelles (un catholique franc-maçon) et professionnelles (son statut militaire, son métier d'officier de gendarmerie, son idéal de la République), sa foi en une nation ouverte, non pas en un collectif agressif ou en une communauté totalitaire, le placent en opposition à tous les radicalismes, salafisme djihadiste en tête. À travers lui, et c'est pour cela qu'il apparaît si puissamment comme un symbole, c'est l'intention philosophique profonde de l'ambition humaniste, démocratique et nationale qui s'impose, comme un éclair fendant la nuit. Dans la résistance au totalitarisme islamiste, il s'agit d'affirmer le droit des êtres humains à l'indépendance d'âme. En se substituant comme otage à une innocente, et en s'engouffrant dans un possible incertain (désarmer le terroriste), il a manifesté un absolu moral positif et nous a rappelé ce que nous ambitionnons d'être. L'hommage d'Emmanuel Macron a très justement mis en lumière ce point.

Par là même, Arnaud Beltrame clarifie la signification du mot «spirituel» (l'aspiration à aller plus haut); son geste et ses engagements de vie – véritable combat spirituel – contredisent l'idée même d'une guerre des religions; ce que la vie religieuse enseigne est l'exact contraire de ce dont les terroristes font l'apologie. Ces derniers illustrent ce que tous les fondamentalismes, tous les intégrismes, tous les radicalismes portent dans leurs flancs : la bêtise sans bornes, l'ignorance criminelle, la perversité narcissique et l'absence de courage existentiel et intellectuel. Par conséquent, il en dérive une articulation politique claire : l'islam politique s'impose comme un totalitarisme frère de ceux du XXe siècle, tout aussi incompatible avec l'islam que pratiquent et méditent des esprits authentiquement portés vers le spirituel, qu'avec la république laïque et démocratique, qui voit dans tous les engagements sincères et altruistes une chance pour ses idéaux.

Notre pays affronte une violence idéologique et physique, dont le but ultime est d'installer un système politique, social et doctrinal totalitaire. Que sont les salafistes djihadistes ? Des barbares, héritiers moraux et intellectuels de tous les fascismes bruns et rouges. Cette situation, cette guerre particulière qui nous étreint (non pas un choc militaire, mais une lutte entre des visions du monde), fait du colonel Beltrame un résistant. Ce mot s'impose, même si le contexte historique – bien sûr – ne peut être comparé à celui de 1940. Il a résisté car il s'est dressé seul et brave, suivi par d'autres. Emmanuel Macron a eu raison d'évoquer l'esprit de la Résistance, Jean Moulin et les maquis. Il a droit à ce titre de résistant car il a été exemplaire, fidèle à lui-même et à ses valeurs ; la formule du chef de l'État dit l'essentiel : Arnaud Beltrame a affirmé sa fidélité à « tout ce qui le tenait ».

Dans cette époque où il convient d'être prudent et pudique dans ses paroles, prononçons ce mot avec une tranquille assurance : « Vous êtes un héros, mon colonel »… Il a opposé une spiritualité ouverte et généreuse à une caricature de religion (le salafisme), car la foi n'est pas cela : ni les chrétiens, ni les musulmans, ni les bouddhistes, ni aucune autre communauté religieuse ne peut être cela, une arme du fanatisme. Il fait écho à Albert Camus, à ce qu'il désignait dans *Le Mythe de Sisyphe* et *L'Homme révolté* : une insurrection humaniste et constructive, tendant obstinément à la fraternité. Alors que le président de la République achevait son éloge funèbre, la phrase du général de Gaulle me vint spontanément à l'esprit : «Je crois en Dieu et en ma patrie, je suis un Français libre et je ne suis l'homme de personne»...

Le goût des autres

Le terme du premier quart du XXIe siècle se profile lentement à l'horizon : il n'est pas simple d'y faire l'apologie de l'engagement au service des autres... Pourtant, beaucoup d'hommes et de femmes se consacrent à la sécurité de nos compatriotes. Ils acceptent de prendre le risque d'offrir leur vie pour aller au bout de cette mission. Le colonel Arnaud Beltrame a fait ce sacrifice ultime, on vient de le rappeler. Deux sapeurs-pompiers ont fait le même choix le samedi 12 janvier 2019 à Paris, rue de Trévise : ne pas placer leur propre vie au centre de leur existence, subordonner leur préservation à celle d'autrui. Le caporal-chef Simon Cartannaz et le première classe Nathanaël Josselin n'avaient pas trente ans... Dans un temps rétif au «nous» et qui s'enferme plus volontiers dans le «je», celui de Narcisse et non celui de l'individualisme humaniste, il devient difficile de justifier le chemin de l'engagement au service d'une nation et de ses citoyens.

La question mérite aujourd'hui d'être posée : pourquoi faire abstraction de soi, ou tout au moins accepter une terrible incertitude et placer les autres au cœur de ses préoccupations, au péril de sa vie? Sans doute parce que se dévouer s'avère l'une des raisons majeures qui rendent notre existence digne d'être vécue. Ces vingt dernières années ont habitué beaucoup d'entre nous à placer la satisfaction pulsionnelle au centre du bonheur quotidien. L'ensemble du modèle marchand, qui polarise nos regards et hurle dans nos oreilles jusqu'à saturation, veut nous faire croire que, derrière le besoin satisfait, il existe un apaisement durable. Ce n'est pas le cas, et nous nous imaginons avoir des « amis » parce que les réseaux sociaux nous tiennent lieu de baromètre de sociabilité. Miroir aux alouettes… La déliaison entre les individus progresse sous le drapeau de la convivialité fabriquée et du sourire figé. Dès lors, notre semblable signifie-t-il encore quelque chose à nos yeux ? Au mieux devient-il un instrument de réassurance narcissique et un outil pour avancer dans la jungle économique où chacun doit se vendre au détriment de ses voisins. On peine dès lors à comprendre les termes mêmes d'« altruisme » et d'« engagement ». Entrer dans un bâtiment (en l'occurrence une boulangerie) où une fuite de gaz rend possible une explosion imminente ne relève-t-il pas de l'inconscience ? Dans la grille de lecture des insulaires psychologiques, sans aucun doute ! Pour les pompiers, confrontés chaque jour au danger, pour les militaires en opération extérieure, les policiers et les gendarmes dressés contre la criminalité ordinaire, les casseurs les plus brutaux ou les terroristes, il s'agit tout au contraire de garder vivante la notion de « devoir », qui maintient la société habitable et humaine.

C'est une logique identique qui habitait l'esprit et le cœur du capitaine Baptiste Chirié et de la lieutenante Audrey Michelon, âgés respectivement de 30 et 29 ans, qui n'ont pas survécu au crash de leur Mirage 2000, le 9 janvier 2019. Leur avion s'est écrasé dans le Jura sans laisser la moindre chance au pilote et à sa navigatrice. L'avenir dira ce qui a causé l'accident. Ce qu'il faut rappeler, c'est qu'ils ont accepté ce risque professionnel parce qu'ils croyaient en une mission d'intérêt général. Ce type d'avion de chasse contribue à travers le monde à combattre les djihadistes et à protéger les intérêts fondamentaux de notre pays, souvent dans le cadre de coalitions internationales.

Certes, ils n'ont pas péri au cours d'un conflit, mais ils appartiennent aux rangs des dizaines de milliers de Français et de Françaises qui souhaitent s'engager pour notre avenir et notre sécurité. Jeunes, comme les sapeurs-pompiers décédés ce samedi-là, les deux membres de l'armée de l'air n'avaient pas renoncé à agir pour un idéal qui les transcende, malgré les interrogations et les peurs. Ces quatre serviteurs du bien commun symbolisent une volonté de sens qui manque cruellement à bien des endroits de notre univers social. Il nous revient désormais de penser à eux avec respect, douceur et affection, en tentant de faire vivre aux mieux – chacun à son niveau, à sa place et selon ses capacités – les valeurs pour lesquelles ils ont accepté, à l'aube de leur carrière, de devoir un jour faire le don de leur vie.

La société de vigilance

Par conséquent, pourquoi ne pas accepter que chaque citoyen puisse chérir et développer sa part d'engagement ? Pourquoi ne pas admettre que la société de vigilance s'enracine dans les vertus qui nous portent au secours des autres ? Pourquoi ne pas accueillir sans mauvais esprit les initiatives autorisant à métamorphoser la dynamique de sécurité en œuvre collective ? Il est vrai que le défi apparaît d'autant moins simple à relever qu'il convient de faire la part entre les réalités de la sécurité et le discours ou la mise en spectacle de celle-ci : le plus souvent, les deux ne se recouvrent pas… Il en découle une terrible confusion et une vulgate mortifère, ou une perception idéologisée têtue qui mène à l'impasse. La société de vigilance nous empêcherait justement de sombrer un jour dans la société de surveillance. Il faut en revanche, bien sûr, élever le niveau général de connaissance en matière de sûreté. En ce domaine comme en d'autres, le savoir mène à la modération.

Examinons en tout premier lieu les réalités. L'Histoire nous permet d'y voir clair. En 1989, Jean Delumeau démontrait lumineusement – dans un ouvrage admirable : *Rassurer et protéger*[1] – que la sécurité a d'abord été un sentiment, celui d'être à l'abri, en confiance. Elle pointait donc vers la tranquillité, l'espérance et le salut de l'âme. La sécurité matérielle, objective, était, quant à elle, désignée par le terme de «sûreté». Ce n'est que lentement que cette dernière s'est affirmée comme une préoccupation des sociétés, un objectif politique décisif. Elle ne s'est imposée clairement qu'entre le XVIe et le XVIIIe siècle (parallèlement à la diffusion de la propriété).

On pouvait bien sûr en constater l'existence auparavant, mais elle se classait au second rang (ou tout au moins s'inscrivait dans les attentes relevant du salut spirituel). Surtout, elle obtenait une réponse en priorité sur le terrain religieux, et non par l'intervention des gouvernants. C'est à Dieu que les hommes demandaient de protéger leurs champs et leurs maisons; c'est encore à Lui qu'ils adressaient leurs prières pour éloigner les tempêtes, les orages et les épidémies. Dès lors, l'Église multipliait les bénédictions, les processions, installait le culte des saints, l'appel aux objets sacrés (reliques), ou invoquait la Vierge pour rassurer ses fidèles. L'individu médiéval n'attendait pas d'assistance et de maîtrise de l'incertitude, du danger et de la

1. Jean Delumeau, *Rassurer et protéger. Le sentiment de sécurité dans l'Occident d'autrefois*, Fayard, 1989.

peur par l'État. Jadis, «le nombre de gens susceptibles de protéger leurs semblables contre les brigands, les maladies et les accidents était réduit. Aussi nos ancêtres compensaient-ils la rareté des protecteurs terrestres par la prolifération des protecteurs célestes et des rites, objets et formules de protection».

Puis est venue, plus fortement encore que jadis, l'angoisse du salut éternel, attisée par les réformes religieuses du XVIe siècle et la dialectique dramatique du protestantisme et de la riposte catholique (générant dans les esprits une culpabilisation croissante). La foi et les rites (absolution sacramentelle, indulgences, promotion du chapelet et du scapulaire, etc.) ont alors eu pour enjeu d'apaiser les âmes, et non plus, d'abord, de continuer à rassurer la chair dans les dangers de la vie, tout en lui montrant du doigt les récompenses célestes après la mort (à la fois consolation des duretés de la vie d'ici-bas et réconfort dans les épreuves immanentes). Dynamique qui s'affirmait au moment précis où les conditions de sûreté les plus ordinaires s'amélioraient lentement, mais de manière évidente.

Une nouvelle étape s'est engagée au cours du XVIIIe siècle qui a vu s'affirmer en parallèle le refus d'un Dieu vengeur et la laïcisation de la demande de sécurité. Comme l'écrit Delumeau, une volonté de protéger les corps succède au besoin d'assistance spirituelle : «L'enfer s'éloigne en même temps que le fatalisme et l'insécurité. Individus et société se prennent davantage en charge : on lutte contre le feu, on éclaire les villes, on renforce les polices. Leibniz compare l'État à un navire dont les marins sont solidaires et suggère que la collectivité se porte financièrement au secours des citoyens frappés par le malheur : c'était dessiner la première politique de "sécurité sociale" et un schéma d'assurances générales.»

Le point étant fait sur l'évolution des mentalités, penchons-nous maintenant sur les réalités de terrain. Le sociologue Hugues Lagrange a parfaitement résumé la marche des siècles sur ce sujet : « Du XVIe au XXe siècle, un processus de pacification des mœurs est intervenu dans la vie civile de la plupart des pays d'Europe. […] Cette réduction des violences interpersonnelles s'opère parallèlement à ce que Norbert Elias a décrit comme une civilisation des mœurs. Au regard de ce recul des violences interpersonnelles dans les rapports civils ordinaires, la poussée actuelle des violences et des crimes d'appropriation suscite un sentiment d'insécurité qui n'est pas si paradoxal qu'on l'a dit. Favorisée par la diffusion des manières de cour, la civilisation des mœurs se caractérise par une répression de l'expression publique des émotions et des passions, le développement d'une sphère privée dans laquelle seules ces émotions apparaissent, une accentuation de l'autonomie individuelle et une individualisation de la sensibilité[1]. »

Il prolonge la réflexion historique de Jean Delumeau, en montrant parfaitement comment s'articulent la construction de l'État moderne, la discipline des passions et le progrès technologique : « Trois facteurs majeurs contribuent, semble-t-il, à la pacification des mœurs : l'élévation de la maîtrise technique sur la nature, le contrôle des affects et la mise en place d'institutions légales stables. […] La réduction de la violence – homicide en particulier – s'est développée en lien avec une sécularisation de l'inquiétude. Elle est associée à une transformation du rapport de l'homme à la nature, de l'affectivité et des rapports des hommes entre eux résultant de l'intériorisation des normes morales et de l'évolution du droit[2]. »

1. Hugues Lagrange, *La Civilité à l'épreuve. Crime et sentiment d'insécurité*, PUF, 1995.
2. *Ibid.*

Ce qui apparaît clairement, c'est un processus séculaire d'intériorisation des émotions (sous l'effet d'un travail civilisationnel, décortiqué notamment par les historiens Norbert Elias, Georges Duby et Paul Bénichou) qui permit de faire puissamment décliner la violence quotidienne au sein du corps social. Alors même que les pouvoirs publics se structuraient, qu'une centralisation méthodique ordonnait l'intervention des autorités locales, la brutalité immédiate des rapports humains se réduisait, laissant distinguer la mise en place d'un surmoi aux conséquences pacificatrices. Affirmation de l'État et adoucissement des mœurs s'alimentaient l'un l'autre sans que l'on puisse déterminer précisément lequel des deux phénomènes pouvait être considéré comme la poule ou l'œuf : « Il y a eu au cours des trois derniers siècles un changement dans le degré d'intériorisation des contraintes. Le refoulement des pulsions est venu prendre en quelque sorte le relais de la coercition externe. Progressivement, du XVIIe au XIXe siècle, la sanction du crime va perdre son caractère emblématique d'expiation sanguinaire pour s'inscrire dans le cadre d'une économie proportionnée. Cette nouvelle éducation des mœurs n'a pu se faire sans une transformation remarquable mais peu visible dans le psychisme. […] Le constat indéniable, c'est celui d'une réduction de l'expression publique des émotions et des passions. Cette civilisation des mœurs est corrélative d'une double affirmation : celle de l'État et de l'individu qui se renforcent mutuellement du XVIIe au milieu du XXe siècle[1]. »

En revanche, cette spirale positive sur le plan intérieur semblait trouver sa contrepartie négative dans la montée des périls sur la scène internationale. Pour reprendre l'expression de l'universitaire Bertrand Badie, les États prenaient l'allure de « gladiateurs » dans l'arène des nations et se jetaient les uns sur les autres avec une effroyable férocité.

1. Hugues Lagrange, *La Civilité à l'épreuve*, *op. cit.*

Cette escalade a débouché sur les massacres du XXe siècle et la « solution finale ». La réduction de la violence interpersonnelle, dans les sociétés européennes du XVIe au début du XXe siècle, s'est doublée de « la montée au paroxysme des violences mises en œuvre par les États, ce qui pour le moins interdit de parler d'un procès global de civilisation[1] ».

Créer la confiance, voilà le fond de l'ambition de la sécurité : c'est ce qu'il faut retenir de cette fresque historique au pas de charge (dont Jean Delumeau nous brosse une peinture plus étoffée dans l'ensemble de son œuvre, et que l'on peut d'ailleurs compléter avec les ouvrages de Robert Muchembled[2]). En définitive, la sécurité, c'est la rationalisation de la peur que permet la confiance raisonnable en ses contemporains, créée par des valeurs communes, et un dispositif de sûreté crédible des personnes et des biens. Le spectacle de la peur (sa médiatisation savamment orchestrée pour des raisons idéologiques ou marchandes), c'est l'ignorance acceptée, encouragée et, par conséquent, le consentement à l'insécurité et l'accentuation de notre paralysie collective face à elle… Plus que jamais, dans une société de défiance et d'incertitude, on attend des forces de l'ordre qu'elles apportent de la confiance, de la prédictibilité, de la continuité de bien-être et de tranquillité. Jamais le besoin de sécurité n'a été aussi puissant et, en même temps, soumis à un encadrement réglementaire aussi fort. Mettre sur pied une société de vigilance, une dynamique sécurité du quotidien, un continuum de sûreté public/privé, c'est progresser vers cet horizon noble de la *police*, qui rêve d'une *polis* tendue vers la liberté, l'égalité et la fraternité.

1. Hugues Lagrange, *La Civilité à l'épreuve*, *op. cit.*
2. Voir en particulier : Robert Muchembled, *Une histoire de la violence. De la fin du Moyen Âge à nos jours*, Éditions du Seuil, 2008, et *L'Invention de l'homme moderne. Culture et sensibilité en France du XVe au XVIIIe siècle*, Hachette, 1994.

11

Le djihadiste, « fasciste » new-look ?

C'est la réalité qui appelle la vigilance de tous. Pour le comprendre, il convient d'en revenir toujours au portrait de l'adversaire : à qui les citoyens de l'archipel démocratique font-ils face ? Comment caractériser l'ennemi, et donc le détecter, pour parvenir enfin à le combattre efficacement et chirurgicalement, sans pratiquer une politique de terre brûlée ? Et sans mettre en danger ses principes les plus sacrés, c'est-à-dire la pérennité de son identité ? Avant de devenir un terroriste, l'exterminateur d'existences, le criminel, appartient au camp des radicaux, des islamistes, de ceux qui vomissent la modernité occidentale. Mais cela ne suffit pas. Comme l'expliquait fortement Abdelwahab Meddeb dans *La Maladie de l'islam*[1], la violence s'appuie forcément sur le ressentiment. Elle mûrit à l'intérieur de cette haine recuite contre l'intégralité d'un univers de sens, avec ses inévitables espérances déçues et ses détestables et humaines – trop humaines – trahisons.

Ce ressentiment (finement expertisé par Nietzsche) s'enracine soit dans une humiliation collective, nationale dans l'acception la plus symbolique, soit dans une humiliation individuelle, une blessure narcissique, une colère très

1. Abdelwahab Meddeb, *La Maladie de l'islam*, *op. cit.*

personnelle. Ou, enfin, dans une reconstruction malhonnête, dans l'amertume *a posteriori* de l'échec vécu ou ressenti. La radicalité console le ressentiment, le valoriser le transforme en signe d'élection puis en moteur existentiel. Celui qui s'offre à elle reçoit en récompense une orthopraxie réconfortante et motivante. Dans le cas de l'islamisme, le radical devient un « surmusulman[1] » (Fethi Benslama) et rachète toutes ses erreurs, ou comble tous ses manques, dépasse toutes ses insuffisances (en les expliquant dans l'économie de toute responsabilité du « moi ») au moyen d'une diabolisation de l'Autre et de l'assimilation d'une grille de lecture figée, totalitaire et haineuse du monde. L'idéologie envahit l'identité, la conscience et la sensibilité de son hôte, tel un vampire, un parasite qui s'installe dans un corps sain, s'y répand et finit par tuer sa proie. Un véritable cancer.

L'idéologie du ressentiment

Aux origines de l'islamisme, c'est-à-dire dans l'Égypte de l'entre-deux-guerres, c'est précisément cette logique du ressentiment qui engendre les Frères musulmans. Hassan al-Banna et Sayyid Qutb haïssent de toutes leurs forces ces nations européennes qui ont apporté dans leurs pays l'œuf de la liberté individuelle et de l'esprit prométhéen. L'Occident sème devant leurs yeux la dépravation : voilà leur vérité atrocement simpliste, mais claire. L'abaissement arabe s'apparente pour eux à une contamination. Les musulmans souffrent d'occidentalisation… Laquelle se définit comme refus de Dieu, de sa Loi, de sa souveraineté. Là où se trouve l'Occident ne peuvent germer l'islam et ses vertus.

1. Fethi Benslama, *Un furieux désir de sacrifice*, *op. cit.*

Néanmoins, l'islamisme imagine refouler les Lumières et figer l'Histoire avant de la vaincre, alors même qu'il accompagne le mouvement de la modernité, ou – pour être précis – forge un hybride effrayant, comme le firent le mussolinisme, le nazisme et le soviétisme.

La ressemblance entre la Confrérie (les Frères musulmans) et le fascisme, le modèle totalitaire, ne relève pas seulement de l'imprégnation, de l'emprunt à l'esprit du temps. Elle révèle un même projet philosophique : démembrer la modernité pour n'en conserver que la recherche du progrès technologique, l'effort d'industrialisation, la capacité à fabriquer et mobiliser les masses – c'est-à-dire à atomiser la communauté pour mieux contrôler chaque individu –, une glorification parfaitement artificielle de l'*Oumma* réduite à un mot susceptible de toutes les manipulations.

L'idéal de l'islamisme ressemble à s'y méprendre à celui de tous les fascismes, de tous les totalitarismes : l'ordre de la ruche, de la termitière, où toute action obéit à une finalité qui ne craint pas de consommer des individus, considérés comme autant de «zéros» en regard de l'infini (souvenons-nous du chef-d'œuvre d'Arthur Koestler[1]), le Tout, incarné par une reine, elle aussi asservie au concept de l'Un.

Une seule différence : dans l'islam politique (ou l'islam idéologique), on promet aux sujets la vie éternelle après le trépas. Mécanique du Père Noël dont il faut absolument mesurer la portée : elle maximise la probabilité de triomphe d'un projet ou d'un régime totalitaire.

Si l'on ramasse à l'extrême la promesse métapolitique, on obtient ceci : l'obéissance temporaire totale ici-bas vous

1. Arthur Koestler, *Le Zéro et l'Infini* (1940).

assure le paradis éternel là-haut[1]… Qui dit mieux ? Quand la liberté se voit reçue comme un fardeau plutôt qu'une émancipation, pourquoi ne pas tenter de gagner sur tous les tableaux : se délester du poids du choix, de la responsabilité continuelle, tout en achetant un billet pour l'inépuisable jardin des délices ? Si, de surcroît, ce chemin laisse apercevoir un grand retour sur la scène de l'Histoire, la réapparition de l'islam conquérant de Mahomet, même les plus humaines passions de gloire et de prospérité s'assouvissent avec gourmandise. « Un autre monde est possible », répètent les salafistes djihadistes et toutes les formules d'islamistes. Certes, ce monde-là ne présente rien de commun avec le rêve des altermondialistes les plus radicaux – qui considèrent trop souvent les intégristes comme des alliés, alors que ces derniers les regardent comme des « idiots utiles »…

Quant aux radicalisés d'Europe, France en tête, ils se fabriquent dans des parcours d'individus fracturés, blessés par leur rencontre avec le réel. On a dit à peu près tout ce qu'il y avait à dire sur le sujet. On nage dans un océan d'études, d'enquêtes et d'ouvrages tentant de cerner le profil des salafistes et, plus particulièrement, de ceux qui basculent dans la violence armée. Aucun profil type, toutefois la plupart naissent de trajectoires marquées par des carences précoces (durant la petite enfance), une ambiance familiale teintée d'une grande brutalité (pas forcément comme victimes, mais comme témoins), une participation juvénile à la petite délinquance, un ou plusieurs séjours en prison, une fréquentation de réseaux d'amitiés de proximité réceptifs à l'intégrisme musulman, une vie sentimentale angoissante, un malaise identitaire profond, un sentiment d'assignation au « ghetto » et une solide désespérance, qui

1. https://www.laliberte.ch/dossiers/religions/articles/les-promesses-du-paradis-musulman-347332

favorisent le nihilisme et la fascination pour la figure faussement virile du «hors-la-loi». Autant dire que ce chaudron de mal-être aux ingrédients multiples fabrique à l'envi des chefs-d'œuvre de ressentiment cherchant à s'investir dans une colère ciblée et illusoirement «constructive». Radicalisation et, éventuellement, lutte armée font parfaitement l'affaire…

Le fantasme du totalitarisme théocratique

Dans *2084. La fin du monde*, un roman d'anticipation inspiré par George Orwell, Boualem Sansal dessine à grands traits ce qu'invente l'islamisme depuis la naissance des Frères musulmans en 1928 : un totalitarisme à base religieuse. Les historiens enseignent depuis soixante-dix ans que les régimes totalitaires se sont bâtis idéologiquement sur l'athéisme ou un paganisme instrumental, parfaitement symbolique. Par essence, le totalitarisme nie la transcendance et déplace le sacré dans la race, la classe (le prolétariat), la nation, l'État. Vieux débat, classique mais essentiel, que celui sur les religions séculières (deux variantes possibles : les religions civiles dans une démocratie, par exemple les États-Unis, les religions politiques dans un État totalitaire). L'islam politique innove de façon disruptive et porte au jour un authentique totalitarisme théocratique (éventuellement hiérocratique – terme forgé par Max Weber à partir du grec *hieros*, signifiant «sacré», lequel désigne plus spécifiquement un régime contrôlé par des religieux, une autorité sacerdotale, à l'instar de l'Iran). Ce qui change concrètement beaucoup de choses, puisque le principe totalitaire regagne ainsi une virginité morale et intellectuelle auprès d'un nombre insigne de peuples du Moyen-Orient, aux yeux desquels le problème ne réside pas dans l'absence de liberté, mais dans l'absence de Dieu, ou plutôt dans l'inexistence de sa présence politique et sociale. On ne peut éviter ici de penser une fois encore aux thèses de Marcel Gauchet dans *Le Désenchantement du monde*. Sansal inaugure dans le récit romanesque la description de l'architecture d'un régime totalitaire qui ressemble furieusement au califat promis par les partisans de l'islam politique.

Ce régime tient dans sa main le destin de l'Abistan, ou «pays des croyants», qui tire son nom du prophète Abi, «Délégué» sur Terre de Yölah, Dieu unique. Il dispose de tous les attributs du fascisme rouge ou brun des années 1930 : un parti unique, avec ses dirigeants occupés par des intrigues et une machine de propagation de la terreur (la Juste Fraternité et l'Appareil), une idéologie et un livre de référence (le *Gkabul*, signifiant «acceptation»), une langue au service de la soumission (l'Abilang), des ministères clefs dédiés à la propagande et au formatage des comportements, à l'enrôlement permanent de la population (ministère de la Morale et de la Justice divine, ministère des Sacrifices et Pèlerinages), et, bien sûr, un adversaire indéfectible, Balis et ses Makoufs (hérauts de la Grande Mécréance). Les «fous d'Abi», une garde prétorienne d'élite, veillent sur le Délégué et l'Abigouv (le gouvernement). La population, endoctrinée depuis la naissance, participe – comme dans tout régime totalitaire qui se respecte – à sa propre surveillance. Un flicage de tous par tous s'opère minutieusement *via* les Miliciens volontaires, les Croyants justiciers bénévoles, les Civiques (des comités de vigilance formés de citoyens), afin de conserver intacts l'enthousiasme et le dévouement de tous à Abi et Yölah. Chacun espionne et dénonce ses compatriotes. Dans les Mockbas, on apprend la vérité du *Gkabul*. Neuf prières quotidiennes permettent d'entretenir la flamme spirituelle des Abistani et de constituer une communauté homogène de soixante provinces, protégée de toute perturbation, rétive à toute dissidence… Les hommes portent le burni, un uniforme, celui du croyant. Le corps des femmes, emprisonné dans le burniqab, échappe au regard des hommes.

La narration ne dit pas grand-chose sur les origines de cet univers totalitaire, sauf qu'il naquit au lendemain d'une ère de chaos et de batailles (le Char, la Grande Guerre sainte, durant laquelle des armes atomiques dévastèrent probablement des pays entiers), qui marque encore le «paysage» du pays des croyants. Des centaines de millions de personnes périrent. Rien n'est censé exister en dehors de l'Abistan, bien qu'un ennemi survive, soumis à Balis, dont personne ne parvient pourtant à cerner véritablement les contours. Sans doute les renégats (les Regs) vivant dans les ghettos malaisément accessibles… Une police spéciale, l'AntiRegs, épaulée au besoin par l'armée, pourchasse ces Regs, présentés comme des sauvages, des brutes rompues au brigandage. Les guerres saintes continuent, mais l'ennemi absent et le front invisible transforment le conflit en fantôme, en légende à laquelle on croit, destinée précisément à alimenter la doxa et à renforcer le régime. Les Regs diffèrent-ils des troupes de Balis ? Impossible de trancher ; tous sont des spectres, d'abord utiles à l'Abigouv. 2084 s'impose comme une date sacrée sans que personne puisse vraiment l'expliquer : début ou fin de la guerre, année de naissance d'Abi ou celle de son illumination par la lumière divine ? Le mystère reste entier.

Dans cette réalité angoissante où la religion contrôle les actes, les idées et les pensées les plus intimes, où la doxa s'affiche sur d'innombrables Nadirs (écrans lumineux), dans les *Nouvelles du Front* (NoF) et se martèle à travers les puissants haut-parleurs, où les mockbis s'emparent de l'«âme» de foules, les déviances mènent à la mort dans les stades, tandis que les agents de l'Appareil, les Honorables et Sectaires de la Juste Fraternité, les juges de l'Inspection morale, détruisent le moindre espace d'existence et d'expression de l'individu. Holiste, le système assure néanmoins le confort psychologique à ses sujets en leur promettant une vie après la mort (la Promesse primordiale) et en les haussant au rang de parfaits fidèles lorsqu'on les juge dignes d'intégrer les rangs des pèlerins admis à visiter l'un des lieux saints de l'Abistan. Seul motif justifiant de circuler dans le pays (excepté les nécessités administratives et commerciales), le pèlerinage est fêté lors du Jobé, le Jour Béni du grand départ vers les différentes destinations sacrées. De plus, une légende contribue à semer la crainte parmi le peuple : celle de l'omniprésence des V (que personne n'a jamais croisés), terribles guerriers quasi célestes, réputés maîtres de l'invisibilité, de la télépathie et de l'ubiquité… On ne peut d'ailleurs pas davantage certifier qu'Abi vit ou a vécu : pour chaque Abistanais, il dirige l'empire depuis la Cité de Dieu, qui abrite l'Abigouv. Il évoque bien sûr Big Brother, sans visage et immortel ; représenté avec un œil unique au milieu du front, il est partout et nulle part, au centre du pouvoir et pourtant en chaque point du pays des croyants…

Le monde d'avant et les civilisations précédentes ont été effacés des mémoires. « Pour les générations de la Nouvelle Ère, les dates, le calendrier, l'Histoire n'avaient pas d'importance, pas plus que l'empreinte du vent dans le ciel, le présent est éternel, aujourd'hui est toujours là. » L'Abistan est un monde parfait dans lequel il ne saurait donc y avoir de place pour l'avenir, l'évolution, la science. La vérité, « une et éternelle », occupe toute la place, gardée par la Toute-Puissance, et accompagnée par la répétition *ad nauseam* des « légendes articulées dans un récit de commencement fantastique ». En Abistan, le savoir, le doute et l'ignorance sont considérés comme les fruits « d'une corruption inhérente au monde qui bouge, le monde des morts et des vilains ». Obéissance et soumission font le bon croyant : «La soumission est foi et la foi vérité.» Avoir la foi n'est finalement pas le problème. «Dans son infinie connaissance de l'artifice, le Système a tôt compris que c'était l'hypocrisie qui faisait le parfait croyant, pas la foi qui par sa nature oppressante traîne le doute dans son sillage, voire la révolte et la folie. Il a aussi compris que la vraie religion ne peut rien être d'autre que la bigoterie bien réglée, érigée en monopole et maintenue par la terreur omniprésente[1].»

Comme dans tout régime totalitaire, où l'individu est pris en charge de sa naissance à sa mort, et ne quitte les «jeunesses» du parti qu'au moment d'être absorbé par les corporations, le parti lui-même, la milice, la police secrète ou l'armée, l'Abistan ne laisse jamais aucune conscience errer dans le chaos du choix : «"Le détail étant l'essentiel dans la pratique", tout a été codifié, de la naissance à la mort, du lever au coucher du soleil, la vie du parfait croyant est une suite ininterrompue de gestes et de paroles à répéter, elle ne lui laisse aucune latitude pour rêver, hésiter, réfléchir, mécroire éventuellement, croire peut-être[2].»

Au bout du compte, *2084* construit dans l'ordre romanesque ce que nous sentons bien de la nature de l'islamisme, de l'islam politique, qui constitue son essence même s'il ne parvient jamais à son but : l'islamisme est un totalitarisme. En lisant Boualem Sansal, je pensais mécaniquement à l'ouvrage de Pierre Lellouche, *Une guerre sans fin*[3], apparemment celui d'un néoconservateur à

1. Boualem Sansal, *2084*, *op. cit.*
2. *Ibid.*
3. Éditions du Cerf, 2017. L'ouvrage impressionne par sa densité et les connaissances de l'auteur en matière de relations internationales. Les perspectives analytiques qu'il ouvre sur l'approfondissement du fonctionnement de l'échiquier de la puissance mondiale, allant des États-Unis à la Russie en passant par l'ensemble des pays du Moyen-Orient, excitent la curiosité et le désir

l'américaine… Il y dénonce très classiquement le relativisme moral dont font preuve une partie des Occidentaux vis-à-vis des salafistes, et il appelle à une réaction bien plus musclée contre tous les soutiens de l'intégrisme islamiste. L'ancien ministre s'assume en faucon extrêmement résolu qui déteste franchement toute complaisance – dans le débat hexagonal, au premier chef – envers ce qui mine la confiance de l'Occident en lui-même.

Pour aller au fond des choses, on peut même avoir l'impression qu'il n'est pas loin d'adhérer à la thèse du choc des civilisations de Samuel Huntington. Il est pourtant nécessaire de dépasser les apparences. Si l'on peut trouver ses positions tranchantes, il n'en reste pas moins que son analyse présente un grand mérite : celle de la cohérence. De plus, enracinée dans un travail de fond impressionnant, elle déploie une vision parfaitement lucide du salafisme djihadiste.

Il ne cesse, à juste titre, de le qualifier de totalitarisme. De ce point de vue, son décryptage est incontestable : le djihadisme s'impose comme l'héritier du fascisme, du nazisme et du soviétisme… Il incarne au XXIe siècle la menace fasciste et totalitaire. Il ne s'agit pas de sombrer dans l'anachronisme, mais de noter une filiation et une identité de nature, ou plutôt de constater qu'une analogie est possible. Ces quatre idéologies dérivent d'une matrice commune, un modèle holiste de fonctionnement social, dans lequel l'individu n'est rien. Quelle est l'étape suivante de son raisonnement ? Que l'immigration massive en Europe de populations qui ne partagent pas nos idées et

---

de raisonner dans de vastes horizons stratégiques. Personnalité souvent caricaturée, Pierre Lellouche affirme dans ces pages – de manière magistrale – que sa pensée mérite une écoute attentive, qu'il excède de loin le niveau habituel des réflexions de nos politiciens, et qu'affirmer un désaccord avec certaines de ses conclusions exige d'affûter ses arguments… À lire absolument.

nos codes culturels (notamment la laïcité et les valeurs démocratiques) fragilise le tissu social et favorise la propagation du fondamentalisme (qui constitue, aux yeux de Pierre Lellouche, l'une des véritables menaces contre lesquelles il convient de lutter, le djihadisme en constituant une conséquence mécanique).

Il pose donc le constat suivant : deux sociétés distinctes cohabitent sur le même territoire, mais s'éloignent de plus en plus l'une de l'autre. «La première continue de rechercher toujours plus de droits individuels, en évacuant toute contrainte morale, religieuse et bien entendu nationale, mais s'inquiète confusément de "ne plus se sentir chez elle". La seconde, poussée par les plus jeunes, rejette en bloc ce modèle et cherche au contraire, autour de la religion, à conforter des règles morales et sociales fortes.» Faut-il conclure que le député juge irréconciliables les différentes communautés sur le territoire national? Non. Il explique très clairement que le nœud gordien à trancher est celui du choix de la loi qui s'applique en dernier ressort : celle de la République ou celle de la charia. C'est au sein de la communauté musulmane de France que doit se régler cette question.

Islam de France, islam français?

Si en république démocratique, libérale et laïque, l'État de droit français veut rester cohérent, il ne doit pas intervenir dans le domaine de la foi pure, du dogme et des pratiques (tant qu'elles restent compatibles avec le cadre légal en vigueur dans l'Hexagone). Sa mission consiste à veiller précisément à ce que chacun demeure à l'intérieur de ses frontières, donc de son espace de légitimité. Cette ligne de conduite encourage à soutenir l'essentiel de la démonstration de Didier Leschi dans *Misère(s) de l'islam de France*[1].

Son premier mérite ? Réintroduire de la profondeur historique dans les débats actuels sur l'islam, au sein de la société française, en rappelant tout d'abord comment l'Église a été malmenée (pour un plus grand bien commun, mais aussi le sien) au début du siècle précédent. Pour que le monde catholique accepte la modernité républicaine et philosophique, il a fallu en passer par une phase de relative violence, physique et morale. « Si elle était encore vive, cette mémoire permettrait de relativiser l'intensité des débats d'aujourd'hui autour de l'islam et même, peut-être, de relativiser les "efforts de discrétion" demandés à certains de ses fidèles les plus littéralistes, efforts qui furent imposés en leur temps aux évêques », de relativiser les efforts demandés de nos jours « à la fraction du monde musulman qui considère comme non négociable la manifestation la plus ostensible de sa foi[2] ».

Le haut fonctionnaire aborde aussi avec pragmatisme et lucidité la question du CFCM (Conseil français du culte musulman), reconnaissant les lacunes de ce dispositif. Sa position me paraît de bon sens : l'instance existe, il convient de faire avec, tout en s'acharnant à la faire évoluer, quitte à la bousculer fortement (en particulier sur la question du voile ou sur sa complaisance concernant l'instrumentalisation de l'« islamophobie » imaginaire[3]). Le forcer à se remettre en question apparaît comme la seule option, sans sous-estimer bien évidemment les tensions (voire les conflits) qui s'exacerbent régulièrement entre les tendances algérienne, marocaine et turque, auxquelles il convient

1. Éditions du Cerf, 2017.
2. Didier Leschi, *Misère(s) de l'islam de France*, *op. cit.*
3. https://www.lefigaro.fr/actualite-france/le-conseil-francais-du-culte-musulman-defend-le-port-du-voile-20191029

d'ajouter l'influence du courant idéologique des Frères musulmans (notamment à travers l'UOIF – l'Union des organisations islamiques de France –, aujourd'hui Musulmans de France, dont il faut également mettre en cause puissamment les déclarations et raisonnements[1]).

Pour donner un but précis à atteindre (parmi quelques autres), il faudra bien un jour faire céder le CFCM sur l'«apostasie», c'est-à-dire le droit de toute personne à changer de religion ou de conviction (un combat engagé dès l'époque de Jean-Pierre Chevènement, aujourd'hui gelé). Le fait de se refuser à l'accepter contrevient à l'article 18 de la Déclaration universelle des droits de l'homme et à l'article 10 de celle de 1789. Y consentir signale que l'individu peut s'émanciper de sa communauté d'origine ; s'y opposer indique que l'on milite pour la subordination de chaque personne au groupe (philosophiquement et politiquement parlant, ce qui ramène à la logique holiste prémoderne).

Didier Leschi insiste, par ailleurs, avec raison, sur le fait que l'utilisation de fonds étrangers pour la construction des lieux de culte ne constitue pas le problème prioritaire de l'édification d'un islam français, entendu tout à la fois comme un islam des «Lumières» et un islam gallican. L'urgence se trouve dans la formation. Des imams passés par des centres théologiques hexagonaux permettraient d'accélérer considérablement le travail exégétique

1. Par exemple sur l'«islamophobie», en mettant de l'huile sur le feu, alors que l'écrasante majorité des Français ne stigmatise pas leurs concitoyens musulmans (voir http://www.musulmansdefrance.fr/stop-a-lislamophobie-et-a-la-stigmatisation-des-musulmans). En revanche, Leschi sous-estime à mon sens l'influence négative du mouvement des Musulmans de France (ex-UOIF). Ils ne sont pas simplement des conservateurs... Dialoguer avec eux est impératif, mais en sachant parfaitement décrypter certaines arrière-pensées, instrumentalisations et réflexes doctrinaux enracinés par l'héritage intellectuel des Frères musulmans.

éminemment nécessaire. Faut-il vraiment gaspiller du temps à démontrer que des guides religieux étrangers, ayant des référents culturels et religieux singulièrement différents, contribuent à la prospérité d'un islam fondamentaliste ?

Je le suis encore lorsqu'il déplore l'absence (ou tout au moins l'insuffisance, car on peut néanmoins citer, par exemple, Rachid Benzine) de grands intellectuels musulmans capables de vivre leur foi pleinement, tout en critiquant durement les errements fondamentalistes et le syndrome de Tartuffe (à la manière d'un Georges Bernanos). Il importe toutefois de penser aujourd'hui sérieusement les moyens et stratégies par lesquels les pouvoirs publics peuvent favoriser décisivement le développement de cette intelligence critique, exégétique, littéraire et culturelle. Notre plus grand défi est là.

Un débat voilé...

Authentique gageure, car la France vit une grande illusion. Nous croyons être toujours le pays où l'on débat, où l'on échange des arguments, où l'on utilise sa raison, l'esprit critique, le libre examen des idées, des convictions et des croyances, alors même que nous sombrons chaque jour un peu plus dans un climat intellectuel de guerre civile. Nous sommes passés du règne de la loi et de la valorisation de l'argumentation au chaos de la polémique, de la petite phrase assassine et du lynchage médiatique. Ce n'est pas exagéré de considérer qu'une police de la pensée et des mots fait la chasse au concept et aux personnalités, aux esprits et aux tempéraments décalés appelant à des conceptions du monde nuancées et désirant rendre compte de la complexité du réel, plutôt que de désigner des coupables à abattre. De surcroît, le pire, dans toute cette affaire, c'est que les tensions s'aiguisent sur fond de dérisoire. On s'égorge dans une arène factice. Le combat et la scène sont effectivement bien réels, mais on évite soigneusement de s'affronter sur les bons enjeux. Comme si le vrai danger consistait à détecter ce qui importe, à se positionner et à agir. La vérité brûlerait-elle ?

Ce constat vaut en particulier pour le débat sur la place de l'islam dans la société française et sur l'ampleur du péril islamiste. On semble compenser par l'hystérisation des échanges l'indigence des réflexions philosophiques et politiques, qui soutiennent les cris d'orfraie des uns et des autres. Si l'on veut bien dépasser le mur des apparences, donner du poids aux mots, aux idées et aux événements, alors il convient de reconstruire intégralement les questions ou les affirmations qui saturent l'espace intellectuel et médiatique. Allons droit au but : l'islam ne constitue pas une question en soi dans la France de 2020. C'est le discours que l'on tient sur lui, la conception que l'on s'en trace qui peuvent apaiser l'image que l'on s'en fait ou le rendre terriblement angoissant, pour certains.

Les débats sur le Coran sont vains : comme tout texte sacré, il mérite exégèse et rumination. Tous ceux qui appellent à le «purger» pour le débarrasser des sourates que l'on jugerait dangereuses manquent totalement le cœur du problème. Comme la Bible, le Coran exige le meilleur de la mobilisation intellectuelle et spirituelle des esprits. La quatrième de couverture de l'ambitieuse entreprise des Éditions du Cerf, sous la direction de Mohammad Ali Amir-Moezzi et Guillaume Dye, intitulé *Le Coran des historiens* (automne 2019), synthétise à la perfection l'objectif qu'il faut se donner : «Première mondiale, ce monument savant et accessible, qui réunit trente spécialistes internationaux, offre, en trois mille pages, une synthèse complète et critique des travaux passés et des recherches présentes sur les origines du Coran, sa formation et son apparition, sa composition et sa canonisation : vingt études exhaustives sur le contexte introduisent ici à l'analyse circonstanciée du texte, les éléments archéologiques et épigraphiques, les environnements géographiques et linguistiques, les faits ethnologiques et politiques, les parallèles religieux éclairants, verset après verset, en un commentaire total les cent quatorze sourates du livre fondateur de l'Islam. Une aventure inédite de l'esprit. Une somme sans précédent dans l'histoire. Une contribution majeure à la science. Une avancée décisive pour la compréhension mutuelle des cultures. »

Reconquérir la spiritualité du Coran, voilà qui forme un bel objectif pour un islam français. Dès lors, l'ambition qui se dévoile facilement consiste à faire reculer les interprétations littéralistes d'un message religieux qui n'a plus vocation à déterminer un modèle politique. La source du problème ne réside pas dans le Coran, mais dans ceux qui s'en servent comme d'une arme pour affaiblir la République.

Dans ce camp, on trouve bien évidemment les djihadistes, mais aussi les salafistes et l'ensemble des acteurs contestataires, davantage animés par une fureur décolonialiste que par une authentique ferveur spirituelle. C'est la convergence plus ou moins assumée de ces adversaires de notre démocratie libérale qu'il faut savoir penser, et à laquelle il faut ensuite intelligemment riposter.

Réussir à relever ce défi impose, par conséquent, d'en terminer d'abord avec la mauvaise querelle sur l'islam. Les enfants de la République peuvent être musulmans, comme ils peuvent être catholiques, juifs, bouddhistes, agnostiques, athées, ou même animistes si cela leur chante. N'existe qu'une seule condition à la fraternité des Français les uns à l'égard des autres : que tous comprennent et acceptent que les lois républicaines, seules, régissent l'espace public et arbitrent toutes les formes de revendication d'une partie du corps social à l'égard d'une ou de l'intégralité des autres.

Reste bien sûr à se repérer dans le vaste magma des oppositions qui s'affirment chaque jour plus farouches entre une partie de la communauté musulmane et le reste de la nation. Prenons l'exemple le plus emblématique : la discussion sur le voile déclenche mécaniquement l'affrontement des passions contraires. L'aborder froidement exige beaucoup d'efforts. Il n'en reste pas moins que la démonstration de ceux qui dénoncent le port du voile emporte aisément l'adhésion. Celle de Chahdortt Djavann dans *Bas les voiles !*[1] repose sur une implacable logique : ce qui dissimule le corps et le visage des femmes souligne paradoxalement ce qu'il doit dissimuler.

Non seulement le voile emprisonne et rend indigne la féminité, mais de surcroît il insiste ainsi sur elle et ne témoigne pas d'une volonté de pudeur : plutôt d'une obsession. Il rend obscène au lieu de neutraliser et de rendre invisible. Par ailleurs, il vise à préserver l'«honneur sexuel» de l'homme, postulant que celui-ci se loge dans l'effacement hystérique de la femme charnelle et de sa liberté[2]. Cet enfermement de l'une au profit de l'autre relève de la plus élémentaire et insupportable logique de domination phallocratique : «Le corps de la femme, garant de l'honneur de l'homme, ce tabou non avoué, ne peut être dehors, libre, sous les regards illicites des autres hommes. C'est l'identité de l'homme musulman, l'honneur d'être un homme, qui en dépend. La femme non voilée peut ébranler

1. Gallimard, 2003.

2. En effet, il est temps «d'enseigner aux enfants, aux adolescents – au lieu de la stupide théorie du genre –, que la foi comme la sexualité relèvent de l'intimité et se pratiquent dans l'intimité» (Chahdortt Djavann, *Comment lutter efficacement contre l'idéologie islamique*, Grasset, 2016).

l'édifice de l'identité masculine dans l'islam.» On voit effectivement que l'on peut difficilement admettre cette vision du monde tout en revendiquant l'héritage républicain, libéral et démocratique. La solution ne viendra pas néanmoins d'un traitement brutal du sujet.

12

La laïcité, un impératif de l'école à l'entreprise

Ce qui doit être établi une fois pour toutes, c'est que les convictions religieuses appartiennent à la dynamique de l'intériorité et ne régulent pas l'existence de la cité – espace d'interaction d'une galaxie de consciences aux perceptions du monde les plus variées. Une culture élémentaire les rassemble néanmoins, qui repose sur quelques règles affirmant la liberté de conscience, l'égalité homme/femme, et la désirabilité d'une société ouverte. Par ailleurs, nous devons en finir avec la repentance et la négation de notre Histoire.

L'esprit de 1905

Plus question dès lors de tergiverser si l'on veut dénoncer et affaiblir cette fascination contemporaine pour le totalitarisme, qui se manifeste en ce siècle sous un masque religieux. Il faut en revenir à nos fondamentaux, tout d'abord à cette laïcité de combat dont parle Marcel Gauchet, qui n'est absolument pas une laïcité vindicative ou agressive, mais une volonté de protéger la démocratie, l'esprit critique et les libertés individuelles. La définition de l'Observatoire de la laïcité l'explique parfaitement :

« La laïcité repose sur trois principes et valeurs : la liberté de conscience et celle de manifester ses convictions dans les limites du respect de l'ordre public, la séparation des institutions publiques et des organisations religieuses, et l'égalité de tous devant la loi quelles que soient leurs croyances ou leurs convictions. La laïcité garantit aux croyants et aux non-croyants le même droit à la liberté d'expression de leurs convictions. Elle assure aussi bien le droit d'avoir ou de ne pas avoir de religion, d'en changer ou de ne plus en avoir. Elle garantit le libre exercice des cultes et la liberté de religion, mais aussi la liberté vis-à-vis de la religion : personne ne peut être contraint au respect de dogmes ou prescriptions religieuses. La laïcité suppose la séparation de l'État et des organisations religieuses. L'ordre politique est fondé sur la seule souveraineté du peuple des citoyens, et l'État – qui ne reconnaît et ne salarie aucun culte – ne régit pas le fonctionnement interne des organisations religieuses. De cette séparation se déduit la neutralité de l'État, des collectivités territoriales et des services publics, non de ses usagers. La république laïque assure ainsi l'égalité des citoyens face à l'administration et au service public, quelles que soient leurs convictions ou croyances. La laïcité n'est pas une opinion parmi d'autres, mais la liberté d'en avoir une. Elle n'est pas une conviction mais le principe qui les autorise toutes, sous réserve du respect de l'ordre public[1]. »

Rappelons au passage que la loi de 1905 sur la laïcité ne persécute pas les religions ! Les articles 31 et 32 sont limpides, ne laissent planer aucune ambiguïté : le code pénal sanctionne « ceux qui, soit par voies de fait, violences ou menaces contre un individu, soit en lui faisant craindre de perdre son emploi ou d'exposer à un dommage sa personne, sa famille ou sa fortune, l'auront déterminé à

1. https://www.gouvernement.fr/qu-est-ce-que-la-laicite

exercer ou à s'abstenir d'exercer un culte, à faire partie ou à cesser de faire partie d'une association cultuelle, à contribuer ou à s'abstenir de contribuer aux frais d'un culte». *Idem* pour «ceux qui auront empêché, retardé ou interrompu les exercices d'un culte par des troubles ou désordres causés dans le local servant à ces exercices». Pour bien mettre les points sur les «i», au regard des atermoiements pathétiques du pouvoir politique lors de l'émergence du débat sur le voile à l'école, en 1989, il a fallu enfoncer le clou avec la loi du 15 mars 2004 qui encadre, «en application du principe de laïcité, le port de signes ou de tenues manifestant une appartenance religieuse dans les écoles, collèges et lycées publics»; son article 1er stipule qu'il est inséré, dans le code de l'éducation, après l'article L. 141-5, un article ainsi rédigé : «Art. L. 141-5-1. – Dans les écoles, les collèges et les lycées publics, le port de signes ou tenues par lesquels les élèves manifestent ostensiblement une appartenance religieuse est interdit. Le règlement intérieur rappelle que la mise en œuvre d'une procédure disciplinaire est précédée d'un dialogue avec l'élève.»

Quant aux articles 34 et 35 de la loi de 1905, ils préviennent tout comportement diffamatoire ou séditieux instrumentalisant la religion, ce dont on voit bien l'utilité dans la lutte contre le salafisme dès lors qu'il offense le code pénal : «Tout ministre d'un culte qui, dans les lieux où s'exerce ce culte, aura publiquement par des discours prononcés, des lectures faites, des écrits distribués ou des affiches apposées, outragé ou diffamé un citoyen chargé d'un service public, sera puni d'une amende de 3 750 euros et d'un emprisonnement d'un an, ou de l'une de ces deux peines seulement. La vérité du fait diffamatoire, mais seulement s'il est relatif aux fonctions, pourra être établie devant le tribunal correctionnel dans les formes prévues par l'article 52 de la loi du 29 juillet 1881. Les prescriptions édictées par l'article 65 de la même loi s'appliquent aux délits du présent article et de l'article qui suit. […] Si un discours prononcé ou un écrit affiché ou distribué publiquement dans les lieux où s'exerce le culte contient une provocation directe à résister à l'exécution des lois ou aux actes légaux de l'autorité publique, ou s'il tend à soulever ou à armer une partie des citoyens contre les autres, le ministre du culte qui s'en sera rendu coupable sera puni d'un emprisonnement de trois mois à deux ans, sans préjudice des peines de la complicité, dans le cas où la provocation aurait été suivie d'une sédition, révolte ou guerre civile. »

Neutralité versus prosélytisme

Mais la fermeté ne doit pas s'arrêter là. Le monde de l'entreprise doit lui aussi participer à faire reculer l'islamisme, car c'est bien de cela qu'il est question. Comment ? En veillant à ce que l'expression des convictions religieuses ne tourne jamais en prosélytisme, en pratique de l'exclusion, en harcèlement communautariste ou en kidnapping idéologique et opérationnel de l'entreprise.

Ce socle éthique essentiel passe néanmoins par un respect scrupuleux de la loi. Ainsi que le rappelle utilement et régulièrement l'avocate Anne Quentier – l'une des meilleures spécialistes françaises de la gestion du fait religieux en entreprise –, la notion de radicalisation n'a aucune pertinence en droit social. Au sein de la hiérarchie des normes dans laquelle s'inscrit le code du travail français (Constitution et traités internationaux, lois et règlements, conventions et accords collectifs de travail, usages et engagements unilatéraux, et contrat de travail), il existe toute une batterie de principes, de concepts et de règles permettant d'encadrer l'expression de la religion, mais la radicalisation n'en fait pas partie.

Les principaux textes de référence en matière de liberté religieuse sont les suivants : le Pacte international relatif aux droits civils et politiques, ratifié en 1980 par la France (plus spécifiquement l'article 18 concernant le droit à la liberté de pensée, de conscience et de religion, et à la liberté de manifester sa religion, et l'article 26 sur le droit à l'égalité devant la loi); la Convention européenne des droits de l'homme (sur laquelle s'appuie le très contestable Conseil des droits de l'homme des Nations unies), ratifiée en 1974 par la France (son article 9, qui stipule que toute personne a droit à la liberté de pensée, de conscience et de religion) sur laquelle veille la Cour européenne des droits de l'homme (CEDH); la Constitution du 4 octobre 1958 (plus précisément l'article 10 de la Déclaration des droits de l'homme et du citoyen : «Nul ne doit être inquiété pour ses opinions, même religieuses, pourvu que leur manifestation ne trouble pas l'ordre public établi par la loi»); l'article L. 1132-1 du code du travail (qui interdit toute discrimination religieuse à tout stade de la vie professionnelle : recrutement, accès à une formation, promotion, sanction pour raison religieuse, etc.); l'article L. 1121-1 du code du travail (qui pose le principe de protection des libertés fondamentales au travail, notamment religieuse); l'article L. 1321-2 et 3 du code du travail (le règlement intérieur «ne peut comporter de dispositions discriminant les salariés dans leur emploi ou leur travail, à capacité professionnelle égale [...] en raison de leurs convictions religieuses»); et les articles 225-1 à 225-4 du code pénal (qui condamne tout refus d'embauche, sanction ou licenciement fondé sur la religion : il couvre d'ailleurs un champ plus large que la religion).

La laïcité, dont l'origine se trouve dans l'article 10 de la Déclaration des droits de l'homme et du citoyen, est reprise dans l'article 1er de la Constitution du 4 octobre 1958, qui dispose que : «La France est une république indivisible, laïque, démocratique et sociale. Elle assure l'égalité devant la loi de tous les citoyens sans distinction d'origine, de race ou de religion. Elle respecte toutes les croyances... » La neutralité de l'État s'entend d'abord comme l'absence d'appartenance religieuse de l'État, qui est aconfessionnel, ce qui entraîne des obligations pour les agents, à savoir l'absence de manifestations religieuses[1]. Cette neutralité, conséquence du principe de laïcité, s'impose également aux agents employés par des entreprises privées gérant un service public. Dans l'entreprise, la règle repose sur les articles L. 1121-1 et 1321-3 du code du travail : ils imposent que toute restriction aux libertés individuelles ou collectives soit justifiée par la nature de la tâche à accomplir et proportionnée au but recherché. L'État est donc laïque, indépendant de toute organisation religieuse, mais les citoyens demeurent quant à eux libres de manifester leur croyance, dans le respect de l'ordre public.

Quant à l'entreprise, la doctrine semble claire lorsque l'on ne veut pas malhonnêtement l'obscurcir. Répétons les éléments principaux : les articles L. 1121-1 et L. 1321-3 garantissent les libertés individuelles et collectives des salariés. Ces mêmes dispositions permettent cependant à l'employeur d'apporter des restrictions à la liberté de manifester ses convictions, notamment religieuses, sous certaines conditions, encadrées. Toute restriction doit à la fois être justifiée par la nature de la tâche à accomplir et proportionnée au but recherché.

Ces conditions s'apprécient au cas par cas et ont donné lieu à une jurisprudence abondante. La loi du 8 août 2016 sur le travail complète ce dispositif légal en donnant une base juridique claire aux entreprises voulant instaurer une

1. Cf. *Guide pratique du fait religieux dans les entreprises privées* – version employeurs – janvier 2017, mise à jour février 2018.

neutralité religieuse dans leur règlement intérieur. Le nouvel article L. 1321-2-1 ouvre la possibilité à l'employeur d'introduire dans son règlement des dispositions installant la neutralité au sein de l'entreprise. Ce qui débouche sur une expression limitée des convictions personnelles, notamment religieuses, des salariés.

Il s'agit néanmoins de manier cette option avec discernement, car la neutralité ne s'impose pas dans le secteur privé comme dans les services ou entreprises exerçant une mission de service public ; la liberté demeure la règle et l'interdiction l'exception. Pour guider les acteurs économiques, on peut s'appuyer sur les critères dégagés par la jurisprudence. La disposition du règlement intérieur limitant l'expression des convictions des salariés doit se justifier par la nature de la tâche à accomplir, les nécessités inhérentes au bon fonctionnement de l'entreprise ou à l'exercice d'autres libertés et droits fondamentaux, et apparaître proportionnée au but poursuivi[1].

À titre d'illustration, la mise en place de la neutralité peut se fonder sur la nature même de l'entreprise, tant du point de vue des collaborateurs que des tiers (clients en tête), par exemple en cas de contact quotidien avec de jeunes enfants (cf. le serpent de mer de l'affaire Baby-Loup). Citons encore le cas où une pratique religieuse individuelle ou collective porte atteinte au respect des libertés et droits de chacun, en priorité celui de croire ou de ne pas croire (dans le cas de pratiques prosélytes ou de comportements traduisant une pression sur d'autres salariés), l'égalité entre les femmes et les hommes, ou plus généralement le respect de la personne humaine et de sa dignité.

1. Par ailleurs, l'article L. 1321-4 du code du travail indique que « Le règlement intérieur ne peut être introduit qu'après avoir été soumis à l'avis du comité social et économique ».

Dans un arrêt du 22 novembre 2017, la chambre sociale de la Cour de cassation a précisé les conditions de validité d'une clause interdisant aux salariés en contact avec la clientèle le port de signes manifestant leurs convictions personnelles : elle doit être portée à la connaissance des collaborateurs de l'entreprise par le règlement intérieur, concerner n'importe quel signe religieux, philosophique et politique (pour ne pas stigmatiser une personne ou une catégorie de personnes), et ne peut être imposée qu'à ceux qui interagissent avec la clientèle.

La Cour de justice de l'Union européenne a indiqué que lorsque le ou la salarié(e) refuse de se conformer à cette règle, l'employeur est dans l'obligation de rechercher un poste sans contact visuel avec les clients. Cette proposition d'une alternative ne pèse cependant pas de façon absolue sur l'organisation. Les contraintes spécifiques à l'entreprise en limitent la portée car celle-ci ne doit pas avoir à subir une charge supplémentaire. Si des comportements remettent en cause l'égalité hommes/femmes, l'employeur et les représentants du personnel sont légitimes à se fonder sur la notion d'agissement sexiste pour en venir à bout. Cette notion a été introduite dans le code du travail par la loi du 17 août 2015 sur le dialogue social et l'emploi et ses implications précisées par la loi du 8 août 2016 sur le travail. L'article L. 1142-2-1 stipule ainsi que : « Nul ne doit subir d'agissement sexiste, défini comme tout agissement lié au sexe d'une personne, ayant pour objet ou pour effet de porter atteinte à sa dignité ou de créer un environnement intimidant, hostile, dégradant, humiliant ou offensant. »

Comme l'explique parfaitement et fortement Jean-François Colosimo[1], la laïcité s'impose comme une singularité

1. Cf. *La Religion française*, Éditions du Cerf, 2019, et *Aveuglements*, Éditions du Cerf, 2018.

française fondée sur trois principes : l'interaction directe du citoyen avec l'espace public (sans médiation d'une instance religieuse), la prohibition de l'invocation normative des contenus des révélations dans le débat public (qui mobilise uniquement la raison commune, l'argumentation rationnelle, et le refus des signes ostentatoires au sein des territoires institutionnels et symboliques (l'école, l'administration). Autrement dit, la laïcité protège la république de la tentation théologico-politique. Voilà ce qui doit nous guider, dans tous les espaces de la vie commune.

Apologie de la bonne volonté

De façon plus générale, au-delà de l'islamisme, de l'islam politique, les radicalités idéologiques hantent notre époque[1]. Entre novembre 2018 et mai 2019, des Black Blocs aux évidentes passions antidémocratiques ont hanté nos rues en déployant les drapeaux trompeurs de l'anarchie, bannières de la violence indifférente à ses méfaits. Un livre de Patrick Tudoret y fait écho inversé en intention : son *Petit traité de bénévolence*[2] incarne l'exact contraire de ce que la folie contemporaine nous propose en excès ; il offre le rêve du discernement, de la mesure et de la générosité.

L'inestimable Patrick appartient au camp des auteurs et des personnalités camusiens, c'est-à-dire qu'il honore la volonté qui n'oublie pas notre humanité. Son texte est un appel à nous souvenir de la puissance de l'alliance des hommes de bonne volonté. La formule semble désuète à beaucoup, elle s'affirme pourtant d'une actualité

1. Sans les rendre équivalentes, en observer les modes similaires d'argumentation ou d'articulation conceptuelle ou symbolique se révèle nécessaire, même si certains mettent en garde à juste titre contre les confusions possibles, à l'instar de Didier Leschi.

2. Tallandier, 2019.

indiscutable. Il va de soi que la bénévolence qu'il prône n'a absolument aucune parenté avec la tolérance de contrebande, qui signifie davantage indifférence aux autres et au monde. L'infinie complaisance que l'on masque derrière ce terme déplaît souverainement à l'auteur de ce stimulant bréviaire. Tout est ramassé clairement dans ces quelques phrases : « Je préférerai toujours l'amour qui agit et soulève des montagnes, souvent en toute discrétion – oui, décidément, le mot "amour" écorcherait-il la bouche dans ce monde si épris de lui-même, si narcissique, si peu accessible à la considération de l'autre ? –, à une "solidarité" qui s'affiche et se contente souvent de cela, à une bienveillance vidée de toute substance par une lente et inexorable perversion de la langue. »

L'analyse de Patrick Tudoret tourne finalement autour du constat de la perversion des mots, et des idées ou sentiments qu'ils expriment. Alors qu'ils constituent en théorie autant de remparts contre la brutalité et le chaos, ils redoublent aujourd'hui la violence du réel car ils sont dénaturés à chaque instant. La novlangue dénoncée par Orwell n'est pas loin. En lisant Patrick et en cherchant à me faire l'avocat du diable pour ne pas céder trop facilement à mon adhésion naturelle pour sa courbure d'esprit, je ne trouve pourtant rien à ajouter ou retrancher à ce qui organise l'ensemble de son propos : « En opposition à l'affadissement sémantique qu'a pu subir le mot "bienveillance", la bénévolence est donc une disposition toute particulière à vouloir le bien d'autrui avec la volonté de l'aider à être heureux, mais aussi de se rendre heureux, de grandir à travers lui. [...] Le tout considéré dans la perspective de la volonté et de l'action. C'est pourquoi l'aspiration verticale est une grande ressource dans cette quête qui se donne pour première ambition d'accéder à la station debout, à l'indispensable dignité humaine. » Finalement, il exhorte à la générosité de l'âme...

Point par point, l'auteur du *Petit traité de bénévolence* nous fait sentir pourquoi ces temps nous glacent au plus profond du cœur et de la raison. La société du spectacle, de la rumeur et du lynchage (cf. les réseaux sociaux) donne un avant-goût de régime totalitaire où la surveillance de tous contre tous s'accompagne de la haine la plus décomplexée. Nous vivons déjà dans ce climat.

Plus que jamais, la bénévolence se hausse au rang d'objectif collectif, politique, intellectuel et culturel, spécialement dans notre rapport conceptuel et opérationnel avec l'islam radical. Indiscutablement, pour juguler «le repli communautaire qui se manifeste dans différents territoires, il ne suffit pas de convoquer le principe de laïcité et de dénoncer les discriminations ou la ghettoïsation, il faut combattre celles-ci par des politiques publiques beaucoup plus vigoureuses que cela n'a été le cas jusqu'ici et faire respecter l'État de droit, partout sur le territoire. Par ailleurs, face à des phénomènes nouveaux, apparus ces dernières décennies dans un contexte social fragile, de montée de revendications communautaires, de contestation ou d'instrumentalisation du principe de laïcité, l'Observatoire de la laïcité a rappelé le cadre légal permettant de sanctionner les agissements contraires aux exigences minimales de la vie en société, en particulier dans des situations pour lesquelles le principe de laïcité est invoqué à tort. Les médias ont ainsi rapporté [...] des pratiques intolérables visant à exclure des femmes d'un café à Sevran en raison de leur sexe, ou visant à exclure d'un restaurant à Tremblay-en-France des femmes parce que portant un foulard. Ces pratiques appellent des condamnations fermes, par l'application stricte du droit qui, en l'espèce, ne se fonde pas sur la laïcité mais sur le refus de toute discrimination à l'encontre des femmes ou à raison d'une conviction religieuse[1] ».

Il n'en reste pas moins qu'il mûrit encore autre chose dans la brutalité des radicalisés, d'où qu'ils viennent : la propension à désirer la violence, à exterminer toute forme de nuance et de mesure, à refuser l'altérité, à nier à la différence le droit d'exister. L'histoire de cette montée de sève de l'extrémisme depuis le début du siècle reste à faire.

Certes, il semble judicieux de creuser du côté de l'incapacité des élites à assumer leurs responsabilités depuis l'explosion de l'Est, du rêve écarlate. C'est finalement ce que disait la colère noire des Gilets jaunes, avant qu'elle sombre en carburant des manipulations d'ultragauche. Mais comment diagnostiquer une crise politique et y remédier, lorsque personne n'écoute personne ? La question se pose aujourd'hui douloureusement. Prendre de la distance pour comprendre les événements se révèle particulièrement difficile. L'action des Gilets jaunes a traduit trente ans d'exaspération de la population et d'incapacité des élites à écouter les territoires et leurs habitants. Ce qui s'exprime par conséquent des deux côtés ne parvient pas à trouver le chemin du dialogue. Du côté du peuple, c'est une immense colère qui se déverse et ne se réduit pas à la taxe sur les carburants.

Voilà des décennies que ceux qui nous dirigent, en particulier les gouvernements socialistes, considèrent les classes populaires et moyennes comme d'indécrottables « beaufs » qui ne comprennent rien à la « postmodernité ». Ces citoyens de la « France périphérique » tiennent à la nation, alors qu'on leur rabâche à longueur de journée que l'avenir est européen et fédéraliste. Ils veulent garder leurs usines en France, mais les technocrates (du privé comme

1. Rapport annuel d'avril 2017 de l'Observatoire de la laïcité.

du public) balaient leurs aspirations d'un revers de main, en expliquant doctement que la désindustrialisation française va dans le sens de l'Histoire. Ils souhaitent que leur vote modifie les politiques publiques, tandis que les énarques jugent «inappropriées» les opinions de ceux qui ne passent pas par les grandes écoles. On pourrait ainsi dresser une liste impressionnante des divergences irréconciliables qui se sont sédimentées au fil des années, depuis l'effondrement du monde communiste. Le problème apparaît ainsi clairement : nos élites remettent purement et simplement en cause depuis trente ans le modèle de la démocratie par le système représentatif (c'est François Mitterrand qui a inauguré cette trahison permanente, véritable coup d'État quotidien). D'où cette aspiration totalement désordonnée (donc dangereuse) à la démocratie directe, chez les Gilets jaunes.

La sécession des élites

La plus élémentaire honnêteté commande de reconnaître que la responsabilité première en retombe sur ces élites arrogantes qui ont verrouillé la citadelle du pouvoir, à partir du milieu des années 1980. Comment recréer aujourd'hui un minimum de confiance entre gouvernés et gouvernants ? Par des annonces concrètes, celles qu'a faites le président de la République, mais aussi par un changement absolu de style de l'ensemble de nos «chefs», qui peinent tellement à apparaître comme tels depuis plusieurs décennies.

De ce point de vue, Emmanuel Macron a été traité avec une partialité évidente (qu'on le soutienne ou non, le devoir de lucidité impose de l'affirmer). Il doit payer l'addition, alors qu'il n'a pas initié la funeste tendance qu'il doit à présent gérer. De ce point de vue, le comportement de

François Hollande durant la crise des Gilets jaunes ne l'honore pas. Jamais il n'aura été plus en deçà de la fonction qu'il a exercée, en tentant de se rendre populaire par la critique infantile de son successeur. Comment un ancien chef de l'État peut-il encourager le désordre ? C'est à reconstruire la possibilité de la compréhension entre la France d'en haut et celle d'en bas que nous devons tous travailler, pas à exciter les plus turbulents pour se refaire la cerise… Espérons que chacun voudra bien l'admettre dans les années qui viennent, car il n'y a jamais aucun bénéfice à attiser l'esprit de guerre civile.

Hollande incarne de façon emblématique ce comportement de médiocre politicien dont les Français ne veulent plus. Dans l'un de ses discours, durant sa présidence, il avait prononcé une phrase lourde de sens, que l'on a peu commentée. Il avait lâché avec ironie que les élites s'égaraient en pensant « incarner le peuple »… Certes, il visait les privilégiés (comme Donald Trump) qui se vautrent dans le populisme de bas étage, mais il a verbalisé ce que nos compatriotes reprochent précisément aux hommes politiques et aux élites en général : ne plus essayer de faire corps avec la nation ! Alors que la démocratie repose justement sur ce défi d'incarnation de la totalité du peuple, de la nation, par les dirigeants. La souveraineté populaire ne peut s'exercer que si les élus représentent ceux qui les ont choisis, et que si l'État et son chef incarnent le collectif.

Il était également pour le moins surprenant d'entendre un président de la Ve République affirmer que la démocratie ne tire pas profit de la pratique référendaire et l'associer à de ringardes manifestations de tempérament plébiscitaire… Déjà peu habile en temps normal, l'expression de cette opinion après le Brexit ne pouvait que crisper les eurosceptiques et fragiliser encore un peu plus l'adhésion de nos compatriotes à l'Union européenne, telle qu'elle est construite aujourd'hui.

Cependant, incriminer nos dirigeants soulage à bon compte. Responsables, oui. Mais nous tous innocents ? Ne dit-on pas qu'une société a les chefs qu'elle mérite ? La question vaut la peine d'être posée. À notre système éducatif en tout premier lieu. À ceux qui font profession de « penser ». On ne saurait mieux dire que Jacques Julliard : « Quand la France est menacée dans son existence et ses raisons d'être, il se forme toujours dans ses marges un parti collabo. […] D'ordinaire, ce parti est d'extrême droite et se confond avec la réaction. Aujourd'hui, il est d'extrême gauche. C'est le parti du "pas d'amalgame" à tous crins ; du "vivre ensemble" à tout prix ; de "la faute aux cathos" quand les islamistes égorgent ; c'est le parti de la minimisation ("quelques actes isolés sans signification"), de la psychiatrisation ("une poignée de déséquilibrés"), de la contextualisation ("des victimes du racisme ambiant"), de la diversion ("les fruits du colonialisme"), de la banalisation ("le burkini est un vêtement comme un autre"). Tout est bon pour suggérer que ces crimes ne sont pas des crimes, mais des conséquences[1] ».

Que l'on croit au ciel ou que l'on n'y croit pas, le chant de l'aspirant Zirnheld[2], parachutiste des Forces françaises libres, membre du French Squadron du Special Air Service pendant la Seconde Guerre mondiale, pourrait servir d'inspiration à une génération entière de Français. Ce diplômé en philosophie et compagnon de la Libération écrivit la « Prière du para », une inoubliable ode à la liberté et à la responsabilité.

1. Jacques Julliard dans *Marianne*, cité par Alexandra Laignel-Lavastine, *Pour quoi serions-nous prêts à mourir ?*, Éditions du Cerf, 2017.

2. https://www.ordredelaliberation.fr/fr/compagnons/andre-zirnheld

Je suis convaincu, comme Alexandra Laignel-Lavastine, que ce texte mérite grand respect et grande attention, et qu'il vaut pour ceux qui gouvernent et ceux qui sont gouvernés, sans exception : «Je m'adresse à vous, mon Dieu, car vous donnez ce qu'on ne peut obtenir que de soi. Donnez-moi, mon Dieu, ce qui vous reste, donnez-moi ce qu'on ne vous demande jamais. Je ne vous demande pas le repos ni la tranquillité, ni celle de l'âme, ni celle du corps. Je ne vous demande pas la richesse, ni le succès, ni même la santé. Tout ça, mon Dieu, on vous le demande tellement, que vous ne devez plus en avoir ! Donnez-moi, mon Dieu, ce qui vous reste, donnez-moi ce que l'on vous refuse. Je veux l'insécurité et l'inquiétude, je veux la tourmente et la bagarre, et que vous me les donniez, mon Dieu, définitivement. Que je sois sûr de les avoir toujours, car je n'aurai pas toujours le courage de vous les demander. Donnez-moi, mon Dieu, ce qui vous reste, donnez-moi ce dont les autres ne veulent pas, mais donnez-moi aussi le courage, et la force et la foi. Car vous êtes seul à donner ce qu'on ne peut obtenir que de soi»...

Éloge de la France dreyfusarde

La sobriété est une force. Une arme sans équivalent. L'exubérance enivre ; l'économie de l'inessentiel emporte l'âme, l'esprit ou le cœur, parfois les trois, et nous attire dans de fécondes profondeurs, nous rendant transparent le battement du monde. Dans l'amphithéâtre Foch transformé en salle obscure, au cœur de l'École militaire, devant *J'accuse* de Roman Polanski, s'inspirant de *D.* de Robert Harris, le sens de l'épure du réalisateur devient puissance, élégance et éloquence. Les tripes et le cerveau travaillent alors à l'unisson, s'emmêlent et s'entraînent mutuellement vers l'enfer et le ciel. L'enfer d'un homme innocent, le capitaine Alfred Dreyfus, broyé et englouti par un torrent de haine incarné, au crépuscule du XIXe siècle, par la fièvre nationaliste, l'antigermanisme et l'antisémitisme de rue comme de salon. Le ciel, précédé d'un purgatoire polysémique, d'un homme déchiré – le lieutenant-colonel Picquart –, banni de la communauté des armes par des vieillards épuisés de grades et d'honneurs, à l'aube de l'une des pires boucheries de l'Histoire, qu'ils imaginaient telle une parade de campagne. Lorsqu'ils disaient «l'Armée», ils la pensaient naturellement comme un intouchable instrument de leur gloriole, fausse monnaie toxique, et comme un glacis opposé à la «gueuse», à la «décadence» républicaine, ce régime à leurs yeux inepte et installé presque par hasard en 1875 dans les palais dorés de la France, bousculée par les Prussiens et la Commune.

Le défilé des scènes poursuit une implacable démonstration : Dreyfus n'a pas trahi son pays, l'armée a commis une terrible erreur, et elle croit se préserver par le mensonge et la fuite en avant ; un officier, seul et en guerre contre les siens, discerne le chemin de l'honneur dans la reconnaissance de la faute. Pas de tirades ampoulées, aucun dialogue en excès. Pas de gras, on est sur l'os… En plein cœur de la cible, à chaque instant. Dès les premières minutes, dans le matin gris à l'intérieur de l'École militaire, on comprend dans son propre ventre que Dreyfus entend et voit sa vie s'envoler, son existence se briser à l'instar de son sabre, sa foi en la France tenter de lui échapper alors qu'il s'y accroche de toutes ses forces de soldat dévoué à la nation et à l'armée. Il hurle son innocence, en vain. Personne ne veut l'écouter parce qu'il est juif : le bouc émissaire parfait…

Picquart, lui, croit en ses chefs, à l'institution dont il fait partie. Il n'aime sans doute pas les Juifs, comme une bonne partie de son temps. Sans doute par apprentissage automatique, par imprégnation professionnelle et culturelle, qui n'épargne guère de milieu social en 1895. Difficile de mesurer l'antisémitisme à plus de cent vingt ans de distance, mais on imagine facilement l'insigne surface mentale qu'il pouvait occuper. En résumé, le plus jeune lieutenant-colonel de l'armée française illustre l'archétype du bon élève, qui veut servir, et pour qui le métier des armes constitue une famille, une école de vie, une conviction, un avenir et un horizon de sens. Toutefois, précisément parce qu'il vit d'idéal, qu'il respecte véritablement l'armée de la France, qu'il indexe ses actions sur un ailleurs éthique, les ordonne à quelque chose que l'on doit bien nommer l'âme du guerrier, l'imaginaire du chevaleresque, enraciné dans l'honneur et la vérité, la justice et l'égalité, Picquart ne se résout pas à fermer les yeux. Le commandant Esterhazy est coupable, Dreyfus innocent : le professionnalisme le plus élémentaire le prouve. Dès lors, comment préserver l'institution militaire des conséquences de tels errements? Il faut admettre que les généraux en charge du dossier envoyèrent sur l'île du Diable la mauvaise personne. L'aveu les grandirait, le silence les condamnera, tôt ou tard.

Picquart croit en ce qu'il croit... Mais il lui reste à faire le deuil de ses espérances, à comprendre l'inévitable obscurité qui guette à chaque seconde la société des hiérarchies et lui murmure d'établir l'ordre sur les cadavres des « victimes nécessaires », de sacrifier au mécanisme de la rivalité mimétique chère à l'anthropologue René Girard : lyncher un bouc émissaire pour ramener la paix sociale ou la prolonger... Picquart ou l'éternel conflit entre l'éthique de responsabilité et l'éthique de conviction. Jean Dujardin sait diablement l'incarner. Il apparaît juste et précis, posé au millimètre dans chacune des atmosphères successives qu'il traverse et qui s'inscrivent dans le propos très structuré du film. Martial sans être exagérément rigide. Calibré comme le devoir-être de l'officier le lui commande. Habité par le duel intérieur qu'il finit par projeter en croisant le fer avec le lieutenant-colonel Henry, figure de l'obéissance aveugle et de la brutale délectation de l'exécution sans conscience. Une fabuleuse prestation d'acteur. Décidément protéiforme, il illustre une nouvelle fois son talent par ce rôle capital. Grégory Gadebois (Henry) donne une réplique délicieusement harmonieuse à la virtuosité de Dujardin ; la fine ivresse de la pratique trahie du renseignement (art noble quand on le veut) transpire avec une clinique exactitude de tous les pores de la peau du comédien massif, opposé à la volonté d'équité de Picquart. Gadebois est exceptionnel dans son rôle d'adjoint, bientôt Judas à force d'acharnement à défendre l'inacceptable, par loyalisme mâtiné de rancœur. Louis Garrel, dont la trace est par définition discrète dans cette lecture spécifique de « l'Affaire », trouve la tonalité indiscutable : il rend à Dreyfus le plus bel hommage possible ; il fait renaître en quelques regards, quelques mots et attitudes, son désarroi, sa panique de ne jamais rencontrer d'écho à son hurlement de protestation impuissante. Victime de n'être pas coupable alors que le rôle lui irait si bien aux yeux de tous les aveugles, alourdi et traversé par la haine poisseuse de ceux qui veulent se soulager ou se hausser, victime de faux protecteurs de valeurs, tartuffes sans l'ombre d'un scrupule, Dreyfus nous est donné à méditer, encore et toujours. Quant à Emmanuelle Seigner, elle fait cadeau à Picquart de cette ouverture d'humanité simple, qui aurait cruellement fait défaut en son absence. Cette relation féminine indispensable à l'équilibre cinématographique du personnage, à sa crédibilité d'ensemble. Privé de cette mise en lumière du couple illégitime, le futur ministre de la Guerre aurait perdu sa part de décalage démonstratif par rapport aux convenances du siècle. Pauline Monnier (Seigner) installe l'ambiguïté rassurante de l'officier, capable de distance sur l'ordre social.

L'historien Christophe Prochasson a rappelé à raison sa «vertu cachée» et son profil de militaire atypique, amateur passionné de musique et de philosophie, en permanent dialogue intérieur grâce à l'art et à la littérature. Autant d'indices de l'air salvateur entre l'homme et ses convictions, pour reprendre une idée centrale de Romain Gary. Sans doute l'interstice par lequel se renforça graduellement en lui l'énergie de combattre les représentations dévoyées du sens, les déguisements des symboles pervertis, les guignols du sacré sali. La résolution d'un seul officier peut sauver l'honneur d'une armée, «celui qui sauve une vie sauve l'humanité entière»; la préfiguration d'«un juste parmi les Nations», un Oskar Schindler en puissance, une conscience qui ne prétend pas être un saint. Presque un demi-siècle plus tard, un général de brigade à titre temporaire fit face à la multitude des couchés par paresse, crainte du pire ou exposition fallacieuse du raisonnable : Charles de Gaulle sauva également l'honneur de l'armée, car un homme seul peut dire l'immensité d'un rêve qui fait vivre une institution à travers les siècles. Un individu peut se faire l'unique porte-voix d'une innocence (ce qui impose finalement *J'accuse* comme un hommage aux militaires, puisque le salut vint de l'un d'entre eux). Bien sûr, Dreyfus n'était pas démuni de compagnons : on a écrit avec raison sur le rôle de tous ceux qui lui prêtèrent bras, voix et plumes, de Zola à Lazare. Cependant, ils n'habitaient pas l'«arche sainte» de la France qu'incarnait l'armée, à quinze ans de la Grande Guerre. Il fallut à Picquart le courage de transcender ses propres limites, de dépasser la réconfortante certitude d'avoir raison par principe, par appartenance à ce qui prenait des allures de caste, il dut se vaincre lui-même. Les grandes victoires s'obtiennent toujours contre cet adversaire intime.

« Un pays où l'on se déchire sur le sort d'un petit capitaine juif est un pays où nous devons aller sans attendre », disait le père d'Emmanuel Levinas : remercions donc Alfred Dreyfus de garder vivace l'idée que ce débat brûlant de notre passé se confond, aux côtés de quelques autres, avec cette espérance et ce plaisir difficiles que l'on appelle la France. Il faut se souvenir de lui régulièrement, et se réjouir qu'un tel film inscrive magistralement le nom du général Picquart dans le livre des icônes… Le symbole Picquart, ou le croisement faussement baroque de Charles Péguy, Georges Clemenceau et Jean Jaurès, dont la croix de Lorraine dessina quelques décennies plus tard la très profonde signification…

Dujardin en Picquart, écho cinématographique contemporain à la « Prière du para », éloge de la responsabilité menacée d'être lynchée par les fausses victimes… Tout cela nous dit sans doute quelque chose d'essentiel sur ce qui rend si difficile le combat actuel contre ce totalitarisme que l'on appelle l'islam politique ou l'islamisme. Il faut surmonter une grande peur, transcender une paralysante angoisse si l'on entend résister à la meute, à la « propagande », à l'hystérie inquisitoriale qui pend à cent contre un, en lançant une corde par-dessus la première branche venue, sous les cris haineux d'une foule manifestant sa joie malsaine.

Épilogue

Les Silencieux progressent. Plus que jamais, il faut se battre, avec les mots, les livres et les lois. Avec l'éthique démocratique. Avec l'appareil institutionnel de contrainte de l'État de droit aussi, enfin avec l'implication de chaque citoyen. Il semblerait que la bonne cible soit mieux identifiée que par le passé. Après l'attentat au sein de la préfecture de police de Paris, la lutte contre l'islamisme a franchi une nouvelle étape (ainsi, par conséquent, que la prévention de la radicalisation) ; le 27 novembre 2019 une circulaire a été envoyée par Christophe Castaner à l'ensemble du corps préfectoral[1], demandant à celui-ci de faire du combat contre l'islamisme et le communautarisme un nouvel axe fort de l'action de l'État. Les déclarations publiques de Laurent Nuñez, le secrétaire d'État auprès du ministre de l'Intérieur, s'adossent également à cette ligne manifestée dans des consignes directes aux préfets.

Cette impulsion s'inscrit dans la continuité des déclarations d'Emmanuel Macron, le 19 novembre 2019, à l'occasion du congrès des maires de France. Le chef de l'État y

1. https://www.interieur.gouv.fr/Le-ministre/Interventions-du-ministre/Discours-d-ouverture-de-M.-Christophe-Castaner-lors-du-seminaire-des-prefets-consacre-a-la-lutte-contre-l-islamisme-et-le-repli-communautaire

avait déjà annoncé des actions nouvelles concrètes visant «l'islamisme politique» de ceux qui ont «un projet de séparation d'avec la République». L'ensemble dérive de la volonté du président de la République de promouvoir la «société de vigilance», évoquée le 8 octobre durant son allocution dans la cour d'honneur de la préfecture de police. La tonalité du discours du ministre de l'Intérieur aux préfets, le 28 novembre, se révèle, elle aussi, ferme : «Aujourd'hui [...] Le terrorisme et la radicalisation sont bien souvent les parties émergées de l'iceberg. L'heure n'est plus aux pudeurs ni aux faux-semblants. Disons-le franchement, comme vous le constatez sur le terrain : la radicalisation et le terrorisme sont les symptômes les plus graves d'un mal plus profond qui touche trop de nos quartiers. Je veux parler de l'islamisme et du communautarisme. Alors, pour nous attaquer à ce mal, il nous faut d'abord être en mesure de le connaître et de le définir. Contrairement au terrorisme, rigoureusement défini dans le code pénal et qui recouvre l'intégralité des infractions commises "intentionnellement en relation avec une entreprise individuelle ou collective ayant pour but de troubler gravement l'ordre public par l'intimidation ou la terreur", l'islamisme et le communautarisme n'ont pas de définitions juridiques précises. Nous pouvons donc les aborder, d'abord, par la description de leur réalité politique. L'islamisme, c'est un projet politique antidémocratique et antirépublicain, qui place la loi de Dieu – ou celle de ceux qui la détournent à leur profit – au-dessus des lois de la République. C'est un contre-projet de société, communautaire, autoritaire, inégalitaire.»

Le ministre apporte une précision essentielle : «L'islamisme est le pire ennemi de l'islam. Il crée volontairement des confusions et des antagonismes. L'islamisme n'est pas une religion, il l'utilise et la dévoie.» Puis il désigne les principes qui constituent en même temps le socle de la future action des préfets : « C'est parce que l'islamisme et le communautarisme peuvent être plus aisément définis en listant les principes constitutionnels qu'ils remettent en cause. C'est le cas de l'indivisibilité de la république, à l'article 1er de la Constitution, ou de l'unicité du peuple français, reconnue dans la jurisprudence du Conseil constitutionnel. C'est le cas de la laïcité, présente, elle aussi, à l'article 1er de la Constitution. C'est le cas encore de l'égalité entre les femmes et les hommes, reconnue dans le préambule de la Constitution de 1946 et donc intégrée à notre bloc de constitutionnalité. Vous le voyez, l'islamisme et le communautarisme sont des atteintes graves à notre pacte républicain, des atteintes considérables à nos valeurs les plus profondes. Dès qu'il existe des doutes sur un lieu ou sur une association, je vous demande de ne pas hésiter à réaliser des inspections, des contrôles. Et si des manquements sont établis, je vous demande de décider des fermetures administratives sans hésiter. » Les « cibles » (toutes identifiées car elles deviennent des lieux de rassemblement islamiste) sont clairement définies : débits de boissons, lieux de culte, écoles, centres culturels et sportifs.

Une cellule départementale des services de l'État en charge de cette mission de lutte contre la radicalisation et le communautarisme doit être mise en place et pilotée par le préfet ; elle sera complémentaire du GED. « Cette cellule devra travailler en liaison avec les Groupes d'évaluation départementale et aura pour mission d'avoir une connaissance parfaitement fine des réseaux sociaux, économiques, religieux, sportifs et culturels des personnes suivies au titre de la radicalisation à caractère terroriste. L'idée est claire : avoir une cartographie précise et savoir les lieux que nous devons suivre et contrôler. La découverte de faits ou comportements susceptibles de constituer des infractions pénales devra être systématiquement portée à la connaissance du procureur de la République, notamment pour les faits de discrimination et pour les infractions résultant de la violation des mesures de police administrative. » Des points d'attention sont soulignés, formant une « offensive républicaine » : la lutte contre la déscolarisation, la remédiation au manque de sensibilisation sur ce thème au sein de l'État, la vigilance sur les principes républicains et la coopération avec les élus locaux.

Par ailleurs – précise *Le Figaro*[1] –, Christophe Castaner l'affirme : « L'offensive républicaine » se fera en frappant au portefeuille ceux qui « placent la loi de Dieu au-dessus des lois de la République ». L'idée, explique un préfet, est d'appliquer la « méthode Al Capone ». En d'autres termes, des comités opérationnels départementaux antifraude réunissent des policiers, des gendarmes, des douaniers, des agents du fisc, mais aussi Pôle emploi, l'URSSAF ou encore les caisses d'allocations familiales pour « déshabiller » une cible. En clair, il s'agit d'appliquer le code pénal, non de vouloir imaginer chaque matin de nouvelles lois (en matière d'arsenal légal, nous disposons d'un spectre large, comme le démontre l'annexe 1). Ce nouvel élan sur la prévention de la radicalisation et sur la lutte contre le communautarisme, dans lequel le préfet Frédéric Rose (nouveau secrétaire général du Comité interministériel de prévention de la délinquance et de la radicalisation, CIPDR) va jouer un rôle crucial, nécessite une implication forte de l'ensemble des administrations centrales. La feuille de route est cohérente. Nous verrons si les résultats s'élèvent à la hauteur des attentes.

Répétons-le, l'islamisme ne se confond pas avec l'islam : il le caricature. Le salafisme défigure consciencieusement cette tradition spirituelle et nourrit un nouveau projet

1. https://www.lefigaro.fr/actualite-france/lutte-contre-l-islamisme-clubs-sportifs-commerces-illicites-et-ecoles-hors-contrat-dans-le-viseur-20191128

totalitaire, fils de l'Ordre noir, des Squadrisme et du Politburo. Néanmoins, dans l'Hexagone, de nombreux idiots utiles persévèrent dans le déni. La réalité crève pourtant les yeux. Regarder vraiment implique de prendre la religion au sérieux. Lorsque cette dernière alimente la violence terroriste, une insigne portion de l'intelligentsia française (Jean Birnbaum l'a mise en lumière) la considère comme un prétexte couvrant d'autres motivations, masquant d'autres facteurs explicatifs (généralement socio-économiques). Les djihadistes seraient des « dominés », proies éternelles de la « méchante » société et de l'Occident « blanc » pervers. La nébuleuse « décoloniale » fait ses choux gras de cette dynamique du ressentiment et de la victimisation…

J'écris ces lignes à 23 heures, le 3 janvier 2020. Un nouvel attentat vient d'avoir lieu à Villejuif[1] : un assassin de 22 ans a poignardé un homme de trente ans son aîné et blessé deux autres personnes. « Sur les lieux de l'attaque, les policiers ont aussi découvert dans un sac des ouvrages qualifiés de "salafistes". »

Communautariste, radicalisé, djihadiste, comment passe-t-on d'un palier à un autre ? Le communautariste, tenté par l'entre-soi, frôle à tout instant l'intolérance et se ferme à la richesse du monde. Le radicalisé rejette plus ou moins ouvertement les lois de la République et ne condamne jamais nettement la violence du terroriste. Le djihadiste rompt avec l'humanité, marche sur le code pénal et va à la rencontre de la mort. Radicalisés et djihadistes communient dans le salafisme, le « quiétiste » préparant la voie au « politique » et au « djihadiste ».

1. https://www.lefigaro.fr/actualite-france/attaque-a-villejuif-l-assaillant-a-crie-allah-akbar-plusieurs-fois-20200104

Voyons les choses telles qu'elles sont... La racine de notre mal porte un nom : le salafisme, version contemporaine du totalitarisme, enrichie par la doctrine fririste. C'est un projet politique, qui prend seulement l'apparence d'une inspiration religieuse. N'allons pas incriminer le Coran.

Gilles Kepel a raison : on voit sans peine cette radicalisation de l'islam, portée par le salafisme, gagner des « parts de marché » sur l'échiquier des visions théologiques de la religion musulmane. Elle progresse : elle ne résume pourtant en aucun cas une spiritualité porteuse d'un authentique amour de la vie, prise en otage par des amants de la mort.

La lutte fait rage au sein même de l'islam. Le constater conduit inévitablement à comprendre que la thèse de l'islamisation de la radicalité (la religion est un prétexte couvrant une révolte globale contre la société), chère à Olivier Roy, ne suffit pas à interpréter le réel. Elle fournit sans aucun doute une clé psychologique en Europe, mais échoue à aller au fond des choses et à interpréter de façon pertinente la situation du Moyen-Orient et de l'Afrique.

Se métamorphoser en cavalier de l'apocalypse permet effectivement de transcender bien des frustrations, de transformer le parcours d'une « petite frappe », d'un « apache » en destin de soldat du Prophète. Sérieuse promotion. D'autant plus alléchante qu'elle s'offre à des profils psychologiques bâtis sur la violence et victimisés à chaque instant par un climat sociétal et de proximité qui nie la responsabilité individuelle au profit du concept de « dominé ». Jean Birnbaum écrit que les djihadistes sont de purs produits de la société du spectacle, des enfants d'Internet ayant abusé de Facebook, des jeux vidéo en général et d'*Assassin's Creed* en particulier... Si l'on ajoute les uns aux autres ces ingrédients (séduction de l'imaginaire du guerrier sacré, attrait pour la médiatisation, victimisation, dépassement du sentiment d'humiliation), on obtient un explosif hautement instable qui peut aboutir effectivement à la violence armée et suicidaire. L'intégrisme religieux hausse l'échec au rang de signe d'élection. Or, pour qu'une telle mécanique fonctionne, il faut qu'une idéologie scrupuleusement travaillée (l'islam politique) recueille cette déshérence, se moule avec précision sur sa forme et son essence. La radicalisation d'une partie de l'islam constitue donc une réalité.

Pas de djihadiste derrière chaque salafiste, certes ; mais, derrière le djihadisme, on retrouve toujours le salafisme.

On ne peut pas être plus clair que Mohamed Sifaoui : « Le djihadisme, la menace islamiste au sens large, n'est pas une affaire de groupes ou d'organisations [...]. Les leaders se succèdent les uns aux autres, les modes opératoires évoluent, mais une chose demeure : une volonté inébranlable de frapper les démocraties et d'imposer les logiques islamistes. L'islamisme soft ou « modéré », appelé parfois pompeusement le « salafisme quiétiste », qui a, pour des raisons stratégiques, mis sous le boisseau la notion du djihad [...] vise à anesthésier les consciences et à privilégier un autre mode de combat, plus subtil, celui qui consiste à opérer un réel travail de sape contre les démocraties en s'attaquant à leurs valeurs essentielles : la laïcité, l'égalité hommes-femmes, la liberté de conscience, la liberté d'expression[1]. » Ses tactiques ? Susciter des polémiques afin d'influencer la législation, analyser les forces politiques, syndicales ou associatives et nouer des alliances avec celles qui favorisent l'atteinte de ses objectifs, créer des structures visant l'activisme politique, favoriser enfin la pratique religieuse intolérante et les conversions.

1. « Daech : et maintenant la vérité sur la menace islamiste », in *Contre-terrorisme*, janvier 2018.

Il faudrait simplement reconnaître la puissance intrinsèque du fait social et spirituel que portent l'identité et le sentiment religieux pour comprendre et combattre son dévoiement, en évitant toute possibilité d'amalgame. Cela surpasse visiblement les capacités de nombreux individus, « intellectueurs » et militants, incapables de discerner les vraies menaces ou complices authentiques des ambitions liberticides. Ce qui ne cesse d'étonner et de consterner, c'est que les mêmes qui évacuent le religieux d'un revers de main se comportent de nos jours en grands inquisiteurs.

À cet égard, je ne vois pas comment mieux traduire le climat mental étouffant de notre époque[1] que ne le fait Riss dans son édito du 7 janvier 2020.

« Nous avons cru que seules les religions avaient le désir de nous imposer leurs dogmes. Nous nous étions trompés. Le développement des réseaux sociaux a permis de diffuser des opinions très diverses, parfois enrichissantes, mais parfois obscures, appelant à boycotter, à dénoncer, à fustiger les points de vue atypiques, non conformistes, ou simplement maladroits. […] Surveillés en permanence par ces petits gourous malsains, on serait tentés de se laisser gagner par le pessimisme. »

1. De ce point de vue, on ne peut que donner raison à Alexandra Laignel-Lavastine : « Nous sommes donc moins dans le choc des civilisations annoncé par Samuel Huntington en 1996 que dans *le choc des crises de civilisation*, des crises civilisationnelles. Au début du XXIe siècle, deux civilisations profondément malades et en crise, chacune à sa façon, se retrouvent aux prises. Et c'est à cette civilisation européenne clivée, lézardée, déboussolée et malheureuse – donc peu vigoureuse – que les djihadistes s'en prennent. Après avoir rallié au-dedans ses deux plus âpres contradicteurs – les tenants de la révolution et ceux de la réaction –, notre démocratie aurait pu s'approfondir. Or elle s'est surtout parachevée en s'adonnant au militantisme du vivre, du vivre ensemble, du multiculturalisme et de la relativité des valeurs. Nous sommes donc dans la coïncidence du triomphe (notre modèle s'exporte partout dans le monde) et de la chute (notre destin, désormais, nous échappe et nous ne sommes plus ni les premiers ni les meilleurs) » (Alexandra Laignel-Lavastine, *Pour quoi serions-nous prêts à mourir ?*, *op. cit.*).

On peut néanmoins positiver… «Tous ces petits connards et toutes ces petites connasses qui pérorent à longueur de pétitions débiles, de proclamations sentencieuses, et qui se croient les rois du monde derrière le clavier de leur smartphone, nous donnent une formidable occasion de les caricaturer, de les ridiculiser, de les combattre. Car la morale qu'ils croient défendre n'est en réalité qu'un moralisme de plus. Les vieux interdits ont été remplacés par de nouveaux. Les pères la pudeur de jadis ont été chassés par les blogueurs la pudeur d'aujourd'hui. Les flammes de l'enfer d'autrefois ont laissé la place aux tweets délateurs de maintenant. Aujourd'hui, le politiquement correct nous impose des orthographes genrées, nous déconseille d'employer des mots supposés dérangeants, nous demande de ne plus manger ceci ou de ne plus fumer cela. Dans notre intérêt, bien évidemment. La gauche anglo-saxonne a inventé le politiquement correct pour faire oublier son renoncement à lutter contre les injustices sociales. La lutte des classes, trop marxiste à ses yeux, a été remplacée par la lutte des genres, des races, des minorités, des sous-minorités et des micro-minorités. […] La gauche qui se croit progressiste est alors devenue obsédée par les races, les couleurs de peau, les cheveux lisses ou crépus.» La plume de Riss me réconforte : moi et bien d'autres nous sentons beaucoup moins seuls en le lisant.

Les partis de gauche n'ont finalement pas «changé la vie», poursuit-il, et se sont accommodés du capitalisme. Afin de jeter un voile pudique sur leurs renoncements, ils ont choisi de bâtir un nouvel ordre moral se substituant à l'ancien, dit réactionnaire, «reposant sur la famille, le patriarcat ou le colonialisme». La gauche ayant échoué face à l'argent, «ce sont les individus qui apprendront à la craindre au moyen de son nouveau corpus moraliste tout aussi autoritaire et intolérant que les vieux dogmes de l'ordre ancien. Heureusement, il reste le plaisir. Le plaisir de dire merde à ces nouveaux gourous de la pensée formatée. Hier, on disait merde à Dieu, à l'armée, à l'Église, à l'État. Aujourd'hui, il faut apprendre à dire merde aux associations tyranniques, aux minorités nombrilistes, aux blogueurs et blogueuses qui nous tapent sur les doigts comme des petits maîtres d'école quand au fond de la classe on ne les écoute pas et qu'on prononce des gros mots[1] ».

On entend le patron de *Charlie* cinq sur cinq (et l'on médite profondément d'autres paroles fortes, comme celles des avocats Hervé Temime[2] et Alain Jakubowicz[3]) lorsque l'on chérit la liberté de conscience et d'expression, l'esprit critique et le goût du dialogue démocratique. Alors même qu'il évolue aujourd'hui largement dans l'incommunicable…

Qui peut comprendre ce qu'éprouve Riss ? Qui peut le connaître ? Comment imaginer ce qu'il ressent et pense depuis le 7 janvier 2015 ? Je me suis souvent posé ces questions. Je me les pose plus que jamais à l'approche du procès de l'automne 2020[4]. Je n'ai aucune réponse. Ou plutôt, si. Personne ne sait. Certains approchent son univers intérieur parce qu'ils sont passés par les mêmes chemins de peine. Sans doute existe-t-il une voie ouverte à quelques-uns, étonnés de toujours contempler le jour ; sans doute un soldat blessé croisant Riss aux Invalides dialogue-t-il dans un

1. Riss, « Les nouveaux visages de la censure », in *Charlie Hebdo*, n° 1433, 7 janvier 2020.

2. https://www.lepoint.fr/editos-du-point/sebastien-le-fol/liberte-d-expression-herve-temime-s-il-vivait-aujourd-hui-coluche-serait-en-prison-22-12-2019-2354418_1913.php

3. https://www.bfmtv.com/societe/une-etoile-jaune-a-la-marche-contre-l-islamophobie-le-president-d-honneur-de-la-licra-denonce-une-comparaison-indigne-1803732.html et https://rmc.bfmtv.com/mediaplayer/video/boycott-du-film-de-roman-polanski-c-est-terrifiant-selon-son-avocat-1202981.html

4. https://www.lejdd.fr/Societe/cinq-ans-apres-lattentat-de-charlie-hebdo-riss-se-confie-on-essaie-de-ne-pas-se-laisser-submerger-3941008

épais silence avec le journaliste dégoulinant de l'enfer de la perte des siens, escorté par une compagnie silencieuse. Dans le néant des mots, car la pudeur s'impose sobrement, le jeune homme servant son drapeau et désormais contraint de supporter la perte d'un bras, d'une jambe, endurant instant après instant une existence privée d'une part de soi, ayant vu mourir autour de lui, entre-t-il, le temps d'un regard ou d'une parole, dans l'esprit de l'âme pilier de *Charlie*.

Pour tous les autres, pour nous tous, seule nous est offerte la possibilité de l'écouter dans le recueillement de la lecture en apprivoisant lentement ses mots et ses phrases. Son livre *Une minute quarante-neuf secondes*[1] s'impose comme la route unique vers le témoignage d'un homme mort d'étonnement au plus intime de ses convictions et de ses compagnonnages, alors même qu'il nous accompagne encore dans le présent. Riss n'en finit pas de se demander pourquoi il est toujours en vie. Il n'en finit pas de se sentir coupable de marcher encore au milieu des vivants. Sa tendresse suppure à chaque page pour les disparus. Riss admire beaucoup, de Charb à Cabu, en passant par Bernard Maris… Il inspire la tendresse, tant il s'efface devant ceux qu'il juge plus grands que lui. Bien des membres de l'intelligentsia hexagonale pourraient s'inspirer de cette humilité innervée de larmes.

Le mystère particulier de Riss tient dans un combat paradoxal ; il veut disparaître dans la cause qui justifie cet après, ce surcroît de temps disponible dont il questionne la présence. Il *est* dorénavant *Charlie*… Parce que sa lutte, c'est ce journal pour lequel les autres sont morts. Parce que ce journal se confond avec la liberté qu'il défend par-dessus tout. Comment expliquer à cette époque à quel point on perçoit rapidement chez lui sa profonde horreur de la

1. Riss, *Une minute quarante-neuf secondes*, Actes Sud, 2019.

lumière des médias. Le monde désormais le blesse, la société du spectacle lui fait horreur. Son livre rend encore plus visible son goût du retrait, de la discrétion forcée de négocier avec l'exposition nécessaire à l'avenir de *Charlie*. Alors Riss doit parfois dire, parfois expliquer, parfois se prêter au jeu, en se gardant bien de se donner, car les absents survivent en lui, car leurs convictions faites papier, à travers les numéros devenus mémoire, exigent la parole de celui qui porte ce morceau d'histoire de la presse, maintenant privé de cette force des autres qui coule dans son texte.

Étrange Riss, étrange par sa complexité, déroutant par ses arabesques, libertaire en colère qui ne supporte pas que les élites ne le soient plus, journaliste qui voudrait bien distribuer des claques à de nombreux confrères, doux tempérament qui vit de sa révolte contre un réel si souvent odieux, regard embarrassé si tristement caressant, comme un ours encombrant qui voudrait consoler un enfant perdu… Il me fait inexorablement penser à l'albatros de Baudelaire, démuni sur le pont des bateaux, menacé par des marins bêtement moqueurs. Il nourrit en moi une exigence étonnante : aller vers la divergence pour mieux se rassembler. Bien des choses me séparent de lui ; je viens d'un milieu où l'on porte l'uniforme et traîne à sa hanche les sabres en cérémonie ; je m'enracine dans ces climats spirituels où l'on croit au ciel et où se tiennent des hommes et des femmes pour qui la force de l'État peut défendre la justice, le faible et la liberté ; je viens d'un milieu de guerriers dreyfusards qui n'entendent pas la patrie comme la haine des autres, mais l'amour des siens et l'accueil des bienveillants, des consciences de bonne volonté ; pourtant, je sais intimement pourquoi *Charlie* doit vivre, je sais pourquoi Riss m'importe et pourquoi ce livre rejoindra ce petit espace dans ma bibliothèque où je pose délicatement les ouvrages destinés à être consultés, travaillés, surlignés, possédés et triturés. Riss et *Charlie*, son équipe et tout ce qui lui permet de durer éprouvent ma cohérence : sans eux, cela voudrait dire que la liberté de critiquer se réduit à des mots creux; sans eux, nous reculerions face à ceux pour qui la religion se résume à une idéologie, pas à un travail intérieur qui nous rend plus fraternels, meilleurs et ennemis des moralismes exterminateurs; sans eux, la République n'aurait plus de preuve de sa propre existence, mais une façade trompeuse; sans eux, les intellectuels me feraient souvent honte, ces temps-ci, tant ils se montrent complaisants vis-à-vis des communautarismes régressifs; sans eux, je perdrais la foi au milieu d'affrontements dont on craint l'issue.

Tu me fais penser, Riss... Ce livre ne mérite aucun commentaire, cela n'aurait pas de sens; on ne commente pas l'amour qui l'habite, on ne dit rien d'intelligent sur le combat qui en constitue l'ossature, on n'ajoute rien à la volonté de Résistance qui en a tracé les mots, on fait de l'air en vain en commentant une sainte colère contre ceux qui voulurent poser en colonnes de *Charlie*, à peine les armes retournées au silence. Rien à écrire, Riss, à part te remercier d'avoir eu l'incroyable force ou subi la puissante fatalité de donner naissance à ce petit objet à feuilleter, qui ne sera jamais «connecté», à cette si belle écriture où la plume est une épée si mousquetaire. Merci d'avoir surmonté la répugnance à parler de toi, parce qu'il fallait bien que tu te prêtes à la liberté : elle a besoin de visages.

Les gardiens digitaux de la morale du XXIe siècle, exécuteurs des sentences du tribunal médiatique, édifient donc un régime soft totalitaire, tout en faisant de grands efforts pour légitimer celui, à base faussement religieuse, qui rêve d'émerger et accélère sa gestation dans les territoires perdus de la République, ainsi que dans le tissu associatif militant voué à la désunion nationale, à la rancune mécanisée et judiciarisée. Les salafistes agissent finalement la plupart du temps comme des agents d'influence, des professionnels du stratagème – lequel consiste à pousser l'adversaire à agir contre ses intérêts, à faire en sorte qu'il ne voie pas le piège venir. N'est-ce pas là le grand danger qui pèse sur les démocraties ? Ne pas voir venir leurs fossoyeurs…

ANNEXE

Résumé de l'arsenal juridique français voté entre 1986 et 2019 pour lutter contre le terrorisme

9 septembre 1986 – *Loi n° 86-1020 relative à la lutte contre le terrorisme et aux atteintes à la sûreté de l'État*

Cette loi fondatrice définit spécifiquement les actes de terrorisme (cf. note *définition juridique*) et les peines associées. Le texte prévoit les mesures suivantes :

- Extension de la durée de la garde à vue à quatre jours ;
- Report de l'intervention de l'avocat à la soixante-douzième heure de garde à vue ;
- Alourdissement des peines ;
- Incrimination de l'apologie du terrorisme ;
- Indemnisation des victimes de terrorisme (fonds prélevé sur les assurances privées) ;
- Autorisation des perquisitions domiciliaires sans l'assentiment des personnes suspectées ;
- Exemption de peines pour des criminels qui empêchent la réalisation d'un attentat ;

• Extension des contrôles de police et interdiction de séjour pour les étrangers accusés de terrorisme ;

• Création du Service central de lutte antiterroriste (corps spécialisé de juges d'instruction et de procureurs, communément appelé « 14e section du Parquet »), traitant à Paris tous les dossiers de terrorisme – c'est-à-dire tous ceux relatifs à l'article 706-16 du code de procédure pénale.

Elle est complétée le ***30 décembre 1986*** *par la loi n° 86-1322 modifiant le code de procédure pénale, qui constitue une cour spéciale d'assises à Paris* (article 706-25 du CPP) pour les crimes de terrorisme, composée exclusivement de magistrats professionnels et non d'un jury populaire comme le veut la règle générale.

10 juillet 1991 – *Loi n° 91-646 relative au secret des correspondances émises par la voie des communications électroniques.*

Cette loi vise à réglementer les écoutes judiciaires et administratives en instaurant une commission de contrôle de la légalité des interceptions des communications téléphonique (la Commission nationale de contrôle des interceptions de sécurité – CNCIS, ancêtre de la CNCTR). Le texte dispose qu'il ne peut y avoir atteinte au secret des correspondances que dans le seul cas d'une nécessité d'intérêt public et par l'autorité publique uniquement. Les interceptions et les écoutes peuvent donc être autorisées en invoquant les motifs suivants : sécurité nationale, sauvegarde des éléments essentiels du potentiel scientifique et économique de la France, prévention du terrorisme, de la criminalité et de la délinquance organisées, reconstitution ou maintien de groupements dissous.

22 juillet 1992 – *Loi n° 92-684 portant sur la réforme des dispositions du code pénal relatives à la répression des crimes et délits contre les personnes.*

Cette loi insère les « actes de terrorisme » tels que définis par la loi du 9 septembre 1986 dans le nouveau code pénal.

16 décembre 1992 – *Loi n° 92-1336 relative à l'entrée en vigueur du nouveau code pénal et à la modification de certaines dispositions de droit pénal et de procédure pénale rendue nécessaire par cette entrée en vigueur.*

Cette loi précise la procédure dérogatoire propre aux actes de terrorisme.

1995 – *Plan gouvernemental Vigipirate.*

Le plan gouvernemental Vigipirate est instauré, il définit la répartition des responsabilités centrales et territoriales ainsi que les principes guidant l'action de l'État dans le cadre de la lutte contre le terrorisme. Il prévoit deux niveaux de vigilance (*simple* et *renforcé*) et des mesures spécifiques correspondant à chaque type de menace.

21 janvier 1995 – *Loi n° 95-73 d'orientation et de programmation relative à la sécurité.*

Certaines dispositions de la loi permettent le développement du recours à la vidéosurveillance pour protéger les lieux publics et les installations sensibles.

8 février 1995 – *Loi n° 95-125 relative à l'organisation des juridictions et à la procédure civile, pénale et administrative.*

Dans les situations de terrorisme, la prescription des délits est allongée de dix à vingt ans, celle des crimes à trente ans.

22 juillet 1996 – *Loi n° 96-647 tendant à renforcer la répression du terrorisme et des atteintes aux personnes dépositaires de l'autorité publique ou chargées d'une mission de service public et comportant des dispositions relatives à la police judiciaire.*

Cette loi élargit la liste des infractions terroristes et introduit notamment dans le code pénal le ***délit d'association de malfaiteurs en relations avec une entreprise terroriste***. Les peines de prison encourues pour ces infractions sont alourdies. La loi étend également la possibilité de déchéance de nationalité prévue dans le code civil aux personnes condamnées «pour un crime ou un délit constituant un acte de terrorisme».

30 décembre 1996 – *Loi n° 96-1235 relative à la détention provisoire et aux perquisitions de nuit en matière de terrorisme.*

Cette loi autorise les perquisitions et saisies de nuit dans le cadre de la lutte contre le terrorisme.

29 décembre 1997 – *Loi n° 97-1273 tendant à faciliter le jugement des actes de terrorisme.*

Cette loi permet de délocaliser, si besoin, les juridictions spécialisées en dehors de Paris et/ou dans tout autre lieu que le tribunal.

15 novembre 2001 – *Loi n° 2001-1062 du 15 novembre 2001 relative à la sécurité quotidienne.*

La loi ajoute aux infractions pouvant relever du terrorisme le blanchiment, les délits d'initié, ainsi que le financement des actes de terrorisme. Elle prévoit également la peine de confiscation générale de l'ensemble des biens des personnes coupables d'actes de terrorisme. Enfin, elle étend les pouvoirs des agents de police judiciaire ou de sécurité privée (si habilités par un représentant de l'État) en matière de contrôle d'identité. Sont notamment prévues les fouilles de véhicules, et les fouilles et palpations au corps si la personne suspectée est en accord. La loi étend également le champ d'application du fichier national automatisé des empreintes génétiques (FNAEG).

29 août 2002 – *Loi n° 2002-1094 d'orientation et de programmation pour la sécurité intérieure.*

Un article consacré à la lutte contre le terrorisme vise à améliorer la coopération entre les services de renseignement nationaux et internationaux, et prévoit un accès facilité aux fichiers de sûreté. Une nouvelle base de données informatique est nommée Application de rapprochement, d'identification et d'analyse pour les enquêteurs (ARIANE, actuel Traitement d'antécédents judiciaires TAJ), elle doit regrouper deux fichiers : le système de traitement des infractions constatées (STIC) et le système judiciaire de documentation et d'exploitation (JUDEX).

18 mars 2003 – *Loi n° 2003-239 pour la sécurité intérieure.*

Certaines dispositions temporaires de la loi relative à la sécurité quotidienne du 15 novembre 2001 relatives aux perquisitions domiciliaires, aux fouilles de véhicules et aux contrôles des zones portuaires et aéroportuaires sont prolongées ou rendues permanentes. Les compétences des officiers de police judiciaire sont étendues (fouilles des véhicules, compétence départementale, amélioration du fichier national des empreintes génétiques).

9 mars 2004 – *Loi n° 2004-204 portant adaptation de la justice aux évolutions de la criminalité.*

Cette loi ajoute au code pénal l'infraction relative à la criminalité organisée. Les agents de police se voient octroyer de nouveaux moyens d'investigation (infiltration dans les réseaux, écoutes téléphoniques plus larges durant l'enquête, moyens supplémentaires pour les perquisitions et les interceptions de télécommunications). La garde à vue est allongée à 96 heures. Par ailleurs, la loi crée la procédure dite du « plaider coupable » (comparution sur reconnaissance préalable de culpabilité, c'est-à-dire une proposition de peine sans procès).

23 janvier 2006 – *Loi n° 2006-64 relative à la lutte contre le terrorisme et portant dispositions diverses relatives à la sécurité et aux contrôles frontaliers.*

Avec cette loi, la garde à vue peut être étendue jusqu'à six jours (144 heures) dans le cas d'une menace de type terroriste. Les peines relatives à l'association de malfaiteurs à des fins terroristes sont alourdies (maximum de trente ans) ; le recours à la vidéosurveillance est largement facilité, *idem* pour l'accès aux fichiers administratifs. La loi contraint les compagnies ferroviaires, aériennes et maritimes à transmettre les données de leurs passagers à la police et à la gendarmerie, pour pouvoir être comparées avec le fichier des personnes recherchées (FPR) ou avec le système d'information Schengen (SIS). Enfin, les fournisseurs d'accès à

Internet (et l'établissement public proposant un accès) sont désormais tenus de conserver leurs données de connexion pendant un an. Les autorités policières n'ont plus besoin de l'autorisation d'un magistrat pour en faire la demande, seulement celle d'un haut fonctionnaire de la police nommé par la Commission nationale de contrôle des interceptions de sécurité (CNCIS).

1er décembre 2008 *– Loi n° 2008-1245 visant à prolonger l'application des articles 3, 6 et 9 de la loi n° 2006-64 du 23 janvier 2006 relative à la lutte contre le terrorisme et portant dispositions diverses relatives à la sécurité et aux contrôles frontaliers.*

Le texte prolonge jusqu'au 31 décembre 2012 (et non plus 2008) certaines dispositions de la loi du 23 janvier 2006 (contrôles d'identité à bord des trains transfrontaliers, réquisition administrative de données relatives aux communications électroniques, accès des services de lutte contre le terrorisme à certains fichiers administratifs).

14 mars 2011 *– Loi n° 2011-267 du 14 mars 2011 d'orientation et de programmation pour la performance de la sécurité intérieure.*

Précision de diverses mesures de captation de données informatiques et de surveillance électronique.

14 avril 2011 *– Loi n° 2011-392 du 14 avril 2011 relative à la garde à vue.*

La présence de l'avocat en garde à vue est renforcée, y compris dans les cas de suspicion de terrorisme ; deux points restent cependant propres aux accusations d'actes terroristes :

— L'accès à l'avocat peut être reporté de 72 heures maximum (au lieu de 12 ou 24 heures en droit commun, 48 heures pour des faits de criminalité organisée) pour permettre de recueillir des preuves ou afin de prévenir une atteinte à la personne.

— La durée maximum de garde à vue peut être prolongée par un magistrat jusqu'à 96 heures (y compris pour des mineurs de 16 ans ou plus), voire 144 heures si jugé nécessaire au vu de l'imminence d'un attentat en France ou si un impératif de coopération internationale l'impose.

21 décembre 2012 – *Loi n° 2012-1432 relative à la sécurité et à la lutte contre le terrorisme.*

Cette loi permet de poursuivre des ressortissants français ayant commis ou participé à des actes terroristes (ou à des camps d'entraînement terroriste) à l'étranger. Le texte prolonge également les dispositions de captation préventive des données de connexion prévues en 2006 jusqu'au 31 décembre 2015 (sans quoi elles expiraient au 31 décembre 2012).

23 avril 2014 – *Plan de lutte contre la radicalisation violente et les filières terroristes.*

Ce plan global de lutte contre le terrorisme et la radicalisation comprend cinq axes : prévenir et empêcher les départs de majeurs et de mineurs ; démanteler les filières de recrutement agissant en France ; soutenir et orienter les familles ; communiquer, sensibiliser, former ; et renforcer la coopération internationale en matière de lutte contre le terrorisme.

13 novembre 2014 – *Loi n° 2014-1353 renforçant les dispositions relatives à la lutte contre le terrorisme.*

Le texte permet la confiscation des cartes d'identité et passeports des ressortissants français envisageant un départ à l'étranger en vue de participer à une entreprise terroriste (djihad) pendant six mois, renouvelable pour deux ans. ***La loi élargit également le délit d'association de malfaiteurs en relation avec une entreprise terroriste à l'entreprise terroriste individuelle***. De plus, les peines relatives à l'apologie du terrorisme sont alourdies (7 ans d'emprisonnement et 100 000 euros d'amende) si les faits ont lieu sur Internet. Enfin, l'autorité administrative a désormais la capacité de demander aux fournisseurs d'accès à Internet de bloquer l'accès aux sites faisant l'apologie du terrorisme.

24 juillet 2014 – *Loi n° 2015-912 relative au renseignement. Cf. note dédiée.* La loi offre aux techniques de renseignement un cadre légal jusque-là inexistant et définit la procédure qui encadre l'activité des services, notamment dans le cadre de la lutte contre le terrorisme (demande écrite au Premier ministre, qui donne ou non son accord après avis de la CNCTR).

Nuit du 13 au 14 novembre 2015 – *État d'urgence décrété.*

Le Conseil des ministres réuni dans la nuit adopte un décret décrétant l'état d'urgence (loi n° 55-385 du 3 avril 1955), qui permet aux préfets de prendre des mesures renforcées (restriction de déplacements, interdiction de séjour, fermeture de lieux de réunion, assignation à résidence, perquisition administrative en présence d'un officier de police judiciaire, etc.). L'état d'urgence sera levé le 1er novembre 2017.

20 novembre 2015 – *Loi n° 2015-1501 du 20 novembre 2015 prorogeant l'application de la loi n° 55-385 du 3 avril 1955 relative à l'état d'urgence et renforçant l'efficacité de ses dispositions.*

Le texte prolonge l'état d'urgence de trois mois et en modifie quelques dispositions. Il facilite notamment l'assignation à résidence et rend possible les perquisitions administratives en tous lieux publics et privés. La loi prévoit également la dissolution par décret en conseil des ministres des associations ou groupements qui « participent à la commission d'actes portant une atteinte grave à l'ordre public ou dont les activités facilitent cette commission ou y incitent ».

30 novembre 2015 – *Loi n° 2015-1556 du 30 novembre 2015 relative aux mesures de surveillance des communications électroniques internationales.*

À la suite de la censure par le Conseil constitutionnel des dispositions de la loi « renseignement » du 24 juillet 2015 relatives à la surveillance des communications internationales (il était reproché au législateur de ne pas avoir « déterminé les règles concernant les garanties fondamentales accordées aux citoyens pour l'exercice des libertés publiques »), une seconde loi s'attache à répondre aux exigences des Sages. Le texte réglemente donc les interceptions de communications électroniques à l'étranger, globalement moins encadrées que celles effectuées en France (pas besoin d'avis préalable de la CNCTR), du fait qu'une personne résidente à l'étranger n'est pas soumise aux mêmes exigences en termes de droits (c'est admis par la CEDH) et qu'il s'agit souvent moins de surveiller un individu identifié (davantage un groupe).

22 mars 2016 – *Loi n° 2016-339 relative à la prévention et à la lutte contre les incivilités, contre les atteintes à la sécurité publique et contre les actes terroristes dans les transports collectifs de voyageurs*

Le texte autorise les agents de sécurité de la RATP et de la SNCF à procéder à des fouilles de bagages, des palpations de sécurité, et des « inspections visuelles de façon générale et aléatoire ».

30 mars 2016 – *Abandon du projet de loi constitutionnelle « protection de la Nation ».*

Cette loi prévoyait la constitutionnalisation de l'état d'urgence et l'extension de la déchéance de nationalité aux binationaux nés français pour un délit ou crime constituant une atteinte grave à la vie de la nation.

9 mai 2016 – *Plan d'action contre la radicalisation et le terrorisme (PART).*

Ce plan se substitue à celui adopté en 2014. Il présente 80 mesures, dont 50 nouvelles réparties en 7 priorités : détecter les trajectoires de radicalisation et les filières terroristes le plus tôt possible ; surveiller, entraver et neutraliser les filières terroristes ; combattre le terrorisme dans ses réseaux internationaux et dans ses sanctuaires ; densifier les dispositifs de prévention de la radicalisation pour assurer une prise en charge individualisée des publics ; développer la recherche appliquée en matière de contre-discours et mobiliser l'islam de France ; mieux protéger les sites et les réseaux vulnérables ; savoir réagir à toute attaque terroriste et manifester la résilience de la nation.

3 juin 2016 – *Loi n° 2016-731 renforçant la lutte contre le crime organisé, le terrorisme et leur financement, et améliorant l'efficacité et les garanties de la procédure pénale.*

La loi (pensée pour mettre fin à l'état d'urgence) offre aux juges et aux procureurs de nouveaux moyens d'investigation, dont certains jusque-là réservés aux services de renseignement : perquisitions domiciliaires de nuit possibles en cas de risque terroriste d'atteinte à la vie, et utilisation de dispositifs techniques de proximité pour capter en temps réel des données de connexion (IMSI catcher). Les conditions d'accès aux armes à feu sont durcies, tout comme les contrôles d'accès aux grands événements publics (Euro 2016). La protection des témoins menacés est renforcée. Le texte crée également une incrimination spécifique pour le trafic des biens culturels en provenance de théâtres d'opération de groupes terroristes.

21 juillet 2016 – *Loi n° 2016-987 prorogeant l'application de la loi n°55-385 du 3 avril 1955 relative à l'état d'urgence et portant mesures de renforcement de la lutte antiterroriste.*

À la suite de l'attentat de Nice du 14 juillet, l'état d'urgence est prorogé pour six mois, et le texte ajoute de nouvelles dispositions. Les peines des infractions d'association de malfaiteurs en relation avec une entreprise terroriste sont durcies et excluent les condamnés du régime de crédit de réduction de peine. Les lieux de culte au sein desquels sont tenus des propos constituant une provocation à la haine ou à la violence peuvent être fermés ; tout comme les rassemblements de personnes sur la voie publique, dès lors que l'autorité administrative justifie ne pas être en mesure d'en assurer la sécurité. D'autres dispositions concernent les perquisitions administratives, la vidéosurveillance dans les prisons, les écoutes administratives, la couverture audiovisuelle des actes terroristes.

16 décembre 2016 – *Loi n° 2016-1767 prorogeant l'application de la loi n°55-385 du 3 avril 1955 relative à l'état d'urgence.*

Nouvelle prorogation de l'état d'urgence jusqu'au 15 juillet 2017. Parmi les quelques ajouts, la loi dispose qu'« à compter de la déclaration de l'état d'urgence et pour toute sa durée, une même personne ne peut être assignée à résidence pour une durée totale équivalant à plus de douze mois ».

28 février 2017 – *Loi n° 2017-258 relative à la sécurité publique.*

Ce texte renforce le cadre juridique relatif aux interventions des forces de l'ordre, notamment quant à l'usage de leurs armes. L'identité des forces de sécurité est davantage protégée, et les sanctions pour un refus d'obtempérer sont renforcées.

Policiers et gendarmes peuvent faire usage de leurs armes :

« 1° Lorsque des atteintes à la vie ou à l'intégrité physique sont portées contre eux ou contre autrui ou lorsque des personnes armées menacent leur vie ou leur intégrité physique ou celles d'autrui ;

« 2° Lorsque, après deux sommations faites à haute voix, ils ne peuvent défendre autrement les lieux qu'ils occupent ou les personnes qui leur sont confiées ;

« 3° Lorsque, immédiatement après deux sommations adressées à haute voix, ils ne peuvent contraindre à s'arrêter, autrement que par l'usage des armes, des personnes qui cherchent à échapper à leur garde ou à leurs investigations et qui sont susceptibles de perpétrer, dans leur fuite, des atteintes à leur vie ou à leur intégrité physique ou à celles d'autrui ;

« 4° Lorsqu'ils ne peuvent immobiliser, autrement que par l'usage des armes, des véhicules, embarcations ou autres moyens de transport, dont les conducteurs n'obtempèrent pas à l'ordre d'arrêt et dont les occupants sont susceptibles de perpétrer, dans leur fuite, des atteintes à leur vie ou à leur intégrité physique ou à celles d'autrui ;

« 5° Dans le but exclusif d'empêcher la réitération, dans un temps rapproché, d'un ou de plusieurs meurtres ou tentatives de meurtre venant d'être commis, lorsqu'ils ont des raisons réelles et objectives d'estimer que cette réitération est probable au regard des informations dont ils disposent au moment où ils font usage de leurs armes. »

11 juillet 2017 – *Loi n° 2017-1154 prorogeant l'application de la loi n° 55-385 du 3 avril 1955 relative à l'état d'urgence.*

Dernière prorogation de l'état d'urgence, jusqu'au 1er novembre 2017. Le texte ajoute des mesures d'interdiction de séjour dans un département pour « toute personne à l'égard de laquelle il existe des raisons sérieuses de penser que son comportement constitue une menace pour la sécurité et l'ordre publics ». Dans ce cas, « l'arrêté énonce la durée, limitée dans le temps, de la mesure, les circonstances précises de fait et de lieu qui la motivent, ainsi que le territoire sur lequel elle s'applique, qui ne peut inclure le domicile de la personne intéressée », et tient compte de « la vie familiale et professionnelle des personnes susceptibles d'être concernées ».

30 octobre 2017 – *Loi n° 2017-1510 renforçant la sécurité intérieure et la lutte contre le terrorisme.*

Cette loi acte la fin de l'état d'urgence et permet d'adapter certaines de ses dispositions au droit commun. Dans ce but, le texte prévoit quatre mesures principales :

• L'instauration de périmètres de protection afin de garantir la sécurité d'événements ou de lieux particulièrement exposés, comme des réunions sportives, culturelles, etc. ;

• La possibilité de fermer des lieux de culte quand s'y tiennent « des propos, des écrits, des activités, des idées ou des théories » incitant ou faisant l'apologie du terrorisme. Les incitations « à la haine et à la discrimination » sont aussi concernées. Une procédure contradictoire préalable et un délai d'exécution, qui ne peut être inférieur à 48 heures, encadrent l'exercice de ce pouvoir ;

• La possibilité pour l'autorité administrative d'instaurer des contrôles administratifs et des mesures de surveillance individuelle visant toute personne pour laquelle des raisons sérieuses permettent de penser que son comportement constitue une menace d'une « particulière gravité ». Les personnes qui entrent en relation habituelle avec des personnes ou organisations aux visées terroristes ou qui soutiennent ou adhèrent à des thèses incitant au terrorisme sont également concernées par cette mesure ;

• La possibilité pour les préfets, sur autorisation du juge des libertés et de la détention, de demander la visite de lieux à l'égard desquels il existe des raisons sérieuses de penser qu'ils sont fréquentés par une personne qui représente une menace terroriste ou qui est en relation avec de telles personnes (équivalent des perquisitions administratives de l'état d'urgence).

Ces quatre mesures – qui s'inspirent directement de l'état d'urgence et sont considérées comme les plus sensibles au regard du respect des droits et libertés – revêtent un caractère expérimental et prendront fin le 31 décembre 2020, sauf prorogation ou pérennisation par le Parlement.

Le texte permet également de mener des enquêtes administratives pour les fonctionnaires exerçant des fonctions d'autorité qui présentent des risques de radicalisation et de procéder à des contrôles d'identité en zones frontalières ou dans un rayon de 10 kilomètres autour des aéroports et gares internationaux (durée et possibilités de contrôle étendues). La loi pérennise le régime permettant la consultation du Passenger Name Record (PNR) et instaure un nouveau régime légal de surveillance des communications hertziennes (validé par la CNCTR). Enfin, une nouvelle incrimination sanctionne de quinze ans de prison et d'une amende de 225 000 euros les parents qui inciteraient leurs enfants à commettre des actes de terrorisme ou partir à l'étranger.

Le 29 mars 2018, le Conseil constitutionnel apporte trois réserves d'interprétation à la suite de quatre QPC (notamment soutenues par la Ligue des droits de l'homme), rappelant que les contrôles doivent exclure « toute discrimination » et que la surveillance individuelle ne doit pas nuire à une vie familiale normale, ni excéder un délai cumulé de douze mois. Il censure les conditions de recours devant le juge administratif et les saisies de documents ou objets lors des perquisitions ; la réforme de la justice du 23 mars 2019 modifie la loi afin de tirer les conséquences de ces censures.

13 juillet 2018 – *Plan d'action contre le terrorisme.*

Ce nouveau plan prévoit la mise en place de 32 actions publiques, basées sur quatre priorités : connaître (renforcer la coordination entre les services de renseignement), entraver (lutter contre le financement du terrorisme et anticiper les sorties de prison), protéger (impliquer davantage les opérateurs privés, les collectivités et la population afin de développer une culture commune de sûreté) et réprimer (créer un Parquet national antiterroriste).

23 mars 2019 – *Loi n° 2019-222 de programmation 2018-2022 et de réforme pour la justice.*

La réforme crée notamment le Parquet national antiterroriste (PNAT), entré en fonction le 1er juillet 2019 en remplacement de la section antiterroriste du Parquet de Paris. Il représente le ministère public lors des procès, en correctionnelle comme aux assises. Jean-François Ricard est procureur de la République antiterroriste, compétent sur l'ensemble du territoire en matière de terrorisme et de crimes contre l'humanité ; il est accompagné de 26 autres magistrats.

Pour prolonger et approfondir la réflexion

11 Septembre. Rapport de la commission d'enquête. Rapport final de la Commission nationale sur les attaques terroristes contre les États-Unis, Éditions des Équateurs, 2004.

AGAG-BOUDJAHLAT Fatiha, *Combattre le voilement*, Éditions du Cerf, 2019.

—, *Le Grand Détournement. Féminisme, tolérance, racisme, culture*, Éditions du Cerf, 2017.

AMGHAR Samir, *Le Salafisme d'aujourd'hui. Mouvements sectaires en Occident*, Michalon, 2011.

BÉNICHOU David, Farhad KHOSROKHAVAR et Philippe MIGAUX, *Le Jihadisme. Comprendre pour mieux le combattre*, Plon, 2015.

BENSLAMA Fethi, *Un furieux désir de sacrifice. Le surmusulman*, Éditions du Seuil, 2016.

BESSON Sylvain, *La Conquête de l'Occident. Le projet secret des islamistes*, Éditions du Seuil, 2005.

BIRNBAUM Jean, *La Religion des faibles. Ce que le djihadisme dit de nous*, Éditions du Seuil, 2018.

—, *Un silence religieux. La gauche face au djihadisme*, Éditions du Seuil, 2016.

BONELLI Laurent et CARRIÉ Fabien, *La Fabrique de la radicalité. Une sociologie des jeunes djihadistes français*, Éditions du Seuil, 2018.

BRUCKNER, *Un racisme imaginaire. Islamophobie et culpabilité*, Grasset, 2017.

CHELLY Amélie M., *En attendant le paradis*, Éditions du Cerf, 2019.

COLOSIMO Anastasia, *Les Bûchers de la liberté*, Stock, 2016.

COLOSIMO Jean-François, *La Religion française*, Éditions du Cerf, 2019.

CRETTIEZ Xavier et AININE Bilel, *«Soldats de Dieu». Paroles de djihadistes incarcérés*, Éditions de l'Aube et Fondation Jean-Jaurès, 2017.

DJAVANN Chahdortt, *Bas les voiles!*, Gallimard, 2003.

—, *Comment lutter efficacement contre l'idéologie islamique*, Grasset, 2016.

—, *Iran. J'accuse!*, Grasset, 2018.

DUBOIS Christophe et PELLETIER Éric, *Où sont passés nos espions? Petits et grands secrets du renseignement français*, Albin Michel, 2017.

EL DIFRAOUI Abdelasiem, *Le Djihadisme*, PUF, «Que sais-je?», 2016.

FAUCON Benoît et FAYOL Clément, *Un cartel nommé Daech. Révélations sur les réseaux mafieux de l'État islamique*, First, 2017.

GODARD Bernard et TAUSSIG Sylvie, *Les Musulmans de France. Courants, institutions, communautés : un état des lieux*, Robert Laffont, 2007.

GOULET Nathalie, REICHARDT André et SUEUR Jean-Pierre, «Filières "djihadistes" : pour une réponse globale et sans faiblesse», *Rapport de la commission d'enquête sur l'organisation et les moyens de la lutte contre les réseaux djihadistes et en Europe*, n° 388, 2014-2015.

HÉNIN Nicolas, *Comprendre le terrorisme. Bâtissons une société résiliente*, Fayard, 2017.

IRIBARNE Philippe d', *Islamophobie. Intoxication idéologique*, Albin Michel, 2019.

KEPEL Gilles, *Le Prophète et Pharaon*, Gallimard, «Folio», 2012 (paru pour la première fois en 1984 aux Éditions La Découverte).

KEPEL Gilles, *Fitna. Guerre au cœur de l'islam*, Gallimard, «Folio», 2004.

—, *Al-Qaida dans le texte*, PUF, 2005.

—, *Jihad. Expansion et déclin de l'islamisme*, Gallimard, 2000.

KERSIMON Isabelle et MOREAU Jean-Christophe, *Islamophobie. La contre-enquête*, Plein Jour, 2014.

LABAT Séverine, *Les Islamistes algériens. Entre les urnes et le maquis*, Éditions du Seuil, 1995.

LANÇON Philippe, *Le Lambeau*, Gallimard, 2018.

LARROQUE Anne-Clémentine, *Géopolitique des islamismes*, PUF, «Que sais-je?», 2014.

LESCHI Didier, *Misère(s) de l'islam de France*, Éditions du Cerf, 2017.

LE SOMMIER Régis, *Daech. L'histoire*, Éditions de La Martinière, 2016.

LOUIZI Mohamed, *Pourquoi j'ai quitté les Frères musulmans. Retour éclairé vers un islam apolitique*, Michalon, 2016.

MEDDEB Abdelwahab, *La Maladie de l'islam*, Éditions du Seuil, 2002.

MICHERON Hugo, *Le Jihadisme français. Quartiers, Syrie, prisons*, Gallimard, 2020.

NOUZILLE Vincent, *Erreurs fatales. Comment nos présidents ont failli face au terrorisme*, Fayard/Les Liens qui libèrent, 2017.

ROUGIER Bernard (dir.), *Les Territoires conquis de l'islamisme*, PUF, 2020.

(dir.), *Qu'est-ce que le salafisme?*, PUF, 2008.

SAGEMAN Marc, *Le Vrai Visage des terroristes. Psychologie et sociologie des acteurs du djihad*, Denoël, 2005.

SANSAL Boualem, *2084. La fin du monde*, Gallimard, 2015.

—, *Gouverner au nom d'Allah. Islamisation et soif de pouvoir dans le monde arabe*, Gallimard, 2013.

SCHEMLA Élisabeth, *Islam, l'épreuve française*, Plon, 2013.
SIFAOUI Mohamed, *Taqiyya ! Comment les Frères musulmans veulent infiltrer la France*, Éditions de l'Observatoire, 2019.
—, *Une seule voie : l'insoumission*, Plon, 2017.
—, *Combattre le terrorisme islamiste*, Grasset, 2007.
SOREL-SUTTER Malika, *Décomposition française. Comment en est-on arrivé là ?*, Fayard, 2015.
—, *Immigration, intégration. Le langage de vérité*, Mille et Une Nuits, 2011.
SMITH Géraldine, *Rue Jean-Pierre Timbaud. Une vie de famille entre barbus et bobos*, Stock, 2016.
SUC Matthieu, *Les Espions de la terreur*, HarperCollins, 2018.
TAGUIEFF Pierre-André, *L'Islamisme et nous. Penser l'ennemi imprévu*, CNRS Éditions, 2017.
TERNISIEN Xavier, *La France des mosquées*, Albin Michel, 2002.
THOMAS Dominique, *Générations djihadistes. Al-Qaïda – État islamique. Histoire d'une lutte fratricide*, Michalon, 2016.
—, *Les Hommes d'Al-Qaïda*, Michalon, 2005.
—, *Le Londonistan. La voix du djihad*, Michalon, 2003.
THOMSON David, *Les Revenants. Ils étaient partis faire le jihad, ils sont de retour en France*, Éditions du Seuil, 2016.
TRÉVIDIC Marc, *Terroristes. Les 7 piliers de la déraison*, Le Livre de Poche, Jean-Claude Lattès, 2013.
VERMEREN Pierre, *Déni français. Notre histoire secrète des liaisons franco-arabes*, Albin Michel, 2019.
ZAGURY Daniel, *La Barbarie des hommes ordinaires*, Éditions de l'Observatoire, 2018.

Table

TROISIÈME PARTIE
Plaidoyer pour la « société de vigilance »

(suite et fin Du même auteur)

La Guerre économique (avec Christian Harbulot), PUF, 2011.
Constituer une équipe efficace (avec Laurent Combalbert), ESF Éditeur, 2011.
Le Leadership de l'incertitude ou la Renaissance des organisations (avec Laurent Combalbert), Vuibert, 2010.
Les Politiques d'intelligence économique (avec Gérard Pardini), PUF, 2008.

Direction d'ouvrages collectifs

Sécurité privée, enjeu public (avec Michel Mathieu, Pierre Brajeux), Armand Colin, 2013.
Vers une souveraineté industrielle ? Secteurs stratégiques et mondialisation (avec Angélique Lafont), Vuibert, 2012.
Pour une stratégie globale de sécurité nationale (avec Nicolas Arpagian), Dalloz, 2008.

Direction de la collection «L'Égide» *sur la sécurité nationale chez Vuibert*

*Idéologie sécuritaire et société de surveillance. Le storytelling du XXI*e *siècle* (Éric Delbecque), 2016.
La Piraterie maritime. Droit, pratiques et enjeux (Philippe Chapleau, Jean-Paul Pancracio), 2014.
Think tanks. Quand les idées changent vraiment le monde (François-Bernard Huyghe), 2013.
De l'espionnage au renseignement. La France à l'âge de l'information (Franck Bulinge), 2012.
L'Intelligence économique, une histoire française. Genèse, acteurs, politiques (Hélène Masson), 2012.
Vers une souveraineté industrielle ? Secteurs stratégiques et mondialisation (sous la coordination d'Éric Delbecque et d'Angélique Lafont), 2012.
L'Influence ou les guerres secrètes. De la propagande à la manipulation (Éric Delbecque), 2011.
Terrorisme : la démocratie en danger ? Du 11 Septembre à la mort de Ben Laden (Christian Chocquet), 2011.
Les Nouveaux Entrepreneurs de la guerre. Des mercenaires aux sociétés militaires privées (Philippe Chapleau), 2011.
Capitalisme financier et sécurité économique. De l'idéologie au pragmatisme (Xavier Bascher, Alexandra Guy), 2011.
Le Leadership de l'incertitude ou la Renaissance des organisations (Éric Delbecque, Laurent Combalbert), 2010.

Business en milieu hostile. La sûreté des entreprises à l'international (Dimitri Linardos, Fanny Lecarpentier), 2010.

L'État, la Peur et le Citoyen. Du sentiment d'insécurité à la marchandisation des risques (Nicolas Arpagian), 2010.

Droits de propriété intellectuelle dans un monde globalisé (sous la coordination de Viviane de Beaufort), 2009.

La Métamorphose du pouvoir. La chance des civilisations (Éric Delbecque), 2009.

La Cyberguerre (Nicolas Arpagian), 2009.

Le terrorisme n'est pas la guerre (Christian Chocquet), 2008.

La France en guerre économique. Plaidoyer pour un État stratège (sous la coordination d'Hervé Kirsch), 2008.

MIXTE
Papier issu de
sources responsables
FSC® C003309

L'éditeur de cet ouvrage s'engage
pour la préservation de l'environnement
et utilise du papier issu de forêts gérées
de manière responsable.

Imprimé en France par EPAC Technologies
N° d'impression : 4550414326020
Dépôt légal : août 2020